Bernd Posselt erzählt Europa

Bernd Posselt erzählt Europa

Geschichte und Personen – Bauplan und Visionen

Verlag Friedrich Pustet
Regensburg

Bibliografische Information der Deutschen Nationalbibliothek
Die Deutsche Nationalbibliothek verzeichnet diese Publikation
in der Deutschen Nationalbibliografie; detaillierte bibliografische
Daten sind im Internet über http://dnb.dnb.de abrufbar.

ISBN 978-3-7917-3042-4
© 2018 by Verlag Friedrich Pustet, Regensburg
Umschlaggestaltung: Heike Jörss, Regensburg
Satz: Vollnhals Fotosatz, Neustadt a. d. Donau
Druck und Bindung: Friedrich Pustet, Regensburg
Printed in Germany 2019

Weitere Publikationen aus unserem Programm
finden Sie auf www.verlag-pustet.de
Kontakt und Bestellungen unter verlag@pustet.de

Inhalt

EIN BAUPLAN FÜR EUROPA

Vorwort

Der 17. Juli 1979 war ein strahlender Sommertag. Ich stand mit Otto von Habsburg, dem ehemaligen Kronprinzen der habsburgischen Vielvölkermonarchie, auf den Stufen des Straßburger Palais de l'Europe, wo wenige Stunden später das erste direkt gewählte Europaparlament zu seiner konstituierenden Sitzung zusammentreten sollte. Der 66jährige Sohn des letzten österreichischen Kaisers Karl war Präsident der Paneuropa-Union, der ältesten europäischen Einigungsbewegung, und soeben als bayerischer Europaabgeordneter erstmalig in ein öffentliches Mandat gewählt worden. Ich hatte vier Jahre zuvor, mit 19, die Paneuropa-Jugend Deutschland gegründet, eine Gemeinschaft begeisterter Jugendlicher, die die europäische Einigung vorantreiben wollten. Wir sahen nunmehr eine einzigartige Chance zu deren Verwirklichung, denn das bisherige Europaparlament, das nur aus Delegierten der Nationalstaaten bestand und eine machtlose Schattenversammlung war, wurde jetzt von einer unmittelbar von den Wählern legitimierten europäischen Volksvertretung abgelöst, die es vom Nullpunkt an aufzubauen galt – für uns eine faszinierende Herausforderung.

Zum überzeugten Europäer hatte mich das Schicksal meiner Familie gemacht. Mein Vater stammte aus dem Zweivölkerland Böhmen, dem Kern der heutigen Tschechischen Republik, von dem in den zwanziger Jahren des 20. Jahrhunderts in Gestalt der Paneuropa-Idee die europäische Einigungsbewegung an sich ausgegangen war. Nach 800 Jahren des Zusammenlebens mit den Tschechen war meine sudetendeutsche Familie im Gefolge des Zweiten Weltkrieges von dort vertrieben worden. Meine Mutter kam aus der Steiermark, einem anderen Teil des 1918 zerschlagenen übernationalen Habsburgerreiches. Unsere Vorfahren dort sprachen Deutsch und Slowenisch, meine Mutter erzählte begeistert von Jugenderinnerungen im Kroatien und Slowenien der Zwischenkriegszeit, meine Großmutter über ihre vor dem Ersten Weltkrieg in Ungarn.

Krieg und Vertreibung hatten meine Eltern entwurzelt und beider Familien tief getroffen. Sie gaben die Schuld dafür nicht nur anderen, sondern bemühten sich ehrlich, auch die Verantwortung der eigenen Generation aufzuarbeiten. Konsequent erzogen sie uns anti-nationalistisch. Sich über andere Nationen zu erheben und zu leugnen, dass die europäischen Völker mehr verbinde als trenne, sei eine gefährliche Krankheit, die zu überwinden unsere Aufgabe sei. So wurden meine Geschwister und ich von Anfang an und ausnahmslos zu Europäern.

Fahrten ins deutsch-französisch geprägte Elsaß liebten wir nicht nur wegen der herrlichen Küche, sondern wir spürten dort, wie das Herz Europas schlug. Das Straßburger Münster erlebten wir als Symbol des christlichen Abendlandes und der deutsch-französischen Aussöhnung. Dass ich im Schatten dieser Kathedrale jahrzehntelang für den Aufbau eines demokratischen Europa würde arbeiten dürfen, ahnte ich als Kind natürlich nicht. Straßburg wurde als Sitz des Europaparlamentes das demokratische sowie als einziger Arbeitsort des Europarates mit seinem Menschenrechtsgerichtshof das menschenrechtliche Gesicht Europas. Hier merkt man, mehr noch als in den beiden anderen Europa-Hauptstädten Luxemburg und Brüssel, jenes „Narrativ", also jene grundlegende und sinnstiftende Erzählung von Europa, nach der nicht nur Intellektuelle und Medien, sondern auch viele Bürger immer lauter rufen.

Die europäische Einigung – für die ich, gemeinsam mit meinen engsten Mitarbeitern Stephanie Waldburg-Zeil und Hans Kijas, mit meinen Freunden in der Paneuropa-Bewegung und mit vielen anderen Weggefährten seit Jahrzehnten kämpfe – ist wirtschaftlich, politisch und kulturell ein einzigartiger Erfolg. Sie hat nach dem schlimmsten Krieg der Menschheitsgeschichte angebliche „Erbfeinde" versöhnt, durch ihre Anziehungskraft dazu beigetragen, Militärdiktaturen und kommunistische Regime zu stürzen, gemeinsam mit den tapfer für ihre Freiheit kämpfenden unterdrückten Völkern den Eisernen Vorhang niedergerissen, dem Südosten Europas nach schrecklichem Blutvergießen und brutalen Vertreibungen im letzten Jahrzehnt des vorigen Jahrhunderts neue Hoffnungen gegeben und bereits mehrere junge Generationen grenzüberschreitend miteinander vernetzt. Dennoch steht sie erst am Anfang und ist wieder existentiell durch Nationalisten und Nationalpopulisten gefährdet. Nur ein starker und vielfältiger, friedlicher und toleranter, aber auch handlungsfähiger und wirksam demokratisch kontrollierter europäischer Bund wird uns das Überleben in einer immer gefährlicheren Welt sichern.

Optimistisch stimmt, dass in den letzten Jahren, als die EU von nationalistischer Seite massiv in Frage gestellt wurde, Hunderttausende meist junger Menschen in vielen Städten Europas Woche für Woche zusammenkamen und mit der blauen Fahne mit Sternenkranz für die Einigung unseres Erdteils demonstrierten. Initiiert hatte dies eine bis dahin völlig unbekannte Gruppierung namens „Pulse of Europe" – auf die Straße gingen aber Anhänger fast aller Europabewegungen und demokratischen Parteien.

Der 2017 ganz mit dem Thema Europa erkämpfte Wahlsieg von Emmanuel Macron – der sein Amt als französischer Staatspräsident unter den Klängen der Europahymne und nicht der Marseillaise antrat – war ein erstes Zeichen dafür, dass sich das politische Koordinatensystem auch über die Grenzen Frankreichs hinaus Schritt für Schritt verändert. An die Stelle des alten Rechts-Links-Schemas tritt zunehmend der Gegensatz zwischen jenen, die eine übernationale europäische Föderation befürworten, und jenen, die in den umzäunten Schrebergarten der Nationalstaatlichkeit zurückkehren wollen. An dieser Frage, die für uns Europäer zu den wichtigsten Entscheidungen des 21. Jahrhunderts gehört, werden sich immer häufiger die Geister scheiden.

Europa ist nichts Künstliches, es ist viel älter und wurzelt viel tiefer als die Nationalstaaten, die meist erst im 19. und 20. Jahrhundert entstanden sind. In diesem Buch versuche ich, von jahrzehntelangen persönlichen Erlebnissen und Erfahrungen ausgehend, dem vielzitierten und viel vermissten Narrativ nachzuspüren. Es geht aber auch darum, Ideen zu entwickeln, wie wir Europäer unsere Zersplitterung überwinden und eine Gemeinschaft errichten können, die den Erfordernissen unserer Zeit gerecht wird.

München, im August 2018   Bernd Posselt

Die Nationalstaaten sind im heutigen Europa,
aber auch sonst allein auf Grund ihrer Größenordnung
und Bevölkerungszahl anachronistische Gebilde,
die ihre Funktion als lebens- und wettbewerbsfähige
Einheiten nicht mehr zu erfüllen vermögen. …

Es gilt, ein Denken und eine Bewusstseinshaltung
zu schaffen, aus denen heraus man begreift, dass wir nur
dann Franzosen, Deutsche, Italiener, Engländer und
was auch immer bleiben können, wenn wir wirklich
und rechtzeitig Europäer werden.

Franz Josef Strauß, 1968

AUSGANGSPUNKTE

Warum Europa?

Bei Debatten über Europa stellt sich jedesmal die Frage, wer damit gemeint ist: Ist es Europa als historisch-kulturelle Größe, sind es seine Nationalstaaten, die heute in verschiedenen übernationalen Gemeinschaften wenigstens einigermaßen miteinander kooperieren; oder sind es die derzeit vielgescholtenen Institutionen der Europäischen Union? So sympathisch bloßes Kultureuropäertum oder ein Europa der Vaterländer zunächst erscheinen mögen, so wenig können sie die real existierenden Probleme unseres Kontinentes lösen. Dass französische Bildungsbürger des 19. und beginnenden 20. Jahrhunderts Goethe und deutsche Molière besser kannten als ihre heutigen Nachfahren, hinderte beide Seiten nicht daran, gegeneinander in blutige Kriege zu ziehen. Erst die manchmal recht prosaische EG beziehungsweise EU beschert uns die längste Friedensperiode unserer Geschichte. Vom „Europa der Vaterländer" meinte schon in den sechziger Jahren der glühende Paneuropäer Franz Josef Strauß, wer dieses Modell propagiere, werde am Schluss „Vaterländer ohne Europa" haben – also egoistische Nationalstaaten, die versuchen, ihre Beziehungen einigermaßen zu regeln, bis sie sich wieder zerstreiten. Er forderte vor allem in der Außen- und Sicherheitspolitik starke Gemeinschaftsinstitutionen mit Mehrheitsentscheidungen, also so etwas wie die Vereinigten Staaten von Europa. Damit stand er in der Tradition des Gründers der Paneuropa-Bewegung nach dem Ersten Weltkrieg, Richard Graf Coudenhove-Kalergi. Wie dieser verfocht er die These, dass es die USA längst nicht mehr gäbe, wenn sie nur auf der Zusammenarbeit der Gouverneure der Bundesstaaten beruhten und nicht auf einer weltpolitisch handlungsfähigen demokratischen Struktur in Washington.

Das Konzept eines übernationalen Europa war nach dem Ersten und dem Zweiten Weltkrieg von den jeweils führenden Köpfen dieser Zeit als die für die Zukunft wichtigste politische Idee verkündet worden. Dabei ging es ihnen nicht nur darum, innerhalb Europas Frieden zu stiften, den Nationalismus zu bekämpfen, um damit einen nächsten Krieg zu verhindern, und äußeren Gefahren wie dem expandierenden Sowjetkommunismus Einhalt zu gebieten, sondern auch darum, die persönliche Freiheit und den demokratischen

Rechtsstaat, die auf dem christlichen Menschenbild beruhen, zu bewahren und zu verteidigen.

Wir Europäer sind heute nur noch sieben Prozent der Weltbevölkerung, mit sinkender Tendenz. Ende des Jahrhunderts werden wir drei Prozent sein. Glaubt wirklich jemand, man könnte auf Dauer mit den großen Herausforderungen wie den globalen Wanderungsbewegungen, dem Klimawandel, dem Welt-Ernährungsproblem, dem internationalen Terrorismus, den Umwälzungen in Afrika, dem Vorherrschaftsstreben Russlands und des Islamismus, der Abwendung der USA von Europa und dem Aufstieg Chinas, Indiens und ganz Asiens auf der Basis von europäischen Nationalstaaten fertig werden, die einmal zusammenarbeiten und einmal nicht? Die Krise, die derzeit alles erschüttert, ist keine Krise Europas, wie immer wieder behauptet wird, sondern eine der Nationalstaatlichkeit, die schon im 20. Jahrhundert überfordert war und nun im 21. Jahrhundert vor ihrem Scheitern steht.

Dies ist kein Plädoyer für einen europäischen Zentralismus. Eine der wichtigsten Errungenschaften, die die Katholische Soziallehre der Menschheit geschenkt hat, ist das Subsidiaritätsprinzip. Das bedeutet, dass die größere Einheit nur die Aufgaben übernehmen soll, die die kleinere nicht zufriedenstellend erfüllen kann. Derzeit wird diese richtige Idee leider gerne missbraucht, um gegen den wirklichen und den vermeintlichen Brüsseler Zentralismus die Renationalisierung zu propagieren. Das Subsidiaritätsprinzip funktioniert jedoch wie ein Lift, der nur dann sinnvoll ist, wenn er sowohl hinauf als auch hinunter fahren kann. Der frühere bayerische Ministerpräsident Alfons Goppel betonte immer, Föderalismus sei sachgerechte Kompetenzaufteilung. Sein späterer Nachfolger Horst Seehofer drückte dies so aus: „Mehr Europa im Großen und weniger Europa im Kleinen." EU und Nationalstaat müssen Kompetenzen an die Regionen abgeben oder ganz deregulieren, doch in den zentralen Fragen brauchen wir selbstverständlich mehr und ein besseres, das heißt handlungsfähigeres Europa.

Damit verbietet sich die Rückkehr zum schwerfälligsten, bürokratischsten und seit Jahren in der lebenswichtigen Außen- und Flüchtlingspolitik dramatisch versagenden Modell einer bloßen Zwischenstaatlichkeit, also der so genannten Intergouvernementalen Methode. Einstimmigkeit zwischen 28 oder 27 Mitgliedstaaten zu erreichen, ist meist eine blanke Illusion. Da, wo europäisches Handeln nötig ist, müssen ein mit vollen demokratischen Rechten ausgestattetes Europaparlament, eine von diesem kontrollierte und gewählte Regierung, zu der sich die EU-Kommission in den letzten Jahren zunehmend entwickelt hat, und ein sich auf die großen Grundfragen beschränkender Europäischer Rat aus den Chefs der nationalen Regierungen Mehrheitsbeschlüsse fassen und diese dann effizient umsetzen können. Alles andere bleibt Aufgabe der kleineren Einheiten, die ebenfalls wesentliche Träger des Europagedankens sind, wie allen voran die Gemeinden, Regionen und Volksgruppen.

Die europäische Einigung ist eine Existenzfrage und daher zu wichtig, um sie allein den Politikern zu überlassen. Die meisten Entscheidungsträger der EU sind zwar besser als ihr Ruf und orientieren sich durchaus an den großen Gründervätern Robert Schuman, Konrad Adenauer und Alcide de Gasperi, zu denen mittlerweile Persönlichkeiten aus dem Osten wie Papst Johannes Paul II., Václav Havel und Lech Wałęsa hinzugezählt werden müssen. Die politische und geistig-kulturelle Erneuerung der EU ist aber eine Aufgabe, die jeden etwas angeht. Das Gemeinwesen Europa wird nur so human, christlich, demokratisch, sozial oder europäisch sein, wie es seine Menschen sind. Rückzug in eine nationale Schein-Idylle führt zur Zersplitterung und schafft dadurch einen Leerraum, in den letztlich die Kräfte eindringen würden, die unseren Kontinent schon mehrfach in der Geschichte verwüstet haben.

Von einem geeinten Europa erwarten seine Bürger vor allem, dass es sich in den wichtigsten Lebensfragen gegen äußere Gefahren und Herausforderungen durchsetzt. Dies beginnt mit dem in Jahrhunderten gewachsenen europäischen Sozialmodell, das es zu verteidigen und angesichts der Globalisierung konkurrenzfähig zu machen gilt. Nur gemeinsam können die Europäer auch ihr kulturelles Erbe bewahren und fortentwickeln, dessen Eigenart und Vielfalt nicht einer pseudo-amerikanischen Welteinheitskultur geopfert werden darf.

In Wirtschaft und Wissenschaft wird Europa nur dann den Wiederaufstieg schaffen, wenn es seine Ressourcen vereinigt. Sonst wird ausgerechnet jener Erdteil den Wettlauf mit seinen amerikanischen und asiatischen Konkurrenten verlieren, dem die Menschheit den Welthandel, die Universitäten und die modernen Naturwissenschaften verdankt.

Beim Kampf gegen kriegerische und terroristische Gefahren in der unmittelbaren Nachbarschaft und weltweit muss es der Europäischen Union gelingen, stark und handlungsfähig zu sein, ohne selbst zum Aggressor zu werden. Die Europäer haben die einmalige Chance, ihre sehr verschiedenartigen Bindungen zu allen anderen Kontinenten und ihre geschichtlich gewachsenen kulturellen Sensibilitäten dafür zu nutzen, dass es im weltweiten Dorf nicht zu einem Zusammenprall der Religionen, Kulturen und Zivilisationen kommt.

Es gibt also so etwas wie eine spezielle Aufgabe der Europäer in der Welt. Es wird an uns selbst liegen, ob wir sie wahrnehmen und ob wir es in einer Weise tun, die Europa und einer gefährdeten Menschheit zum Nutzen gereicht.

Europa gibt es wirklich

Jeder Europäer und vor allem jeder Europapolitiker sollte immer wieder Richard Coudenhove-Kalergis grundlegendes Werk „Pan-Europa" aus dem Jahr 1923 lesen. Der aus dem böhmischen Teil der Donaumonarchie und aus Japan stammende, damals noch sehr jugendliche Vater der modernen Europa-Idee stellt sich darin ausführlich der heute wieder heftig diskutierten Frage nach der europäischen Identität: „Der Begriff Europa entstand aus einer Vermischung geographischer, politischer und kultureller Elemente." Säuberlich unterscheidet er zwischen den im Lauf der Jahrhunderte immer wieder neu definierten geographischen, historischen und kulturellen Grenzen Europas, die nicht deckungsgleich sind, um dann die politischen festzulegen: „Europa als politischer Begriff umfasst sämtliche demokratische Staaten Kontinentaleuropas mit Einschluss Islands … Das Restgebiet der europäischen Türkei gehört politisch zu Asien." In Russland und den beiden Amerikas sieht er Flügel, die aus Europa herausgewachsen sind, wenn auch in unterschiedlicher Weise. Mit den USA etwa verbindet die Europäer eine Kulturgemeinschaft bei gleichzeitiger sauberer Trennung der Interessensphären und der machtpolitischen Schwerpunktbildungen durch den Atlantik. Russland ist zwischen Europa und Asien hin- und hergerissen, wobei Coudenhove es für denkbar hält, „dass Russland der Ausgangspunkt einer neuen Kultur ist, die asiatische und europäische Elemente zu neuer Synthese verbinden wird."

Dass Großbritannien in Coudenhoves damaliger Definition nicht zu Europa gehört, hängt damit zusammen, dass es zu jener Zeit noch Zentrum eines eigenständigen Weltreiches war. Der Zerfall des britischen Empire nach dem Zweiten Weltkrieg und die europäische Orientierung, die Winston Churchill und Edward Heath dem Vereinigten Königreich gaben, haben die politischen Verhältnisse später stark verändert – ebenso der eigenständige Weg Irlands, das heute eindeutig Teil des politischen Europa ist und bleibt. Doch die Formulierung Coudenhoves, Großbritannien sei „historisch mit Europa, national mit Nordamerika verknüpft," weshalb es stets eine Sonderrolle spielen werde, hat nicht zuletzt angesichts des Streites um den so genannten Brexit neue Aktualität gewonnen.

Mancher Denker hat sich mit Blick auf das Auseinanderklaffen zwischen kulturellem und politischem Europa, das durch das Ausscheren Großbritanniens jetzt noch deutlicher werden dürfte, in den alten Begriff „Abendland" geflüchtet, der zum Beispiel auch die beiden Amerikas beinhaltet, jedoch Teile des östlichen Europa ausgrenzt. Er hilft demnach politisch nicht weiter. Deshalb ist es wahrscheinlich notwendig, das integrierbare Europa durch konstitutive Akte im Sinn des Verfassungspatriotismus völlig neu zu schaffen – was mit dem Aufbau der EU in einem ersten großen Schritt begonnen wurde. Gleichzeitig gilt es aber, seine alte und tiefe Kultur nicht als Neuerfindung, sondern als Wiederentdeckung von etwas zu betrachten, das es seit Jahrhunderten wirklich gibt. Der Philosoph Karl Jaspers hat in seiner Schrift „Vom europäischen Geist" aus dem Jahr 1946 beide Wege beschritten. Er zählt zum einen unter der Überschrift „Fragen wir nach Europa!" alles auf, was uns religiös und kulturhistorisch ausmacht – von der Bibel bis Voltaire –, formuliert aber zum anderen auch aktuelle Prinzipien, „um das Eigentümlichste Europas zu konstruieren: Freiheit, Geschichte, Wissenschaft."

Heute treiben angesichts der Debatte um Verfassung und Grenzen der Europäischen Union viele Fragen die Europäer um, die sich zumindest zum Teil schon die Gründergeneration stellte, weil sie die Irrungen und Wirrungen des Nationalismus schmerzlich durchleben musste: Lässt sich das Europäertum aus der Schlacke der eher künstlichen Nationalstaatlichkeit freilegen, oder müssen wir wieder am Nullpunkt beginnen? Besteht nicht die Gefahr, dass das europäische Wir-Gefühl tragischerweise genau in dem historischen Moment, in dem es seinen politischen Durchbruch in der Einigung unseres Erdteils erleben könnte, verschwindet – einerseits durch den um sich greifenden Nationalismus, andererseits aber auch durch Auflösung in einer vagen westlichen, nordatlantischen oder gar weltweiten Einheitskultur? Hat die Europäische Union durch ihre Erweiterungspolitik eine Entwicklung genommen, die ihre ohnehin maroden abendländischen Fundamente zerstört und sie nur noch als eine Spielart der Globalisierung erscheinen lässt?

Die Identität einer großen oder kleinen Gemeinschaft, erst recht die eines Gemeinwesens, bildet sich meist aus vier Elementen, die unterschiedlich stark betont sein können: Den gemeinsamen kulturellen und Wertvorstellungen, der gemeinsamen Erinnerung an Erlebtes, den gemeinsamen Aufgaben in der Gegenwart und gemeinsamen Hoffnungen oder Herausforderungen in der Zukunft.

Kulturelle und Wertvorstellungen Europas sind zweifellos hauptsächlich aus dem jüdischen, christlichen, griechischen und römischen Erbe erwachsen. Ohne diese Quellen gäbe es kein Europa und wird es auch in Zukunft keines geben.

Der Massenmord an den europäischen Juden durch die Nationalsozialisten und die Auswanderung vieler Überlebender nach Israel oder Übersee hat die wichtige jüdische Komponente Europas massiv reduziert. Gleichzeitig ist unter Europas Christen – erst recht unter den Nicht-Christen – das Alte Testament weitgehend vergessen worden, man scheint es evangelikalen Gruppen in den USA überlassen zu wollen. Dabei verdanken wir ihm mit den Zehn Geboten die Grundlage unserer Wert- und Rechtsordnung.

Auch ohne das Neue Testament, ohne Bergpredigt und ohne Nächstenliebe wäre Europa nicht Europa. Das von der Gotteskindschaft jedes einzelnen Menschen geprägte Christentum als Basis der unantastbaren Menschenwürde droht jedoch auf unserem Kontinent zum Opfer eines gesellschaftlichen Säkularismus wie eines innerkirchlichen Relativismus zu werden. Europa hat sich stark entchristlicht, und dies ausgerechnet in einer Phase seiner mehr als zweitausendjährigen Geschichte, in der es der Bindekräfte des christlichen Glaubens wie auch der europäischen christlichen Kultur besonders bedürfte.

Die griechische und römische Bildung wiederum, noch im 18. und 19. Jahrhundert trotz des Nationalismus gemeinsames Kulturgut der verschiedenen europäischen Völker, wurde im Gefolge von 1968 unterhöhlt, ihre Reste sind immer wieder in Gefahr, von oberflächlich wirtschaftsorientierten Modernisierern im jetzigen Bildungswesen wegrationalisiert zu werden. Griechische Philosophie und römisches Staatsdenken, denen wir die freiheitliche Demokratie und die Rechtsstaats-Idee verdanken, die von Europa ausgehend ihren Siegeszug um die Welt angetreten haben, waren den Gründervätern der USA Ende des 18. Jahrhunderts wahrscheinlich viel präsenter als den meisten Müttern und Vätern der EU-Verträge. Ein Thomas Jefferson schöpfte beim konstitutionellen Prozess zur Schaffung der USA aus dem Schatz abendländischer Weisheit, von Plato und Aristoteles bis zu Cicero und Augustinus. Steinerner Ausdruck dieser Ausrichtung an den klassischen Staatstraditionen Europas ist nicht nur das Kapitol in Washington, sondern sind auch die vielen nachempfundenen Kapitole in den entlegensten und ländlichsten US-Bundesstaaten.

Doch auch wenn nicht nur in den USA, sondern vor allem auch in Europa selbst viele dieser geistigen Wurzeln verdorrt sind: Jammern wäre zu wenig. Europa war in seinen Blütezeiten – und derer gab es viele – stets aktivistisch. Seine Entdecker und Wissenschaftler haben nicht meditiert oder lamentiert, sondern gehandelt. Heute gilt es, Europas Fundamente wieder zu entdecken, zumal die Chancen dafür trotz gewisser Fehlentwicklungen nicht schlecht stehen.

Europas jüdische Gemeinden und viele damit zusammenhängende kulturelle Einrichtungen haben sich gerade in den letzten Jahren wieder gefestigt. Dies ist jenen Juden zu verdanken, die sich entschlossen haben, den Europäern und auch den Deutschen wieder zu vertrauen und auf unserem Kontinent zu bleiben oder erneut Wurzeln zu schlagen. Sie haben zudem eine große Leistung vollbracht, indem sie zumindest einen Teil der jungen jüdischen Aussiedler aus den Nachfolgestaaten der Sowjetunion in ihre Gemeinschaften integriert haben, obwohl diese von einem allgemein glaubens- und auch speziell judenfeindlichen Kommunismus meist ihrer Religion und Tradition entfremdet worden waren.

In den christlichen Kirchen blühen, nicht zuletzt unter jungen Menschen, Erneuerungsbewegungen auf, die in ihrer Vielfalt kaum überschaubar sind und etwa bei katholischen Weltjugendtagen und anderen großen christlichen Treffen der verschiedenen Konfessionen ihren Niederschlag finden. In den beiden religionsfernsten Staaten Europas, nämlich Frankreich und der Tschechischen Republik, sind es gerade Teile der städtischen Jugend und der jungen wissenschaftlichen Eliten, die in Kirchen zurückkehren, die oft schon ihre Eltern und Großeltern höchstens als Touristen betreten hatten.

Was die klassische Bildung betrifft, so gibt es immerhin erste Anzeichen, dass zum Beispiel in Deutschland wieder mehr Latein gelernt wird als noch vor einigen Jahren. Latein als Zugang nicht nur zur Antike, sondern auch zum Wesen Europas und vor allem zur Vielsprachigkeit muss allerdings noch wesentlich mehr propagiert werden. Der Verfasser hat als Schüler fluchend die Sprache der alten Römer gebüffelt, doch inzwischen ist er dafür dankbar, dass er aufgrund seiner nicht eben gewaltigen Lateinkenntnisse in der frankophonen, spanisch- und portugiesischsprachigen oder italienischen Welt einigermaßen zu Hause ist und auch den Zugang zu anderen europäischen Sprachen besser findet.

Die Lektüre der Staatsphilosophen des klassischen Altertums, ob in der Originalsprache oder übersetzt, ist nicht nur unverzichtbar für das Verständnis der großen Geister der christlichen Spätantike und des Mittelalters, sondern auch für den Zugang zur politischen Theorie und Praxis der Neuzeit. Deren Vordenker wurzelten in ein- und demselben Humusboden, handle es sich um den Tschechen Georg von Podiebrad (Jiří z Poděbrad), den Italiener Niccolò Machiavelli und den Spanier Francisco de Vitoria im 15. und 16. Jahrhundert, den Niederländer Hugo Grotius und den Engländer John Locke im 17. Jahrhundert, den Franzosen Charles de Montesquieu, den Iren Edmund Burke, den Deutschen Immanuel Kant und den Polen Stanislaw Konarski im 18. Jahrhundert oder um die mitteleuropäischen und italienischen Initiatoren der Katholischen Soziallehre im 19. und 20. Jahrhundert.

Insbesondere der als Ketzer gebannte Utraquist Georg von Podiebrad und der katholische Piaristenmönch Stanisław Konarski werden von Westeuropäern meist übersehen. Ersterer schlug als König von Böhmen immerhin bereits am Übergang vom Mittelalter zur Neuzeit eine europäische Föderation in Gestalt eines christlichen Fürstenbundes vor, der über eine gemeinsame Armee, ein gemeinsames Parlament, über gemeinsame Gerichte, gemeinsame Finanzen, ein gemeinsames Asylwesen und sogar ein eigenes Wappen verfügen sollte. Letzterer schuf als polnischer Staats- und Bildungsreformer die Voraussetzungen dafür, dass der letzte Wahlkönig des polnisch-litauischen Reiches, Stanisław Poniatowski – sein Nachfahre Prinz Michel Poniatowski saß 1979 für Frankreich im ersten direkt gewählten Europaparlament – bereits am 3. Mai 1791 eine Verfassung für sein Land unterzeichnete, die nach der von Korsika die älteste schriftliche im modernen Europa war.

Jene, die trotz der spürbaren Chancen einer geistigen Erneuerung Europas dessen kulturellen Substanzverlust für unabwendbar oder gar für positiv halten, behaupten gerne, dass neben einer zusammenhanglosen „Vielfalt" das eigentlich Europäische lediglich die Aufklärung gewesen sei. Doch diese lebte von Voraussetzungen, die sie niemals hätte schaffen können. Auch der Spötter Voltaire war sich der Tatsache bewusst, dass er ein Produkt des christlichen Abendlandes war. So positiv sich die Aufklärung in vielem auf Europa ausgewirkt hat, unkritische Selbstverklärung sollte ihr eigentlich wesensfremd sein. Ganz in diesem Sinn hat Kardinal Ratzinger, der spätere Papst Benedikt XVI., stets die angebliche Unvereinbarkeit von Glaube und Vernunft in Frage gestellt und eine „Aufklärung der Aufklärung" gefordert.

Doch nicht nur Glaube und Wertvorstellungen, sondern auch ein gemeinsames Gedächtnis sind Europa zu eigen, denn dieses war während seiner ganzen Geschichte – paradoxerweise selbst im Zeitalter des Nationalismus, der ebenfalls ein gesamteuropäisches Phänomen war – viel mehr eine Einheit, als es dem allgemeinen Bewusstsein entspricht. Wenn auch in unterschiedlicher Intensität und Dichte, haben die universale Reichsidee und das Papsttum, das mittelalterliche Christentum, Renaissance und Humanismus, Reformation und Gegenreformation, Absolutismus und Französische Revolution, Liberalismus und Sozialismus, aggressiver Atheismus und christlich-soziale Erneuerung, Nationalismus und Europäertum doch den ganzen Kontinent oder zumindest seinen größten Teil geprägt.

Dasselbe gilt für Epochen und Stile von Musik, Literatur und Kunst, in erster Linie aber für die Baustile. Es ist kein Zufall, dass diese die Euro-Scheine zieren: In seinen romanischen Klöstern und gotischen Kathedralen, seinen Renaissancepalästen und Barockschlössern, seinen klassizistischen Prachtstraßen, aber auch in seiner modernen Architektur, die vor allem in den romanischen Ländern recht geschmackvoll sein kann, wird Europa nach außen sichtbar.

Der Ehrenbürger Europas, Helmut Kohl, hatte Recht, als er darauf hinwies, dass man einen Europäer mit verbundenen Augen irgendwo auf dem Kontinent aussetzen könne – von der Binde befreit, werde er sofort bemerken, dass er sich in Europa befinde. Der eine oder andere anonyme Platz einer amerikanisierten Großstadt mag hier zwar eine Ausnahme bilden, umgekehrt kann das eine oder andere Kolonialdorf in Südamerika recht europäisch wirken; dennoch, Menschen und Umfeld sind in Europa einfach anders als anderswo. Dies bemerkt vor allem jener, der sich öfter auf anderen Kontinenten aufhalten muss und dann nach Europa zurückkehrt. Schon wer Anatolien durchstreift, wird rasch feststellen, dass er sich in einem wunderschönen Land, aber nicht in Europa befindet.

Ebenso wie grenzübergreifende Stilepochen und tief wurzelnde historische Gemeinsamkeiten gehören auch Kriege und Krisen zum kollektiven Gedächtnis der Europäer. Als die arabischen Invasionsheere im Jahr 732 bei Tours und Poitiers aufmarschierten und von Karl Martell, dem Großvater Karls des Großen, geschlagen wurden, begannen die Europäer, sich als solche zu begreifen. Eine ähnliche Wirkung hatten die spanische Reconquista und, trotz des Ausscherens der Franzosen, im Donauraum die Türkenkriege als Symbole der gemeinsamen Abwehr einer äußeren Gefahr. Die Kreuzzüge vereinten zwar das Abendland und die lateinische Christenheit zumindest mehr oder weniger, den orthodoxen, also byzantinisch-oströmisch geprägten Europäern blieben sie jedoch eher als Terrorakte der westlichen „Lateiner" in Erinnerung, die den Untergang von Byzanz herbeiführten.

Nicht zuletzt haben die großen innereuropäischen Kriege das europäische Bewusstsein geprägt, die von Jahrhundert zu Jahrhundert immer mehr den Charakter europäischer Bürgerkriege annahmen: Der Hundertjährige Krieg zwischen Engländern und Franzosen, die den Kontinent erschütternden Auseinandersetzungen zwischen den Habsburgern und Frankreich, der Dreißigjährige Krieg, der Spanische Erbfolgekrieg, die napoleonischen Kriege, der Erste und der Zweite Weltkrieg. Auch wenn sie in den einzelnen europäischen

Ländern nach wie vor oft unterschiedlich bewertet werden, sie gehören zum gemeinsamen Erbe. Die Beseitigung der durch sie aufgerissenen Gräben wurde in unserer Zeit zur wichtigsten Triebfeder der europäischen Einigung.

Wie die gemeinsame Geschichte trennen und verbinden kann, erlebt jedes Kind, wenn es reist oder durch die Umstände bedingt in einer fremden Umgebung lebt. Als Schüler staunte ich, weil es in Paris einen Gare d'Austerlitz gab. Zum einen freute ich mich, dass die Franzosen ihren schönsten Bahnhof nach einem mährischen Dorf benannten; doch wunderte ich mich, dass sie damit an eine Niederlage erinnerten, die der Name aufgrund meiner altösterreichischen Prägung für mich natürlich bedeutete. Erst später wurde mir bewusst, dass Austerlitz für die Franzosen ja ein triumphaler Sieg war. Ähnlich verwirrend ist im umgekehrten Sinn zuweilen die Benutzung des Begriffes „Waterloo".

Unterschiedliche Geschichtsbilder wird es in Europa – zumal in ehemals kommunistisch unterdrückten Ländern, in denen man die Völker bewusst aufeinander gehetzt und eine vernünftige Aufarbeitung der Geschichte verhindert hat – noch lange geben. Doch gerade die genaue Kenntnis des Trennenden und der Wille zu seiner Überwindung können wertvolle Bausteine der europäischen Identität sein. Dieser Aufgabe hat sich zum Beispiel im Europaparlament die von der ehemaligen lettischen Außenministerin Sandra Kalniete, die in einem sowjetischen Gulag geboren wurde, gegründete Arbeitsgruppe „Reconciliation of European Histories" – Versöhnung der europäischen Geschichtsbilder – gestellt, aber auch das vom früheren Präsidenten des Europaparlamentes Prof. Hans-Gert Pöttering ins Leben gerufene Brüsseler „Haus der europäischen Geschichte". Freilich muss man feststellen, dass Kalnietes Arbeitsgruppe im ehemaligen Westen als zu starr antikommunistisch kritisiert wurde, während die Ost-Mitteleuropäer sich im Brüsseler Museum zu wenig wiederfanden. Es gibt also auch auf diesem Gebiet noch viel zu tun.

Für die US-Amerikaner war die Schaffung der Vereinigten Staaten zugleich die Geburtsstunde ihrer „Nation". Kann auch das Vereinte Europa durch ein solches „nation building" entstehen?

Was Verfassungspatriotismus zu leisten vermag, hat in den letzten 200 Jahren beispielhaft Bayern gezeigt. Dieses mehr als tausendjährige Staatsgebilde, ursprünglich ausschließlich auf die Kultur der Altbaiern und die Treue zur wittelsbachischen Dynastie gegründet, wurde zuerst um die Pfalz erweitert, ab 1806 um Franken und Schwaben, nach 1945 um Sudetendeutsche, aber auch um viele andere Vertriebene und Zuwanderer. Durch systematische Pflege des Staatsgedankens seitens der Regierenden und der Bevölkerung – König Ludwig I. entwickelte die Idee von den vier bayerischen Stämmen; der Bayerische

Verfassungstag wird heute nicht vom Freistaat, sondern von einer Bürgergemeinschaft namens „Bayerische Einigung" gestaltet – wurde es, bei aller Vielfalt, zu einer stabilen Einheit mit einer ausgeprägten Identität.

Doch was für ein eher zentralistisches Land mit 13 Millionen Einwohnern gilt, kann nicht automatisch für eine kontinentale Gemeinschaft mit fast einer halben Milliarde Menschen und einer Gott sei Dank dezentralen Struktur gelten. Auch das Vorbild der USA, die aus mehr oder minder geschichtslosen Siedlerkolonien entstanden sind, ist auf Europa mit seiner alten Staaten- und Völkerwelt nicht einfach übertragbar.

Unser Kontinent kann im Gefühlsleben seiner Bürger nur Schritt für Schritt zusammenwachsen, wenn er sich – kritisch, aber doch – auf seine uralten geistigen Wurzeln, also auf das eigentliche Europäertum besinnt. Gleichzeitig muss die EU, also das real existierende Europa der Institutionen, möglichst rasch und nachhaltig zu einer echten demokratischen Föderation weiterentwickelt werden, die hält, was sie verspricht. Alle seriösen Umfragen beweisen, dass sich die Mehrheit der Europäer danach sehnt.

Der doppelte Dreiklang

Die Identität Europas formte sich in der Spätantike und im Lauf der Völkerwanderung in zwei Dreiklängen: Zum griechisch-römisch-christlichen fügte sich der romanisch-germanisch-slawische.

Theodor Heuss – ein evangelischer Liberaler und kein abendländisch-konservativer Katholik – wählte zur Charakterisierung unseres geistigen Erbes ein inzwischen sehr häufig verwendetes Bild. Bei der Einweihung eines Gymnasiums in Heilbronn sagte der erste deutsche Bundespräsident 1950: „Es gibt drei Hügel, von denen das Abendland seinen Ausgang genommen hat: Golgotha, die Akropolis in Athen, das Kapitol in Rom. Aus allen ist das Abendland geistig gewirkt, und man darf alle drei, man muss sie als Einheit sehen."

Dieser erste Dreiklang entstand in der kulturell hellenisierten und religiös christianisierten Endphase des Römerreiches. Für Heuss symbolisierte der ehemalige Kreuzigungshügel Golgotha in Jerusalem wie nichts anderes das Christentum, die Akropolis die griechische Philosophie und das Kapitol das römische Recht. Mit seiner Metapher knüpfte der hochgebildete und wortmächtige FDP-Gründer an einen berühmten Essay des wenige Jahre zuvor verstorbenen französischen Dichterfürsten und Philosophen Paul Valéry an, der mit Rainer Maria Rilke befreundet war und schon während des Ersten Weltkrieges über Europa nachzudenken begann. Unter dem Titel „Die Krise des Geistes" zeigte sich Valéry beeindruckt über die von ihm diagnostizierte weltweite Sonderstellung der europäischen Kultur, obwohl unser Kontinent in Wahrheit nur ein „kleines Vorgebirge des asiatischen Festlandes" sei. Ihre Einzigartigkeit beruhe auf dem Römischen Reich als Rechtsgemeinschaft, auf der griechischen „Methode des Denkens", dank derer sich die modernen Wissenschaften hätten entwickeln können, sowie auf dem Christentum, das den geistigen Bedürfnissen der Menschen entgegenkomme und der „Einheit des römischen Rechts" eine „Einheit der Moral" zur Seite gestellt habe.

Lange im Alltagsgeschäft der europäischen Einigung vergessen, begannen Erinnerungsorte wie die „drei Hügel" in den Krisen der letzten Jahre wieder eine stärkere Rolle zu spielen, weil die Europäischen Institutionen dort Selbstvergewisserung suchten. Auf der Athener Akropolis wurden am 16. April 2003 die in einem langwierigen Verhandlungsprozess erarbeiteten Verträge zur EU-Osterweiterung unterzeichnet, um vor historischer Kulisse deutlich zu machen, dass alle Europäer in der philosophischen Tradition des antiken Griechenland stehen, und dass diese es ermöglicht, dass die Europäische Union „mit beiden Lungenflügeln atmet", wie Papst Johannes Paul II. es nannte. Ins internationale Scheinwerferlicht geriet die Akropolis auch, als sie der französische Staatspräsident Emmanuel Macron am 7. September 2017 als Hintergrund nutzte, um seine Botschaft von einer Neugründung der Europäischen Union zu verkünden. Ähnliche Bilder hatte die griechische Regierung dem scheidenden US-Präsidenten Barack Obama ein knappes Jahr vorher noch verweigert, er durfte zwar diesen Hügel der europäischen Identität besuchen, musste seine Ansprache aber in einem gewissen Abstand davon halten.

Wenn es wahr ist, dass die europäische Idee nicht zuletzt auch aus dem uralten Phantomschmerz über den Untergang des Römerreiches während der Völkerwanderung entsprungen ist, ist es logisch, dass in dessen Herzkammer, dem römischen Kapitol, 1957 die Römischen Verträge geschlossen sowie 2004 der EU-Verfassungsvertrag einschließlich Grundrechtecharta unterzeichnet wurden. Anläßlich der Sechzig-Jahr-Feier der EWG-Gründungsverträge 2017 pilgerten die Staats- und Regierungschefs der EU geradezu auf diesen römischen Identitätshügel Europas, weil die Flüchtlingskrise und der Brexit in den beiden Vorjahren das europäische Aufbauwerk zutiefst erschüttert hatten. In einer feierlichen Erklärung des Jubiläumsgipfels von Rom leisteten die nach dem Ausscheren Londons zum Verbleib entschlossenen Spitzen der übrigen 27 Mitgliedstaaten quasi eine Art Rütli-Schwur zur Fortentwicklung der EU: „Der Aufbau der europäischen Einheit ist ein kühnes, auf lange Sicht angelegtes Unterfangen. Vor 60 Jahren haben wir nach der Tragödie zweier Weltkriege beschlossen, uns zusammenzuschließen und unseren Kontinent aus seinen Trümmern neu aufzubauen. Wir haben eine einzigartige Union mit gemeinsamen Institutionen und starken Werten errichtet, eine Gemeinschaft des Friedens, der Freiheit, der Demokratie, der Menschenrechte und der Rechtsstaatlichkeit, eine bedeutende Wirtschaftsmacht mit einem beispiellosen Niveau von Sozialschutz und Wohlfahrt ... Wir werden die Europäische Union durch noch mehr Einheit und Solidarität untereinander und die Achtung gemeinsamer Regeln stärker und widerstandsfähiger machen." Diesem grundsätzlichen Bekenntnis zu einer einheitlichen Rechtsgemeinschaft nach Vorbild des Römerreiches folgte die politische Schwerpunktsetzung auf vier konkrete Ziele: Eine Union, die schützt; ein wohlhabendes und nachhaltiges Europa; ein soziales Europa; und ein stärkeres Europa in der Welt mit gemeinsamer Außen- und Verteidigungspolitik.

Mehr noch als die beiden anderen Hügel hatte die praktische Europa-Politik Golgotha aus dem Blick verloren – zum einen, weil dieser Ort der Kreuzigung Christi in Jerusalem und damit nicht auf dem Boden der EU liegt, zum anderen aber auch aufgrund der sich häufenden radikal-laizistischen Anwandlungen. Dennoch wird auch die christliche Dimension des ersten der beiden europäischen Dreiklänge spürbar, wenn man dem Weg der beiden Apostelfürsten Petrus und Paulus nach Europa folgt. Paulus brachte überhaupt das Christentum auf unseren Kontinent, nachdem ihm im Traum ein Mazedonier erschienen war, der ihn zu Hilfe rief. Petrus schlug den direkten Bogen von Golgotha nach Rom, wo er das Papstamt begründete, das gemeinsam mit dem abendländischen Kaisertum die europäische Integrationsfunktion des römischen Imperators aufgriff und in gewisser Weise fortsetzte. Vor diesem Hintergrund ist es faszinierend zu erleben, dass Franziskus I., der erste nichteuropäische Papst seit dem Syrer Gregor III. im 8. Jahrhundert, in den Jahren 2014, 2016 und 2017 gleich dreimal die Spitzen der Europäischen Union um sich sammelte, die ihn sichtlich als geistige Stütze der von Nationalisten angefochtenen Europa-Idee schätzten, ob sie überzeugte Christen waren oder nicht. Zuerst besuchte der lateinamerikanische Papst das Straßburger Plenum, wo alle Fraktionen mit dem sozialdemokratischen Parlamentspräsidenten Martin Schulz sowie den christdemokratischen Präsidenten von Rat und Kommission, Donald Tusk und Jean-Claude Juncker, auf seine Botschaft warteten, die teils aus deutlicher Kritik und teils aus mitreißender Ermutigung bestand. Im Jahr darauf kamen die drei Präsidenten gemeinsam nach Rom, um dem Pontifex Maximus, der sich dem Titel entsprechend als echter Brückenbauer erwiesen hatte, den nach Karl dem Großen benannten Internationalen Karlspreis der Stadt Aachen zu überbringen. 2017 wiederum waren neben Schulz, Juncker und Tusk auch alle Staats- und Regierungschefs in der Sala Regia des Vatikanischen Palastes zugegen, um am Vorabend des Jubiläumsgipfels zu 60 Jahren Römische Verträge aus den Aussagen von Franziskus Kraft zu tanken.

Obwohl die Identität Europas seit Kaiser Konstantin, also seit der Spätantike, untrennbar mit dem Christentum verknüpft war und die christlichen Kirchen den modernen europäischen Einigungsprozess von Anfang an wohlwollend begleiteten, ist diese sichtbare Verbindung zwischen dem Papsttum und der heutigen EU beileibe nicht selbstverständlich und hatte einen langen Vorlauf. Der Paneuropa-Gründer Richard Coudenhove-Kalergi besuchte schon am Vorabend des Zweiten Weltkrieges Papst Pius XI., um diesem sein Konzept eines kontinentalen Zusammenschlusses vorzustellen. Dessen Nachfolger, von Pius XII. bis Johannes Paul I., nutzten jede Gelegenheit, um die europäische Integration mit christlichen Impulsen zu fördern.

Der Durchbruch kam dann mit dem polnischen Papst Johannes Paul II., der selbst zu einem der bedeutendsten Baumeister der europäischen Einigung wurde. Er sprach, als sich Erschütterungen im kommunistischen Block abzuzeichnen begannen, im Oktober 1988 im Straßburger Europaparlament. Sein Sekretär, der spätere Krakauer Erzbischof Stanisław Kardinal Dziwisz, hatte sich schon seit Jahren regelmäßig mit dem für Kirchenfragen zuständigen Mitarbeiter der EVP-Fraktion, Stephen Biller, getroffen, einem Briten mit ungarischer Mutter und polnischer Frau. Obwohl auch andere Fraktionen und Gremien des Europaparlamentes fortan Arbeitsbeziehungen mit dem charismatischen Europapolitiker auf dem Stuhl Petri unterhielten, war die Dichte der Begegnungen mit der christdemokratischen EVP kaum zu überbieten. So sind allein zwischen 1981 und 2004 zehn offizielle Audienzen für Fraktionsführung oder Fraktion verzeichnet – von dem, was sich permanent auf dem „kleinen Dienstweg" vollzog, ganz zu schweigen. Kurz vor seinem Tod nahm Karol Wojtyła aus den Händen des Fraktionsvorsitzenden Hans-Gert Pöttering die Robert-Schuman-Medaille entgegen, auf die er mit einer Botschaft antwortete, die als sein europapolitisches Testament gelten kann. Darin hielt Johannes Paul II., der als junger Priester unmittelbar nach dem Zweiten Weltkrieg erstmals im Straßburger Münster gewesen war und von dort aus durch den Kontinent reisend Europa kennengelernt hatte, seine Kernüberzeugung fest: „Nur ein Europa mit einer starken religiösen, moralischen und kulturellen Identität kann sich zu anderen auf eine konstruktive und friedvolle Weise öffnen." In diesem Zusammenhang zitierte er Robert Schuman, den französischen Gründervater des modernen Europa, der sich in Kathedralen immer am europäischsten gefühlt habe.

Dass der polnische Pontifex nicht nur persönlich maßgeblich an der Niederreißung des Eisernen Vorhanges Ende der achtziger Jahre mitwirkte, sondern zuvor schon die Slawenapostel Cyrill und Method in Ergänzung zum Heiligen Benedikt von Nursia zu Patronen Europas erklärt hatte, brachte den in ihrer Mehrheit ostvergessenen Westeuropäern wieder den zweiten Dreiklang, der das europäische Wesen bestimmt, ins Bewusstsein. Johannes Paul II. erinnerte unermüdlich an das typisch europäische Zusammenleben der drei großen Völkerfamilien, der Romanen, der Germanen und der Slawen, auf relativ kleinem Raum, die sich in den letzten eineinhalb Jahrtausenden gegenseitig geistig, kulturell und wirtschaftlich intensiv durchdrungen haben, sodass man sie als mehrsprachige Einheit betrachten kann.

Karl der Große, der bei seinem Tod im Jahr 814 bereits als „Vater Europas" gewürdigt wurde, gilt gemeinhin als Klammer zwischen den Deutschen und den benachbarten romanischen Völkern. Für die Slawen, so eine oft vertretene These, besitze er keinerlei Bedeutung. Dies schien in den fünfziger Jahren, als die heutige EU noch eine karolingisch geprägte Sechsergemeinschaft war, nur wenige zu stören, da die große Völkerfamilie der Slawen unter kommunistische Herrschaft geraten und daher nicht Teil des integrierbaren Europa war. Dabei fand Karl der Große durchaus auch Wiederhall bei den Slawen, was schon daran sichtbar wird, dass das slawische Wort für König „král" lautet, also auf eine Verballhornung seines Namens zurückgeht. Hinzu kommt, dass die Slowenen schon nach dem Feldzug Karls gegen die Awaren Teil des Karolingerreiches wurden, sodass dieses durchaus eine, wenn auch nicht zahlenmäßig große, slawische Dimension besaß.

Wirklich wichtig für die slawische Intonierung Europas waren aber die Ottonen, die den Karolingern an der Spitze des nach und nach entstehenden Heiligen Römischen Reiches folgten, mit ihrer Ostsiedlung und ihrer christlichen Ostmission. Deren Mittelpunkt war Magdeburg als Sitz eines zum „Primas Germaniae" erhobenen Erzbischofs. Die ottonische Ostpolitik betraf aber nicht nur die von da an mehrheitlich deutschsprachigen Gebiete östlich der Elbe – wo bis heute das kleine slawische Volk der Sorben eine aktive und kulturell bereichernde Rolle spielt –, sondern mindestens ebenso Polen und die Böhmischen Länder. Im Evangeliar Ottos III., das in der Bayerischen Staatsbibliothek verwahrt wird, findet sich ein Bild des Herrschers, wie er von den Verkörperungen seines Reiches kostbare Gaben entgegennimmt. Diese Personifizierungen sind Sclavinia für die Slawen, Germania für die Deutschen sowie Gallia und Roma für die romanischen Franzosen und Italiener.

Einer der bedeutendsten slawischen Europäer dieser Zeit war der Heilige Adalbert, ein aus Ostböhmen stammender Weißkroate. Er trat 988 im italienischen Monte Cassino in den Benediktinerorden ein und wechselte dann auf den Aventin in Rom, wo griechische Mönche lebten. Dort lernte er Otto III. kennen. Dieser Herrscher aus sächsischem Haus wollte den Aventin damals zum Sitz eines erneuerten Römerreiches machen, das Slawen, Deutsche und Romanen umfassen sollte. Adalbert ging beseelt von diesem Geist wieder nach Böhmen, wo er das bedeutendste kulturelle und religiöse Zentrum des Landes, Kloster Břevnov in Prag, gründete. Aus Zorn über das in Böhmen nach wie vor grassierende Heidentum kehrte er jedoch bald über Ungarn nach Rom zurück, wo er an der Kaiserkrönung Ottos III. mitwirkte und diesen für die Christianisierung des Ostens begeisterte.

Nach einem Besuch beim polnischen Herzog und späteren König Bolesław I. Chrobry, mit dem und dessen Familie er verwandtschaftlich und persönlich eng verbunden war, wurde Adalbert auf einer Missionsreise an der Ostsee von den heidnischen Pruzzen ermordet. Als Kaiser Otto III. im Jahr 1000 ins polnische Gnesen pilgerte, um dort mit Herzog Bolesław am Grab des böhmischen Heiligen zu beten, entstand der Impuls, Polen in ein westlich orientiertes Königreich zu verwandeln. Thietmar von Merseburg ein Zeitgenosse kritisierte Otto III. für seine Polen- und slawenfreundliche Politik heftig mit den Worten, dieser habe Herzog Bolesław vom „Tributpflichtigen" zum „Herren" gemacht.

Arroganz auf der einen, Komplexe auf der anderen Seite belasten heute noch, tausend Jahre später, das Verhältnis zwischen Westeuropäern und dem slawischen Osten unseres Erdteils. Als Karol Wojtyła zum Papst gewählt wurde, rief mich aus Bonn ganz verstört ein Bundespolitiker an, ob dies nicht schreckliche Folgen für Deutschland haben könne, wenn jetzt ein Slawe Papst sei. Das Gegenteil war der Fall: Johannes Paul II. wirkte entscheidend daran mit, den Eisernen Vorhang zu beseitigen, und wurde damit auch einer der Väter der deutschen Einheit.

Bei einem Kongress unmittelbar nach der Wende ging ich direkt hinter zwei Delegierten aus zwei verschiedenen slawischen Völkern, die Deutsch miteinander sprachen. Da die Zimmer knapp waren, hatten sie kein besonders gutes erwischt und kommentierten dies mit den Worten: „Man hat uns sicher so schlecht untergebracht, weil wir nur Slawen sind." Nach der EU-Osterweiterung strebte ein slawischer Politiker eine Funktion im Europaparlament an, die ihm sowohl vom Proporz her als auch mit Blick auf die Qualifikation zustand. Die empörte Reaktion einiger Westeuropäer: „Jetzt haben wir sie aufgenommen, und schon stellen sie Ansprüche!"

Wenn auch inzwischen vor allem auf Betreiben zweier überzeugter Europäer aus Deutschland, Bundeskanzlerin Angela Merkel und dem damals führenden Christdemokraten im Europaparlament, Prof. Hans-Gert Pöttering, zwei ehemalige polnische Premierminister hintereinander EU-Spitzenpositionen übernommen haben – Jerzy Buzek als Präsident des Europaparlamentes und Donald Tusk als Präsident des Europäischen Rates –, gelingt es doch erst langsam, wirklich in den Köpfen zu verankern, dass Europas zweiter Dreiklang ohne den slawischen Ton nicht seine volle harmonische Kraft entfaltet.

Vielleicht hilft es dabei ja, einen Blick auf die intensiven politischen und kulturellen Beziehungen zu werfen, die die slawischen Völker spätestens seit dem 9. und 10. Jahrhundert mit ihren italienischen, französischen, spanischen, deutschen, angelsächsischen und skandinavischen Miteuropäern pflegten.

Die 988 unter Großfürst Wladimir christianisierte Kiewer Rus, gemeinsame Wurzel von Ukrainern, Weißrussen und Russen, erlangte bereits unter dessen Sohn, Jaroslaw dem Weisen, eine derartige Ausstrahlung, dass sie durch ihre Heiratspolitik Frankreich, Polen, Großbritannien, Skandinavien, Ungarn, Deutschland und Byzanz erfasste. Dem kroatischen König Tomislav gelang schon 924 eine so enge kulturelle und strategische Verbindung mit Venezien, dass diese zur Befreiung von der byzantinischen Oberherrschaft führte sowie zu einer äußerst fruchtbaren slawisch-lateinischen Zusammenarbeit in Dalmatien.

Romanik und Gotik überschritten bald ihren deutsch-französischen Kern und schufen Meisterwerke in den Ländern der Süd- und Westslawen. Nicht nur in der Renaissance war der Austausch zwischen den wichtigsten Denkern und Künstlern Italiens und Polens so eng, dass etwa die Höfe von Mailand oder Florenz auf der einen und Krakau auf der anderen Seite als kommunizierende Röhren gelten konnten, insbesondere unter der von der Appenninenhalbinsel stammenden polnischen Königin Bona Sforza. Einen besonders einprägsamen Ausdruck findet die Verbindung der drei Völkerfamilien in einem Gemälde, das 1622 in Florenz geschaffen wurde: Der vierjährige Leopoldo de' Medici sitzt – von dem flämischen Meister Justus Sustermans porträtiert – in bunter polnischer Magnatentracht auf seinem prachtvollen Pferd.

Barock und Rokokko, die von Frankreich und Italien ausgingen, blühten nirgends so auf wie im von Slawen und Deutschen bewohnten Böhmen. Die Reformationsgeschichte wiederum wäre ohne den Jahrhunderte übergreifenden Dreiklang zwischen John Wyclif in Oxford, Jan Hus in Prag und dem ursprünglich aus Frankreich stammenden Jean Calvin in Genf undenkbar.

Die Stadtwerdung Berlins Ende des 17. Jahrhunderts empfing ihre entscheidenden Impulse von der Aufnahme der hugenottischen Glaubensflüchtlinge aus Frankreich durch den „Großen Kurfürsten" Friedrich Wilhelm sowie der Ansiedlung von tschechischen Protestanten durch seinen Enkel, König Friedrich Wilhelm I., fünfzig Jahre später. An die Hugenotten und die Tatsache, dass um 1700 rund 20 Prozent der Berliner Französisch als Muttersprache hatten, erinnert heute noch der „Französische Dom" in der Bundeshauptstadt, das tschechische Erbe wirkt im zentralen Berliner Stadtteil Neukölln weiter, der die 1737 gegründete tschechische Exulantengemeinde Böhmisch Rixdorf umfasst. Brücken zwischen der orthodoxen Welt und den evangelischen Fürstenfamilien Deutschlands schlugen vor allem die russischen Romanows – etwa zu den Häusern Schleswig-Holstein-Gottorp, Anhalt-Zerbst, Hessen-Darmstadt, Württemberg und Baden.

Die Reihe der Gestalten, die die slawischen, romanischen und germanischen Teile Europas miteinander verbanden, ließe sich noch lange fortsetzen, etwa mit dem polnisch-französischen Komponisten Frédéric Chopin im 19. oder der polnischen Nobelpreisträgerin Marie Curie im 20. Jahrhundert, die in enger wissenschaftlicher Zusammenarbeit mit ihrem französischen Ehemann ihre wegweisenden Forschungen mit Uranpechblende aus dem sudetendeutschen St. Joachimsthal in Böhmen durchführte.

Als herausragendes Beispiel einer gelungenen Synthese zwischen den drei großen Kulturräumen unseres Kontinents bereits im 14. Jahrhundert kann Kaiser Karl IV. dienen, der zweite große Karl unter den Ahnherren der europäischen Einigung. Dieser Herrscher, nach dem der Europäische Karlspreis der Sudetendeutschen heißt, war der Sohn König Johanns von Böhmen, der dem westdeutschen Geschlecht der Luxemburger angehörte, und seiner Gattin Elisabeth, die eine tschechische Přemyslidin war. Er wuchs am französischen Hof auf, wurde von seinem Vater zur Weiterentwicklung des dortigen Machtbereiches eine zeitlang nach Italien geschickt, wo er Diplomatie erlernte, und kehrte schließlich über Mähren nach Prag zurück, als römisch-deutscher Kaiser und böhmischer König. Sein französischsprachiges Königreich Burgund ließ er langsam und friedlich zur französischen Krone hinübergleiten, schlug aber Genf und Savoyen dem Heiligen Römischen Reich zu. Zu seinen Lieblingsresidenzen gehörten Nürnberg und das damals brandenburgische Tangermünde an der Elbe im heutigen Sachsen-Anhalt. Der Gründer der völkerverbindenden Karlsuniversität in Prag sprach gleichermaßen Deutsch, Französisch, Italienisch, Lateinisch und Tschechisch, weil es ihm zeitlebens ein zentrales Anliegen war, die slawische, die germanische und die romanische Völkerfamilie unter dem Dach einer übernationalen Rechtsgemeinschaft zusammenzuführen.

Buntes Mosaik

So wesenhaft die beiden Dreiklänge für unser Europa sind, so wenig lässt sich dieses darauf reduzieren. Das fängt schon mit dem Namen und dem Gründungsmythos unseres Erdteiles an. Europa war bekanntlich der griechischen Sage nach eine von Zeus, in Gestalt eines Stieres, aus Asien zu uns verschleppte phönizische Königstochter. Darin liegt eine tiefe Wahrheit, denn unsere Kultur ist die Kultur der Schriftlichkeit schlechthin. Die Basis aller Buchstabenschriften der Erde, insbesondere des griechischen und des lateinischen Alphabets, schufen jedoch die Phönizier, sodass auf dieses rätselhafte Volk des Mittelmeerraumes eine der wichtigsten Prägungen des Europäertums zurückgeht. Zu unseren Wurzeln gehören auch die aus der Geschichte verschwundenen Etrusker oder die minoisch-mykenische Kultur Kretas, wo Prinzessin Europa der Sage nach in unserer Weltregion eintraf.

Dem mesopotamischen Volk der Sumerer verdanken wir nicht nur die heute als typisch europäisch geltende Kunst des Bierbrauens, sondern auch die des Mosaiks, die im oströmischen Byzanz ihren Höhepunkt erlebte. Ein solches buntes Mosaik ist auch die Völkerwelt Europas insgesamt, die aus vielen verschiedenfarbigen Elementen besteht, welche schließlich ein großes Ganzes bilden.

Ein besonders emotionales Verhältnis haben die Europäer zu den Griechen, deren antikes Erbe zwar zu den beiden Dreiklängen gehört, deren heutige Nachfahren sich aber deutlich von der slawisch-germanisch-romanischen Mehrheit abheben. Sie bildeten in Teilen des Osmanischen Reiches, auf dem Balkan und darüber hinaus, bis an die Schwelle des 20. Jahrhunderts die völkerverbindende Oberschicht der Phanarioten. Der dänisch-preußische Generalstabsoffizier Helmuth von Moltke erzählt in seinem berühmten Reisebericht von 1841, dass er mittels seiner Griechischkenntnisse mühelos von Mitteleuropa an den Hof des osmanischen Sultans in Istanbul gelangt sei, weil er sich an vielen Stationen seines Rittes immer wieder an Angehörige der graecisierten Kulturelite halten konnte, die etwa im heutigen Rumänien das Geistesleben bestimmten und die wichtigsten Politiker stellten. Auch die Rumänen zählen, obwohl ihre Sprache stark lateinisch beeinflusst ist, zu jenen Völkern Europas, deren Wurzeln eher im Dunkeln liegen und die – wenn auch der Daker-Kult der kommunistischen Ceauşescu-Ära längst überwunden ist – bis heute einen sehr eigenständigen Beitrag zu unserer Kultur erbringen.

Dies gilt noch mehr für die Albaner, über deren Abstammung von den Illyrern in der Wissenschaft zwar heftiger Streit herrscht, deren Leistungen aber aus der Geschichte und Gegenwart Europas nicht wegzudenken sind. Was wären wir ohne den größten europäischen Feldherrn gegen die osmanische Invasion, den Albaner Gjergj Kastrioti, genannt „Skanderbeg", was ohne Mutter Teresa, die Albanerin aus dem heutigen Mazedonien, die zur Inkarnation der Nächstenliebe wurde, was ohne den genialen Eisenbahnkonstrukteur der Habsburgermonarchie Carl Ritter von Ghega, Oberhaupt einer albanisch-mährischen Familie?

Sicher ist, dass Südosteuropa nicht nur die Nachfahren altbalkanischer Nationalitäten wie Frühgriechen, Illyrer und Thraker, sondern neben den Slawen auch eurasische Steppenvölker einschließlich turksprachiger, später oft slawisierter Reiternomaden zusammengeführt hat, die bis zum Aufkommen des Nationalismus im Gefolge der Französischen Revolution in beeindruckender Toleranz miteinander lebten. Daran knüpft trotz vieler nationalistischer Konflikte, die fälschlich als „typisch balkanisch" bezeichnet werden – weder Robespierre noch Hitler stammten vom Balkan –, das Südosteuropa des 21. Jahrhunderts immer wieder an. Als Beobachter der ersten demokratischen Wahl 1990 in Bulgarien traf ich einen soeben gekürten Abgeordneten der armenischen Minderheit dort, der sich speziell und mit großem Erfolg um die vielen kleinen Volksgruppen dieses Landes kümmerte. Eine ähnliche Rolle spielte eine junge Aromunin im benachbarten Mazedonien. Vor einigen Jahren wählten die Rumänen einen Siebenbürger Sachsen, Klaus Johannis, zum Präsidenten, obwohl die deutsche Volksgruppe dieses Staates aufgrund von Vertreibung und Auswanderung mittlerweile nur noch 0,2 Prozent umfasst. Im Kosovo setzte der pazifistische Menschenrechtler Ibrahim Rugova ein einzigartiges Zeichen, als er in den neunziger Jahren – der schlimmsten Unterdrückungsperiode der Kosovo-Albaner durch das serbische Milošević-Regime – eine Untergrund-Verfassung erließ, die nicht nur den Kosovo-Serben, sondern auch noch den winzigsten Sprachgruppen ihre Rechte verbriefte. Dies findet nunmehr – nicht zuletzt auf Betreiben des engsten Mitarbeiters von Rugova, Skënder Hyseni, und seines Nachfolgers als Außenminister, Enver Hoxhaj – seine Fortsetzung im heutigen Grundgesetz des Kosovo. In dieser jungen Republik schmerzen zwar die Wunden von Krieg und Vertreibung nach wie vor, aber dennoch wurde dort das modernste Volksgruppenrecht Europas formuliert. Auf der Seite der Vereinten Nationen wirkten daran ein ehemaliger finnischer Staatspräsident aus einer karelischen Vertriebenenfamilie, Martti Ahtisaari, sowie der österreichisch-böhmisch-bretonische Prinz Albert Rohan mit.

Die ursprünglich aus den Weiten Asiens stammenden Finno-Ugrier, zu denen Finnen, Karelier, Esten und Ungarn zählen, gehören zu den ganz großen Besonderheiten im bunten Bild Europas. Obwohl des Ungarischen nicht mächtig, kann ich, wenn Angehörige dieses Volkes miteinander reden, zumindest einige Worte verstehen. Eines Tages saß ich mit einer fremden Touristengruppe im Frühstücksraum eines Bonner Hotels und freute mich, ringsum die typisch ungarische Sprachmelodie zu vernehmen, bis ich merkte, dass mir kein einziges Wort vertraut war. Schnell stellte sich heraus: Es waren Finnen.

Die engsten Verwandten der Finnen sind die Karelier. Sie wurden 1940 von den Sowjets aus ihrer Heimat vertrieben, kehrten 1941 zurück, um dann 1944 endgültig alles zu verlieren und als Heimatlose im benachbarten Finnland Aufnahme zu finden. Ihr Land geriet unter russische Herrschaft und wurde vom Kreml mit allen möglichen Völkerschaften besiedelt. Ende der neunziger Jahre war ich Redner bei einem großen Treffen der karelischen Heimatvertriebenen in Finnland, das genauso verlief wie ein Sudetendeutscher Tag, sodass ich trotz der mir fremden Sprache genau wusste, was als Nächstes auf dem Programm stand.

Schon zur Zeit der sowjetischen Unterdrückung von Esten und Ungarn hielt das neutrale Finnland, soweit dies möglich war, Kontakt zu diesen Mitgliedern seiner Sprachfamilie. Der zweite Vorsitzende der Untergrund-Paneuropa-Union im sowjetisch beherrschten Estland, Prof. Linnart Mäll, der später zu einem der Wegbereiter der kleinen baltischen Republik auf dem Weg in Unabhängigkeit und EU werden sollte, war Lehrstuhlinhaber für finno-ugrische Sprachen in Reval (Tallin). Als Präsident der in Den Haag ansässigen „Organisation für nichtrepräsentierte Völker" (UNPO) unterstützte er auch das ebenso finno-ugrische Volk der Mari, das bei der Völkerwanderung in Asien verblieben war und besonders unter den Sowjets zu leiden hatte.

Der Zusammenhalt der weit über Eurasien verstreuten Finno-Ugrier ist legendär. Ein dafür charakteristisches Erlebnis hatte ich in den achtziger Jahren in Straßburg. Im Ostblock schien der Kommunismus noch in voller unmenschlicher Blüte zu stehen, doch das damalige Pseudo-Parlament Ungarns kam immerhin mit einer Delegation in die europäische Volksvertretung. Zum Schrecken des reformkommunistischen Parlamentspräsidenten aus Budapest, Mátyás Szűrös, der seine Mannen zuhause noch vergattert hatte, im fernen

Straßburg so vorsichtig wie möglich zu agieren, da sie auch dort von Moskau überwacht würden, begann plötzlich der für seine Aufsässigkeit berühmte Abgeordnete Zoltán Király aus Szeged tapfer verbotene Themen aufzuwerfen. Seinen Wunsch nach Unabhängigkeit von der Kreml-Herrschaft artikulierte er auf unvergeßliche Weise so: „Wir Ungarn sind keine Slawen, sondern Finno-Ugrier. Das sind auch die Mari im asiatischen Teil der UdSSR. Jetzt müssen wir nur noch das Problem dazwischen lösen."

Das erste zusammenhängende Europa war wahrscheinlich das keltische, das es heute bis auf kleine Reste kaum noch gibt. Diese Ureuropäer siedelten an den Hauptströmen unseres Erdteiles, Donau und Rhein, sowie quer über den ganzen Kontinent – vom Balkan und vom Sudeten-Karpaten-Becken bis Irland, aber auch in Norditalien, Frankreich und auf der iberischen Halbinsel. Ich selbst habe 1982 bei einer Pilgerfahrt nach Santiago de Compostela in den Bergen des spanischen Galizien ein weitgehend isoliertes Dorf besucht, dessen keltisch-berberische Mischbevölkerung sich zur Zeit der Mauren und der anschließenden Reconquista dorthin geflüchtet hatte und bis in unsere Tage ihre Eigenart bewahrt.

Die Archäologen stellen trotz aller Unterschiede viele kulturelle Überein-stimmungen zwischen den Keltiberern im Norden Spaniens, der Hallstatt-Kultur im süddeutsch-österreichischen Raum und den Bojern im böhmischen Becken fest. Die keltischen Sprachen als eigene Gruppe des Indogermanischen wurden einstmals in den meisten Regionen Europas gesprochen, wie sich an vielen Beispielen belegen lässt. Meine Familie stammt aus dem nordböhmi-schen Isergebirge, ich lebe in München an der Isar, und im französischen Zen-tralmassiv fließt die Isère. Die Namen aller drei Flüsse gehen auf dieselbe kelti-sche Wurzel zurück, die reißendes, kühles Wasser bezeichnet.

Als Gallier wurden die Kelten im späteren Frankreich durch Vermischung mit den ebenfalls katholischen Römern und Franken unter den Merowingern zu einer wesentlichen Basis des Abendlandes. Ein Schwarzafrikaner, Léopold Senghor, Staatsgründer von Senegal und der große Dichter der französisch-sprachigen so genannten „négritude", empfand Bayern als besonders keltisch, weshalb er einem Geburtstagsartikel über dessen populären Ministerpräsiden-ten den aufsehenerregenden Titel gab: „Franz Josef Strauß – ein Kelte".

Der wichtigste Beitrag der keltischen Kultur zum Werden Europas waren jedoch die irischen Missionare des frühen Mittelalters, die den Großteil un-seres Kontinents christianisierten und ihr geistiges Erbe mit dem der christ-lichen Spätantike sowie dem der anderen europäischen Völker verbanden. Ausgerechnet die kleine Mittelmeerinsel Malta mit ihrer teilweise vom Arabischen geprägten Muttersprache sorgte dafür, dass Keltisch auch in den EU-Institutionen wieder offiziell verwendet wird. Weil die Malteser nach ihrem Beitritt trotz ihrer umfassenden Englischkenntnisse darauf bestanden, in der EU mit ihrer eigenen Amtssprache vertreten zu sein, nutzten die Iren, die lange zugunsten des Englischen auf einen solchen Schritt verzichtet hatten, die Gelegenheit, um in Straßburg, Luxemburg und Brüssel das Gälische wieder aufs Tapet zu bringen.

Innerstaatlich besinnt sich mittlerweile auch die jahrhundertelang von Paris unterdrückte Bretagne wieder auf ihr Keltentum, wie das bis vor einigen Jahrzehnten von London ähnlich zentralistisch gelenkte Wales oder Schottland. Selbst in Cornwall, wo die dortige keltische Sprache Ende des 18. Jahrhunderts ausgestorben war, wurde sie 1904 von einer kleinen Schar von Idealisten um den Geistlichen Henry Jenner, Verfasser eines „Handbuches der Kornischen Sprache", wiederbelebt. Europäische Anerkennung verschaffte ihr der unvergeßliche John Fleet, mit dem ich Ende der neunziger Jahre als Vorsitzender der Interfraktionellen Arbeitsgruppe für Minderheitenfragen eng verbunden war.

In einer Übersicht über die europäischen Kulturen werden meist die Sinti und Roma vergessen. Mit Otto von Habsburg im damals noch existenten und hervorragenden österreichischen Speisewagen von Straßburg nach München fahrend, bemerkte ich, wie der vielsprachige Kaisersohn fasziniert eine Debatte am Nachbartisch verfolgte und zusehends nervös wurde. Ihm geschah, was er wahrscheinlich kaum je erlebt hatte: Er hörte eine Sprache, die er nicht zuordnen konnte. Den Zugang zu den beiden Herren fand er dann auf Ungarisch, und diese berichteten ihm, dass sie ihren Dialog auf Romanes führten. Inzwischen gibt es – dank der ungarischen EU-Ratspräsidentschaft Viktor Orbáns und seines herausragenden Minderheitenministers Zoltán Balog – seit 2011 ein eigenes europäisches Förderinstrument namens „Roma-Strategie", und eine ungarische Roma, Lívia Járóka, wurde 2018 Vizepräsidentin des Europaparlaments.

Auf wieder andere Weise heben sich die Basken im Südwesten Europas sowie Letten und Litauer im Nordosten von Romanen, Germanen und Slawen ab.

Vom Baskischen weiß man, dass es weltweit mit keiner anderen Sprache verwandt ist und dass nach heutigem Erkenntnisstand in dieser Region kein Hinweis auf eine frühere Besiedelung durch andere Völker existiert. Lange Zeit bildete das Baskenland aufgrund des ETA-Terrors einen Krisenherd, der sich noch dazu zwischen Frankreich und Spanien aufteilte. Heute weitgehend befriedet, arbeiten Basken diesseits und jenseits der offenen EU-Binnengrenze immer enger zusammen, wofür eine französische Baskin, Nicole Péry, im Europaparlament wesentliche Weichen stellte.

Letten und Litauer zählen anders als die finno-ugrischen Esten, die ebenfalls einen der drei baltischen Staaten bewohnen, auch sprachlich zu den so genannten „baltischen Völkern" und gehören damit zum selben Zweig der Indogermanen wie die verschwundenen Pruzzen. Während die Letten durch Russifizierung beinahe ebenfalls untergegangen wären, bildeten die Litauer gemeinsam mit den Polen ein mittelalterliches Königreich, das bis zu den polnischen Teilungen des 18. Jahrhunderts bestand. Trotz einer gewissen Polonisierung und später Russifizierung war ihr Eigenbewusstsein immer vorhanden, was auch mit ihrer historischen Rolle in Mitteleuropa zusammenhing. Ihr Großfürst Jagiello trat 1385 zum Christentum über und wurde zum König einer von Polen, Litauern und Weißrussen geprägten Monarchie gekrönt, die zeitweise von der Ostsee bis ans Schwarze Meer reichen sollte. Das von ihm abstammende Herrscherhaus der Jagellonen gehörte nicht nur zu den kulturell bedeutendsten Dynastien Europas, sie hätten auch beinahe die integrierende Rolle der Habsburger im Karpaten-Donauraum eingenommen, da zunächst ihnen die Königswürde von Ungarn, Kroatien und Böhmen zufiel. Umgekehrt hätte das Haus Österreich gerne die polnisch-litauische Monarchie in sein mitteleuropäisches Großreich eingegliedert. Beide Seiten vereinbarten schließlich einen Erbvertrag, der sich zugunsten der Habsburger auswirkte, weil der Jagellone Ludwig II. als Träger der Stephanskrone 1526 in der Schlacht gegen die Türken bei Mohács starb. So entstand die Donaumonarchie, indem Böhmen und Ungarn unter Kaiser Ferdinand I. dauerhaft habsburgisch wurden. Polen-Litauen behielt zunächst noch seine Eigenständigkeit, weil es nach Aussterben der dortigen Jagellonen die Erb- durch eine Wahlmonarchie ersetzte.

Das Reich an Donau und Rhein

Beim Rundblick von der Dachterrasse des Straßburger Europaparlamentes sieht man diesseits und jenseits der Rhein-Ebene den Schwarzwald und die Vogesen als stumme Zeugen unzähliger blutiger Kriege, aber auch der deutsch-französischen Freundschaft von heute. Der Schwarzwald thront nicht nur mächtig über dem Rhein, in seinem Herzen entspringt auch die Donau, der nach der Wolga zweitlängste Fluss Europas, der dessen Mitte mit dem Schwarzen Meer verbindet. Obwohl durch eine scheinbar undurchdringliche Wasserscheide vom anderen Völkerstrom Mitteleuropas getrennt, verfügt die Donau in ihrem Ursprungsgebiet über eine Besonderheit: Ihr Wasser versickert streckenweise unter der Erde, und ein Teil davon geht nicht in Richtung Schwarzmeerküste, sondern macht sich selbständig, tritt als Aachquelle wieder aus dem Gebirge hervor und fließt in den Rhein.

Doch nicht nur auf diese geologische Weise sind Rhein und Donau miteinander verbunden, sondern auch historisch, kulturell und politisch. Der größte spanische Kulturphilosoph des 20. Jahrhunderts, Salvador de Madariaga, nannte sie „das Koordinatensystem Europas". Der Rhein trenne „die germanische von der lateinischen Welt, die Donau führt asiatische Einflüsse bis in den Kern Europas und lässt europäisches Leben sich bis an den Rand Asiens ergießen", so der iberische Denker in seinem Essayband „Porträt Europas".

An den Ufern dieser Ströme bildeten sich in einer langen Geschichte durch viele Wanderungsbewegungen einige jener Mischbevölkerungen heraus, die für das Zentrum unseres Kontinentes so typisch sind. Dabei spielte als Zugangstor im Osten, also an der mittleren Donau, die Mährische Pforte eine ähnliche Rolle wie im Westen am Oberrhein die Burgundische.

Römische Kaiser residierten in Trier im heutigen Rheinland und im jetzt niederösterreichischen Carnuntum, römische Verwaltungszentren und Heerlager waren die Keimzellen für Metropolen wie Straßburg und Köln, Regensburg und Wien. An die große Völkerwanderung erinnert die vor dem Hintergrund der Kulturlandschaften an Rhein und Donau spielende Nibelungensage, der im 12. Jahrhundert donau-europäische Dichter ein literarisches Denkmal setzten.

Das Reich Karls des Großen, eine Art Urbild der Europa-Idee, konzentrierte sich zwar vorwiegend am Rhein und weiter westlich, aber das von ihm geprägte Kaisertum verwirklichte sich später genauso an der Donau. Das niederrheinische Aachen war im Alter die Lieblingspfalz des Karolingers, doch als die Macht dieses Geschlechts zerbröselte, wurde Regensburg an der Donau so etwas wie die erste deutsche, nämlich ostfränkische Hauptstadt, und im Heiligen Römischen Reich saßen die meisten Kaiser in Wien.

Die Enkel Karls des Großen, Karl und Ludwig, schworen einander nach dem Sieg über ihren Stiefbruder Lothar vor ihren Truppen Frieden und Treue – in den Straßburger Eiden, die noch heute als älteste Sprachdenkmäler des Französischen und des Althochdeutschen am Rhein aufbewahrt werden. Die Teilung des Reiches in eine ost- und eine westfränkische Hälfte wurde allerdings nicht mehr rückgängig gemacht, sondern im Vertrag von Verdun, der im rheinischen Koblenz verhandelt wurde, 843 besiegelt.

Die alemannisch-schwäbische Landschaft um Straßburg ist nicht nur das Ursprungsgebiet der beiden großen „Reichsflüsse", sondern auch von vier besonders herausragenden Reichsdynastien: Den Staufern und ihren Rivalen, den Welfen, den Habsburgern und ihren Rivalen, den Hohenzollern. Rudolf von Habsburg, aus altem elsässischem und dann erst schweizerischem Geschlecht, schaffte den Sprung an die Donau, wo seine Familie ein einzigartiges Machtzentrum errichtete, ist aber im Kaiserdom des rheinischen Speyer beigesetzt. Obwohl nirgends so viele Herrscher des Heiligen Römischen Reiches lebten und begraben wurden wie an der Donau, fanden Wahl und Krönung in Frankfurt, das durch 48 Kilometer Main mit dem Rhein verbunden ist, und in Aachen statt. Eine zentrale Rolle spielten dabei die drei im rheinischen Raum residierenden geistlichen Kurfürsten, nämlich die Erzbischöfe von Trier, Köln und Mainz, letzterer als Reichserzkanzler.

Stark von diesem westlichen der beiden Schicksalsströme geprägt war neben Deutschland und Frankreich, die sich bald als so genannte Erbfeinde heftig um den Rhein streiten sollten, das „Zwischenreich" Lothars, des dritten Enkels Karls des Großen, das man „Lotharingen" nannte und das damals den größten Teil der späteren Niederlande einschließlich Belgien und Luxemburg, das heutige Lothringen, das Elsaß, Burgund, die Schweiz und Teile Oberitaliens umfasste. Seine letzte große Ausprägung war das übernationale Burgund, dessen Erbe an die Habsburger fiel, was man heute noch an den in der Wiener Hofburg ausgestellten, prachtvollen Utensilien des vornehmsten europäischen Ordens, des burgundischen Ritterordens vom Goldenen Vließ, sehen kann. Souverän dieser Gemeinschaft ist in unserer Zeit der Kaiserenkel Karl von Habsburg.

Den umgekehrten Weg wie die Habsburger nahm übrigens das mit ihnen eng verbundene Haus Liechtenstein, das diesseits und jenseits der Donau in Mähren und Niederösterreich wurzelt, aber seinen unabhängigen Staat, wie es in der Landeshymne heißt, „am jungen Rhein" aufbaute.

Ein besonderer Ausdruck der nationenübergreifenden Kultur entlang beider Flüsse sind die zur Zeit des alten Reiches dort errichteten Kathedralen – die romanischen Kaiserdome von Speyer, Worms und Mainz sowie die gotischen von Freiburg, Straßburg, Frankfurt, Köln und Xanten im Westen oder die ebenfalls gotischen Meisterwerke des Dombaus von Ulm, Regensburg und Wien im Osten, zu denen man kunsthistorisch und politisch auch den Veitsdom in Prag zählen kann. Im Wiener Stephansdom stößt man übrigens auf rheinische Spuren in mehreren Bildern und Skulpturen, die Johanna von Pfirt zeigen, die Mutter Rudolfs des Stifters, der das Gotteshaus errichten ließ. Als in Basel am Rhein geborene Elsässerin heiratete sie in Wien den Habsburger-Herzog Albrecht II., der nach einer Wallfahrt zu den rheinischen Heiligen in Köln und Aachen mit ihr eben diesen Rudolf IV. zeugte. Dieser konnte den Aufstieg der Habsburger und die Schaffung eines übernationalen Donaureiches auch deshalb vorantreiben, weil seine Mutter 1336 den Frieden mit den böhmischen, dem rheinischen Westen entstammenden Luxemburgern vermittelte und zwei ihrer Söhne mit Töchtern Kaiser Karls IV. verheiratete.

Der Wiener Hof hat, wie der sudetendeutsche Publizist Emil Franzel herausarbeitete, bis ins 18. und beginnende 19. Jahrhundert an den habsburgischen Rechtstiteln im elsässischen Sundgau und im auf der anderen Rheinseite gelegenen Breisgau festgehalten, weil es ihm darum ging, strategisch nicht nur die Donau, sondern auch deren südwestdeutsches Quellgebiet und den Oberrhein zu beherrschen. Eine ähnliche, noch viel bedeutendere Rolle spielten für alle Mächte, die sich im Donauraum festzusetzen suchten, von den schon erwähnten Jagellonen über die Habsburger bis zur kommunistischen Sowjetunion, Böhmen und Mähren. Letzteres gehört über die March tatsächlich zum Einzugsgebiet des großen südosteuropäischen Stromes, ersteres beherrscht zumindest wie eine Zitadelle im Gebiet zwischen Regensburg und Wien die mittlere Donau, obwohl kein böhmischer Fluss in diese mündet.

An die Bedeutung der Böhmischen Länder für ganz Mitteleuropa erinnerte übrigens der große tschechische Historiker František Palacký 1848 in seinem berühmten Absagebrief an die deutsche Nationalversammlung in der Frankfurter Paulskirche, in dem er vor einer Zerschlagung der Donaumonarchie warnte: Sonst werde sich die „russische Universalmonarchie" bis zum Böhmerwald ausdehnen, also bis vor die Tore der Donaustädte Passau und Linz. Dies sollte nach 1945 in Gestalt der Sowjetunion dann auch geschehen.

Doch nicht nur das alte Europa der übernationalen Reiche fand seine Lebensachsen in Donau und Rhein, sondern auch das moderne. Mit Sitz in der Wiener Hofburg warb die Paneuropa-Union in der Zwischenkriegszeit für ein nunmehr demokratisches Europa – an jenem Ort, wo beim Wiener Kongress mehr als hundert Jahre zuvor die Heilige Allianz das erste offizielle europäische Amt eingerichtet hatte, in Person des konservativen Schriftstellers Friedrich von Gentz, des „Sekretärs Europas", der dem Rheinländer in habsburgischen Diensten Fürst Clemens Wenzel Metternich zuarbeitete.

Nach dem mörderischen Zweiten Weltkrieg wurde der Großteil des Donauraumes sowjetisch besetzt oder neutralisiert. Die Zentrale der Paneuropa-Union hatten schon die Nationalsozialisten gestürmt und deren Dokumente beschlagnahmt, die dann über Berlin nach Moskau weiterwanderten, wo sie heute noch liegen. Donau-Europa verschwand – abgesehen von der Vermittlerrolle des neutralen Wien im Kalten Krieg – auf Jahrzehnte weitgehend von der politischen Landkarte, bis das Paneuropa-Picknick vom 19. August 1989 zwischen Österreich und Ungarn, den beiden alten Kernländern der Donaumonarchie, die kommunistische Unterdrückung halb Europas zum Einsturz brachte.

Seit der Gründung des Europarates als der ältesten offiziellen europäischen Institution 1949 vollzieht sich europapolitisches Handeln vor allem auf dem Gebiet des alten Lotharingen, nämlich in den Europa-Metropolen Straßburg, Luxemburg und Brüssel. Es war der damalige sozialistische Außenminister Großbritanniens, Ernest Bevin, der Straßburg als Europahauptstadt vorschlug, indem er über die Rheinregion sagte, hier habe sich in mörderischen Kriegen die menschliche Dummheit so ausgetobt wie nirgends sonst, deshalb sei dies der ideale Ort, um selbige zu überwinden.

Die von diesem Geist getragene europäische Einigung hat viele ihrer größten Fortschritte einem Helmut Kohl zu verdanken, der sich als Pfälzer stolz am Speyerer Dom und seiner rheinisch-europäischen Ausstrahlung orientierte. Ihm war es vergönnt, federführend an der deutschen und gesamteuropäischen Wiedervereinigung mitzuwirken, die dem Donauraum seine europäische Rolle zurückgab – und ohne den Mut von dessen Völkern niemals zustande gekommen wäre. Eine historische Konsequenz dessen war mehr als 20 Jahre später die Etablierung einer Europäischen Donauraum-Strategie auf Vorschlag Ungarns im ersten Halbjahr 2010.

Das erste slawische Land, das an der Spitze der EU stand, war das zwar nicht direkt an der Donau liegende, aber jahrhundertelang zur Donaumonarchie gehörende Slowenien. Das erste Volk des ehemaligen Ostblocks, dem diese Rolle zufiel, waren die unweit der Donau lebenden und mit dieser genauso eng verbundenen Tschechen. Sie bilden mit den Slowaken sowie mit den Ungarn und den Polen die Gemeinschaft der Visegrad-Staaten, die als regionales Bündnis zur Förderung der gesamteuropäischen Einigung gegründet wurde. Sie in eine europaskeptische Bastion umzuwandeln, wie es manchen vorschwebt, wäre ein Verrat an ihrer Ursprungsidee.

Die hoch über dem Donauknie thronende ungarische Burg Visegrad, auf der sich 1335 die Könige von Ungarn, Böhmen und Polen trafen, steht eigentlich für ein offenes Europakonzept, wie es Budapest mit der EU-Donauraumstrategie verficht. Für Bayern und Baden-Württemberg ist dies eine Gelegenheit, die einseitige Orientierung auf Berlin etwas zu lockern und eine eigenständigere Rolle zu spielen, die ihrer Tradition entspricht. Die Tschechische Republik, die auf ausdrücklichen Wunsch des Europäischen Parlamentes aus historisch-kulturellen Gründen in das Konzept einbezogen wurde, Österreich, Slowenien, die Slowakei, Ungarn und Kroatien werden die Chance ergreifen, neben dem nach wie vor unverzichtbaren deutsch-französischen Gespann einen weiteren geschichtlich fundierten Schwerpunkt in der EU zu bilden. Serbien kann sich mit Blick auf die Donau leichter von historischen Verstrickungen wie im Kosovo lösen und erkennen, dass es die einmalige Chance hat, starkes Glied in einer Kette Belgrad-Budapest-Wien-Passau-Regensburg-Ulm zu sein, die einst auch die Lebenslinie der Donauschwaben auf ihren berühmten Ulmer Schachteln war. Rumänien und Bulgarien können endlich deutlich machen, dass sie ein Teil des Donauraumes sind, nicht nur mit Problemen, sondern mit einzigartigen kulturellen und landschaftlichen Schätzen. Sie dürfen in Europa nicht länger nur als Nehmende, sondern müssen auch als Gebende gesehen werden.

Sicher ist Europa mehr als Donau und Rhein – es ist Weichsel und Loire, Themse und Po, Ebro und Pruth, Oder und Elbe, Vardar und Spree. Grenzüberschreitende Zusammenarbeit in Großräumen ist sowohl an den Rändern der EU als auch in ihrem Inneren von wachsender Bedeutung und und weist erfolgreiche Ansätze auf – am Mittelmeer, in den Alpen, an der Ostsee und in der Schwarzmeerregion. Weder die europäische Einigung als Gesamtkonzept noch die für die Menschen so segensreiche Funktion der kleineren Euroregionen dürfen allerdings dadurch geschwächt oder ersetzt werden.

Der Rhein hat nach dem Zweiten Weltkrieg die Europäer der ersten Stunde zusammengeführt; der Donauraum gibt diesem alten Kerneuropa erst die gesamteuropäische Dimension, welche für eine dauerhafte Friedensordnung auf unserem Kontinent unverzichtbar ist.

Ist Frieden selbstverständlich?

In den ersten Jahren des 21. Jahrhunderts war es Mode geworden, die Friedens- und Versöhnungsfunktion der Europäischen Einigung, die ursprünglich deren Hauptanliegen war, als antiquiert in Frage zu stellen. Friede sei in Europa inzwischen selbstverständlich, man könne mit diesem Thema keinen jungen Menschen mehr hinter dem Ofen hervorlocken.

Meine Erfahrung war und ist anders. Zu meinen schönsten Aufgaben gehört es, regelmäßig an Gymnasien, Real- und Berufsschulen mit Jugendlichen über die Europa-Idee zu diskutieren. Sie halten in der Tat Frieden und Freiheit zumindest in ihrem unmittelbaren Umfeld für selbstverständlich, wenn sie nicht, wie dies immer häufiger der Fall ist, als Flüchtlinge aus einem Kriegs- oder Krisengebiet nach Europa gekommen sind. Doch auch die anderen werden schlagartig sehr ruhig und nachdenklich, wenn man sie damit konfrontiert, dass heute auf unserem Erdball mehr Vertriebene unterwegs sind und mehr militärische Auseinandersetzungen geführt werden als jemals seit dem Zweiten Weltkrieg. Einen besonders tiefen Eindruck hat nicht nur bei vielen Mittel- und Osteuropäern, sondern auch bei kriegsferneren EU-Bürgern im Westen die Tatsache hinterlassen, dass die nur oberflächlich als Freischärler getarnten Soldaten des russischen Präsidenten Wladimir Putin die Ukraine überfallen haben, ein großes europäisches Land, das unmittelbar an die EU grenzt. Russland annektierte im März 2014 unter Bruch aller völkerrechtlichen Vereinbarungen die Krim und verbreitet nach wie vor Terror und Blutvergießen in den östlichen Landesteilen der Ukraine.

Hinzu kommt, dass der überall in Europa aufflammende Nationalismus wieder als echte Bedrohung wahrgenommen wird. Es ist notwendig, mehr darüber zu reden, denn wenn eine Generation glaubt, sie müsse für Frieden und Freiheit nichts mehr tun und hätte diese quasi automatisch in der Tasche, sind sie schon wieder gefährdet.

Im Vorfeld des kroatischen EU-Beitrittes hielt ich beim Pannonischen Forum im Süden des Burgenlandes eine Rede – vor Gästen aus dem ganzen

Donauraum. Ein alter Graf begrüßte uns auf seinem Schloss mit den Worten: „Meine Familie sitzt hier seit 450 Jahren, und jede Generation hat mindestens einmal in einen Krieg ziehen müssen. Mein Sohn ist der erste, bei dem das nicht der Fall ist; aber ich bin mir nicht sicher, ob er das wirklich zu schätzen weiß." Was er dann hinzufügte, jagte uns allen kalte Schauer den Rücken hinunter: „Sehen Sie dort im Hof meine Enkelkinder – ich kann es mir kaum vorstellen, dass auch sie ihr ganzes Leben lang Frieden und Freiheit haben werden."

Ich selbst kam elf Jahre nach 1945 und zehn Jahre nach der Vertreibung meiner Familie aus Böhmen zur Welt, doch die Schatten dieser Vergangenheit saßen bei uns zuhause noch mit am Tisch. Dennoch erschienen mir die Hitlerzeit oder der Bombenkrieg so fern wie das Mittelalter. Anfang der neunziger Jahre wurde ich dann selbst zur Kriegsgeneration, und zwar im damals zerbrechenden Jugoslawien. Luftangriffe der serbisch-jugoslawischen Armee trieben meine Gastgeber und mich in den Schutz eines Kellers; eine Mutter drückte mir, weil sie zur Arbeit musste, ihre Kinder in die Hand mit der Bitte, sich um diese zu kümmern, wenn sie nicht mehr zurückkehren sollte. Im bosnischen Banja Luka musste Bischof Franjo Komarica, ein großer christlicher Europäer, miterleben, wie seine Diözese durch Vertreibung und serbische Mörderbanden weitgehend zerstört wurde. Wir versuchten, ihn durch häufige Besuche zumindest physisch einigermaßen zu schützen. Viele meiner Freunde und Bekannten starben als Soldaten oder Zivilisten, und im geteilten herzegowinischen Mostar gerieten wir in so intensive Kampfhandlungen, dass jede Sekunde ein Schuß fiel. In einem ostkroatischen Vertriebenenlager saß ich plötzlich Vojvodiner Tschechen gegenüber, deren Ahnen seit Kaiserin Maria Theresia im serbischen Banat gelebt hatten und die jetzt wenige Stunden zuvor von jugoslawischen Militärs aus ihren Häusern verjagt worden waren. Von diesem Erlebnis, das mich als Nachfahren von aus der Tschechoslowakei vertriebenen Sudetendeutschen besonders erschüttert hatte, erzählte ich wenige Tage später im Tschechischen Fernsehen, um zu verdeutlichen, dass ein solches Schicksal jedes Volk und jeden Menschen treffen kann.

Während des Krieges von 1991 bin ich von München aus regelmäßig im klimatisierten Speisewagen eines Eurocity und ohne umzusteigen nach Zagreb gefahren, von wo aus man binnen kurzem an die Front gelangte, an der gleich zu Beginn der Kämpfe der herausragende Journalist Egon Scotland von der Süddeutschen Zeitung durch serbische Milizionäre hinterrücks erschossen worden war. Damals schrieb ich einen Artikel „Mit dem Eurocity in den Krieg", um zu zeigen, wie nah, aber auch wie pervers das alles war. Uns Jüngeren wurde zu diesem Zeitpunkt schlagartig bewusst, dass Krieg nicht nur etwas aus den Erzählungen der Väter und Großväter war oder aus einer Fernsehreportage von einem anderen Kontinent, sondern auch Mitteleuropa auf grausamste Weise direkt berührte. Wenn Nachbarn aus verschiedenen Volksgruppen von einem Tag auf den anderen Feinde werden können, zeigt dies, dass zerstörerischer Hass jederzeit und überall ausbrechen kann, wenn man die Friedensidee nicht systematisch pflegt.

Letztere im Südosten voranzutreiben und zu festigen, gehört zu den Aufgaben eines eigenen Paneuropa-Arbeitskreises, den wir auf Initiative von Erika Nerad 1993 gründeten und der seitdem – betreut von Stephanie Waldburg-Zeil und Hans Kijas – monatlich in München zusammenkommt. Ihm gehören Vertreter der betroffenen Volksgruppen und deutsche Paneuropäer an. Einer aus diesem Kreis, der bayerische Bauer Eduard Molocher, organisierte mit seinen Freunden 140 humanitäre Hilfstransporte nach Bosnien-Herzegowina und Kroatien.

Beim Friedenstiften ist nicht zuletzt die Zivilgesellschaft gefragt, denn mit den Beziehungen zwischen den Völkern ist es so wie mit denen zwischen Menschen überhaupt. Man kann auch in einer Partnerschaft nicht einfach erklären: „Ich habe einmal Ja zu dir gesagt, und das muss dir reichen." Jede Ehe und jede Freundschaft muss immer wieder erneuert werden, sonst stirbt sie. Dies gilt auch für den Bereich der Völkerverständigung und -versöhnung. Wie schnell es hier zu Rückschlägen kommen kann, erwies sich zum Beispiel während der so genannten Euro-Krise. Die gute griechisch-deutsche Freundschaft schien von einem Tag auf den anderen vergessen. In Athen hielten Demonstranten Plakate hoch, die Bundeskanzlerin Angela Merkel als Hitler zeigten. In Deutschland wiederum versuchten sich Kommentatoren damit zu profilieren, dass sie über die angeblich faulen und unzuverlässigen Völker des Südens herzogen. Durch die Wiederbelebung alteingewurzelter Klischees wurde schwerer mentaler Schaden angerichtet. In solchen Zeiten zeigt sich, wie dünn trotz großer Erfolge des Versöhnungsgedankens in der EU oft das Eis ist, auf dem man sich sogar im seit über sieben Jahrzehnten friedlichen Teil Europas zuweilen bewegt.

Geradezu ein Wunder ist die vom französischen Ministerpräsidenten und Außenminister Robert Schuman nach dem Zweiten Weltkrieg eingeleitete sowie später von Präsident Charles de Gaulle und Bundeskanzler Konrad Adenauer im Elysée-Vertrag von 1963 vollendete Deutsch-Französische Freundschaft. Jahrhundertelang sah Europa im Prinzip so aus, dass es zwei sich bekämpfende Koalitionen gab, von denen eine sich zunächst um Wien und dann um Berlin gruppierte, die andere um Paris. London versuchte die beiden dann noch möglichst gegeneinander auszubalancieren, was oftmals die Konflikte befeuerte oder zumindest verlängerte. Dies durchbrochen zu haben und gleichzeitig ein Modell für die Überwindung anderer so genannter „Erbfeindschaften" zu entwickeln, war die wichtigste unter den vielen Friedensleistungen der Europäischen Einigung. Es ist bezeichnend, dass der tiefe deutschfranzösische Aussöhnungsprozess ganz maßgeblich vom ehemaligen Generalsekretär der französischen Résistance und KZ-Häftling in Dachau Louis Terrenoire gestaltet wurde, dessen Sohn Alain Terrenoire später als Präsident der internationalen Paneuropa-Union einer der ganz großen Brückenbauer zum und auf dem Balkan werden sollte.

Wenn sich auch die Partnerschaft zwischen den beiden Kernvölkern Europas als außergewöhnlich belastungsfähig erwiesen hat, bedarf sie doch immer wieder einer Erneuerung. Welche Gefahren ansonsten drohen, wurde während des so genannten Jugoslawienkrieges von 1991 deutlich. Erstmals seit 1945 trat damals wieder der Super-GAU auf, dass sich Deutsche und Franzosen auf verschiedenen Seiten einer Front wiederfanden. Deutschland unterstützte, wenn auch erst nach längerem Zögern und nur sehr vorsichtig, das nach Freiheit strebende Kroatien, das vom Sozialisten François Mitterrand regierte Frankreich zunächst den historischen Verbündeten aus zwei Weltkriegen, nämlich Serbien, das seinen Nachbarn überfallen hatte. Dies trug maßgeblich zur Eskalation bei und blockierte die ohnehin schwachen Friedensbemühungen der Europäischen Gemeinschaft. Erst als Helmut Kohl beim neuen französischen Präsidenten Jacques Chirac in Paris eine Kurskorrektur erreichte – was auch damit zusammenhing, dass serbische Milizen in Bosnien-Herzegowina französische Fallschirmspringer zu Geiseln genommen hatten –, konnte die europäische Seite bei den Friedensverhandlungen in Dayton mit einer Stimme sprechen.

Die Friedens- und Sicherheitsfunktion der EU ist also nicht nur nach innen hin weiter notwendig, sondern auch nach außen. Es handelt sich um zwei Seiten von ein und derselben Medaille. Die innere Stabilität einer Vielvölkergemeinschaft ist unverzichtbar, wenn diese ihre Bürger vor den wachsenden weltweiten Gefahren wirksam schützen soll. Selbst in den schwersten Akzeptanzkrisen der Europäischen Einigung sagten mehr als drei Viertel der Deutschen und der Franzosen, dass sie auf dem Gebiet der Außen- und Verteidigungspolitik, aber auch der Krisenvermeidung durch präventive Diplomatie wesentlich mehr Europa wollen und keinesfalls weniger. Das ist allerdings nicht in allen EU-Mitgliedstaaten gleichermaßen der Fall.

Die ehemals von der Sowjetunion unterdrückten Länder, allen voran die baltischen, sind sehr sensibel und ohne Ausnahme entweder für eine starke

NATO, für eine sicherheitspolitisch starke EU oder für beides. Selbst europa-skeptische Politiker in Polen, der Tschechischen Republik und dem Donau-raum plädierten mehrfach für die Schaffung einer Europäischen Armee. Anders sieht dies zum Teil bei früher neutralen Staaten aus. Vor allem die Nordeuropäer, mit Ausnahme der Finnen, zeigten sich bislang eher skeptisch, was den Aufbau einer außen- und sicherheitspolitischen EU betrifft. Dies hat vor allem historische Gründe. Ich erinnere mich eines Bootsausfluges mit dem früheren Stockholmer Bürgermeister Carl Cederschiöld, damals Präsident der Paneuropa-Union Schweden und Ehemann der seinerzeitigen Vizepräsidentin des Europaparlaments Charlotte Cederschiöld, von der schwedischen Haupt-stadt in Richtung Ostsee. An einer Uferböschung vorbeifahrend, rief er aus: „Bis hierher kamen Anfang des 19. Jahrhunderts die Russen, und seitdem haben wir keine Invasion mehr erlebt." Dies ist so, als wenn Deutschland oder Frankreich seit dem Wiener Kongress von 1815 keine militärische Auseinan-dersetzung mehr hätten erleiden müssen. Das Gegenteil war der Fall: Der deutsch-deutsche Krieg von 1866, der deutsch-französische von 1871 und erst recht die beiden Weltkriege, von denen Schweden verschont blieb, stellten in der Mitte Europas alles bisher Dagewesene in den Schatten. Deshalb ist dort das Verständnis für die versöhnungs- und sicherheitspolitische Dimension der EU wesentlich stärker als anderswo.

Für die nordischen Länder hingegen war die europäische Einigung stets in erster Linie ein wirtschaftliches Projekt, wie auch für Großbritannien. Deshalb sagten zum Beispiel die Norweger wegen ihres Ölreichtums nach langen Ver-handlungen Nein zur EU-Mitgliedschaft, weil sie ihre Sicherheit mittels der Zugehörigkeit zur NATO gewährleistet sahen. Ähnliches gilt für Island. Däne-mark ging zwar aus wirtschaftlichen Gründen schon in den siebziger Jahren seinen Weg in die Europäische Gemeinschaft, beharrte aber sehr stark auf ei-nem Opt-out, also auf Ausnahmeregelungen, bei der Gemeinsamen Außen-und Sicherheitspolitik und beim Euro.

Salvador de Madariaga erklärte solche Verhaltensweisen schon 1952 in seinem meisterhaft geschriebenen „Porträt Europas" so: „Die Skandinavier sind immer außerhalb des Römischen Weltreiches geblieben und länger als jede andere europäische Nation auch außerhalb der Christenheit. So sind sie von den beiden mächtigsten Formungskräften des europäischen Geistes zuletzt berührt worden. Als die Schweden Christen wurden, hatten die Euro-päer im Süden bereits zehn Jahrhunderte Christentum hinter sich, und das Bewusstsein, zum Römischen Weltreich zu gehören, war noch nicht völlig aus ihren lebendigen Traditionen verschwunden." Dadurch seien die Skandinavier „in einer Art Randstellung geblieben, in einem gewissen Abstand vom übrigen Europa."

Heute erkennen die Skandinavier und ihre finnischen Nachbarn unter dem Eindruck des russischen Dominanzstrebens unter Putin sowie der Abkehr der USA von Europa zunehmend auch die friedens- und sicherheitspolitische Dimension des europäischen Integrationsprozesses. Am leichtesten taten sich dabei die Finnen. Sie waren hintereinander unter schwedischer sowie russischer Herrschaft gewesen. Im Zweiten Weltkrieg wurden sie wiederholt Opfer sowjetischer Angriffe und bis 1989 von Moskau in einem fragilen Zustand der Abhängigkeit gehalten. Von der EU erwarten sie nunmehr, ebenso wie die mit ihnen eng verbundenen Balten, in erster Linie den Schutz vor solchen Bedrohungen.

Norwegen und Dänemark hatten schwer unter der nationalsozialistischen Besatzung gelitten, weshalb sie nach dem Zweiten Weltkrieg zwar noch Distanz zur europäischen Idee hielten, aber im Gegensatz zu Schweden auch den Neutralismus ablehnten und sich der damals vor allem angelsächsischen NATO anschlossen. Den schwedischen Vorschlag einer „Nordischen Verteidigungsunion" wiesen sie schon deshalb zurück, weil Stockholm sich auf einen extremen Kurs der Neutralität und später sogar der aktiven Blockfreiheit festgelegt hatte.

Das Königreich Schweden war unter dem Haus Wasa im 17. Jahrhundert eine agressive Macht, die oftmals ihre nordischen Nachbarn dominierte und auf dem Kontinent zahlreiche Kriege führte. Beispiele dafür sind die Rolle Gustaf II. Adolfs im Dreißigjährigen Krieg und die des polnischen Zweiges der Wasa im Raum zwischen Ostsee und Schwarzem Meer. Unter den pfälzischen Wittelsbachern aus dem Haus Zweibrücken erreichte Schweden dann zwar seine größte Ausdehnung, verlor aber bald seine Großmachtfunktion. Unter der Krone der Nachfahren des napoleonischen Feldherrn Jean-Baptiste Bernadotte wurde es dann recht friedlich und Schweden hatte außerdem das Glück, von den kriegerischen Unbilden des 19. und 20. Jahrhunderts verschont zu bleiben und sogar während des Zweiten Weltkrieges seine Freiheit zu bewahren.

Inzwischen gleicht sich das Bewusstsein für äußere Gefahren zwischen den verschiedenen Nordländern schrittweise an, und sie beteiligen sich an den stärker werdenden sicherheitspolitischen Bestrebungen der EU.

Frieden ist allerdings nicht nur durch Politik oder gar durch Verteidigungskapazitäten zu sichern, sondern vor allem durch eine entsprechende innere Haltung. Die große mährische Schriftstellerin Marie von Ebner-Eschenbach drückte dies so aus: „Frieden kannst du nur haben, wenn du ihn gibst." Grundlegende Ausführungen zu diesem Thema machte Papst Franziskus in seinem Apostolischen Schreiben „Evangelii gaudium". Darin betont er: „Der Konflikt darf nicht ignoriert oder beschönigt werden. Man muss sich ihm stellen. Aber wenn wir uns in ihn verstricken, verlieren wir die Perspektive, unsere Horizonte werden kleiner, und die Wirklichkeit selbst zerbröckelt." Der beste Weg, einem Konflikt zu begegnen, sei die Bereitschaft, ihn „zu erleiden, ihn zu lösen und ihn zum Ausgangspunkt eines neuen Prozesses zu machen." Genau dies haben die Europäer in der EU aufgrund blutiger historischer Erfahrungen getan.

Spannungen und Auseinandersetzungen wird es auch in Europa immer geben. Doch wenn man sie aufgrund eines permanenten Aussöhnungs- und Verständigungsprozesses löst – auf der Basis des gemeinsamen übernationalen Rechts und in Gemeinschaftsinstitutionen, in denen man nicht mehr schießt, sondern nur noch gewaltlos streitet –, bewältigt man sie auf eine Art und Weise, die es bisher in der Geschichte so leider nicht gab.

Panzer am Brenner

Es ist noch gar nicht so lange her, da türmten sich erhebliche bürokratische und sonstige Hindernisse auf, wenn man wie Tausende Andere am Wochenende von München nach Südtirol zum Bergsteigen fuhr: Es waren zwei stark kontrollierte Grenzen zu überwinden, eine davon auf dem Brenner, mitten im historischen Land Tirol, man musste drei Währungen dabeihaben und einen Adapter, ohne den man sich wegen der unterschiedlichen Stromstärken nicht elektrisch rasieren konnte. In vielen Monaten galt es zudem, die Uhr umzustellen, denn in Italien herrschte Sommerzeit, in Deutschland und Österreich hingegen nicht. Auf dem Heimweg musste man vor dem Zoll zittern, wenn man im Überschwang der Gefühle fünf und nicht zwei Flaschen edlen Weines für die Lieben zu Hause erworben hatte. Die EU, von vielen nur als bürokratisch angesehen, hat diese und andere Reglementierungen hinweggerissen und einen großen freien Binnenmarkt nicht nur für Güter, sondern auch für ihre Bürger geschaffen. Wenn ich in meinen Anfangsjahren als Assistent von Straßburg mit dem Zug heim nach München fuhr, musste dieser an der Rhein-Grenze mindestens eine halbe Stunde warten. Einmal hatte ich im Europaparlament eine berühmte japanische Persönlichkeit zu betreuen, die mir zum Dank ein Paar Manschettenknöpfe schenkte. Weil ich bei der Kontrolle zwischen Straßburg und Kehl deren Wert beim besten Willen nicht angeben konnte – er war, wie sich herausstellen sollte, sehr gering, doch hätte ich den Gast aus Fernost unmöglich danach fragen können – holte mich der Zoll aus dem Zug, der mich zurück an die Isar bringen sollte, und ich konnte erst zwei Stunden später als geplant die Heimfahrt antreten.

Viel krasser noch war das, was man erdulden musste, wenn es ostwärts ging. So stand unser Auto 1979, als unsere Familie zum ersten Mal seit der Vertreibung wieder Böhmen aufsuchte, an der tschechisch-bayerischen Grenze vier Stunden lang in der knallenden Sonne im Niemandsland, weil ein Grenzer der kommunistischen Tschechoslowakei im Gepäck meiner Mutter einen katholischen St.-Michaels-Kalender gefunden hatte. Wir wurden deshalb wüstest schikaniert, wozu auch das Verbot gehörte, eine Toilette aufzusuchen. Für die

Menschen hinter dem Eisernen Vorhang sah die Sache meist sehr viel schlimmer aus, sie mussten Versuche, westwärts zu gelangen, oftmals mit Gefängnis oder gar Tod bezahlen.

Für den einen klingt all das wie eine Aufzählung von altbekannten Tatsachen, für den anderen, jüngeren wie Schauergeschichten aus einer längst vergegangenen Welt. Beiden scheint es aber zunehmend schwer zu fallen, dem europäischen Einigungsprozess und seiner Sogkraft dankbar dafür zu sein, dass wir heute zum Beispiel auf der vom 1988 verstorbenen oberpfälzischen Europaabgeordneten Heinrich Aigner schon vor dem Fall der Stacheldrähte visionär initiierten Autobahn „Via Carolina", die nach Kaiser Karl IV. heißt, von Prag ohne Stop über Amberg und Straßburg nach Paris rollen dürfen.

Die EU ist sicherlich in vielem zu bürokratisch, doch hat die europäische Idee auch einige der größten Befreiungs-, Deregulierungs- und Entbürokratisierungsprozesse unserer Zeit angestoßen – etwa durch die Einführung eines direkt gewählten Europaparlamentes, das gemeinsam mit Helmut Kohl jenen Druck aufbaute, der die EU-Binnengrenzen niederriss, sowie durch die Überwindung des Eisernen Vorhanges.

Thomas Schmid, einer der klügsten Kommentatoren des Springer-Verlages, hat in der „Welt" Front gegen die Renationalisierung Europas gemacht und klargestellt: „Dass die Grenzen innerhalb der EU gefallen sind, war kein Versehen und auch nicht die Folge einer Schönwetterlaune. Es war so gewollt." Noch vor kurzem hätte man diesen treffenden Kommentar für eine Platitüde halten können, die Öffnung der EU-Binnengrenzen erschien gemeinhin als unumkehrbarer wichtigster Fortschritt der europäischen Integration. Inzwischen hat sich das Denken mancher dramatisch verändert.

Vom starken Nationalstaat wird plötzlich wieder geschwärmt, der sein Territorium eigenständig sichern müsse. Manche trauern sogar dem Eisernen Vorhang nach, der nicht nur „illegale Einwanderer und internationale Kriminalität ferngehalten" habe, sondern, so eine wörtliche Aussage, „uns vor den sowjetischen Panzern beschützt hat." Stacheldrähte und Minenfelder, von den kommunistischen Diktatoren errichtet, um die eigenen Bürger einzusperren – die bei Überschreitung dieser „Friedensgrenze" schlichtweg getötet wurden –, in eine westliche Verteidigungsmaßnahme umzuinterpretieren, ist schon ziemlich kühn. Aber auch die Nostalgie nach auf Dauer wieder national kontrollierten EU-Binnengrenzen wie am Walserberg vor Salzburg, vor dem sich früher jeden Sommer eine PKW-Schlange von mehr als hundert Kilometern staute, muss zumindest denen, die sich noch daran erinnern, als fragwürdig erscheinen.

Sind Errungenschaften wie freies Reisen, Niederlassungsfreiheit diesseits und jenseits alter Trennlinien, die Wiederbelebung gewachsener und völkerverbindender Euroregionen, der nicht wie früher vom Bürokratismus strangulierte Güterverkehr und das europäische Schnellbahnnetz als Verkehrsmittel der Zukunft tatsächlich nur ein Luxus für gute Zeiten? War der Aufbau eines europäischen Raumes der Freiheit, der Sicherheit und des Rechts nur eine schöne Illusion, die nunmehr an Herausforderungen wie Krieg und Auswanderung vor der Haustür unseres Kontinents zerschellt ist?

Selbstverständlich ist es unverzichtbar, dafür zu sorgen, dass die erwünschte Reisefreiheit nicht zu weniger Sicherheit führt. Dafür gibt es im Schengener Abkommen, das mittlerweile in die EU-Rechtsordnung integriert wurde, auch entsprechende Vorkehrungen, die durch grenzüberschreitende polizeiliche und justizielle Zusammenarbeit – inzwischen wurde sogar eine EU-Staatsanwaltschaft geschaffen – ergänzt werden. Die Kooperation zwischen bayerischer und tschechischer Polizei mit ihrer modernen Koordinierungszentrale in Schwandorf funktioniert zum Beispiel so gut, dass die Sicherheit in Ostbayern und darüber hinaus gegenüber den Zeiten vor der Grenzöffnung nicht gesunken, sondern gestiegen ist. Ähnliche Wirkung entfaltet die Schleierfahndung, die nicht mehr an den Trennungslinien zwischen den Staaten, sondern unerwartet an anderer Stelle zugreift.

Drei Vorschläge, für die ich Ende der neunziger Jahre im Straßburger Europaparlament eine breite Mehrheit fand, haben allerdings sehr unterschiedliche Früchte getragen. Die Europäische Polizeiakademie zur gemeinsamen Ausbildung nach gemeinsamen Standards hat sich bewährt – vor allem seit sie vom Großraum London nach Budapest verlegt wurde. Der Ruf nach einem Europäischen Bundesgrenzschutz, 1998 vom Plenum aufgrund meines Berichtes über EU-Erweiterung und innere Sicherheit unterstützt, brachte immerhin Frontex hervor, die EU-Grenzschutzeinheit, die einen ersten Schritt in die richtige Richtung darstellt. Diesem müssen jedoch rasch die weiteren folgen, darunter auch der Aufbau einer Europäischen Küstenwache.

Die Mitgliedstaaten verfügen über rund hunderttausend völlig verschiedenartig organisierte und unkoordinierte Grenzbeamte – Frontex hingegen umfasste jahrelang nur 1 500, die nunmehr endlich erheblich aufgestockt werden. Bei den Olympischen Spielen 2016 in Brasilien setzte die dortige Regierung allein 80 000 Mann Sicherheitskräfte zur Bewachung des Sportereignisses ein. Deshalb ist ein Europäischer Grenzschutz mit einigen zehntausend Mitarbeitern das Minimum dessen, was letztlich von den nationalen Regierungen auf den Weg gebracht werden muss; denn Parlament und Kommission haben ihre Vorarbeit längst getan.

Am krassesten haben die Nationalstaaten beim Thema der Aufteilung von Flüchtlingen zwischen den EU-Mitgliedsländern nach einem festen Schlüssel versagt. Einen solchen hatten Europaparlament und Kommission auf meinen Vorschlag hin schon Ende der neunziger Jahre gefordert, wurden aber durch Staaten wie Italien und Deutschland blockiert. Deshalb fehlten solche fairen Quoten dann in der Flüchtlingskrise von 2015, als Rom und Berlin ihrerseits nach einer „europäischen Lösung" riefen, die jetzt etliche der Mittel- und Osteuropäer ablehnten. Ich erinnere mich noch an eine Straßburger Debatte von 1998, wo ich den damaligen Verhinderern im Rat entgegenhielt, „dass jeder Mitgliedstaat von einer überproportionalen Last getroffen werden kann. ... Morgen kann im Mittelmeerraum etwas explodieren, und auch da wird Solidarität gefordert sein." Genau das ist inzwischen geschehen.

1998 hatte ich Bayerns Innenminister Günter Beckstein und die schwedische EU-Kommissarin Anita Gradin auf meiner Seite. Sie unterstützten den Gedanken einer Europäischen Zentralstelle, die eine feste Quotierung vornehmen und die Menschen den einzelnen Ländern entsprechend zuteilen sollte. Das scheiterte damals an Rom und Madrid, später argumentierten bei uns viele ähnlich, nur umgekehrt.

Die Bevölkerung des Maghreb ist dabei, sich zu verdreifachen. Afrika ist nach wie vor instabil, ganze Menschenkarawanen schleppen sich durch die Sahara oder mittels kaum seetüchtiger Schiffe über todbringende Meere. Da es völlig unmöglich ist, die vielen Probleme des Nachbarerdteils auf unserem zu lösen, müssen wir mit einem ganzheitlichen Ansatz antworten. Auf dem afrikanischen Kontinent gilt es nicht nur Demokratie und Rechtsstaatlichkeit zu erringen und zu festigen, sondern mittels eines europäischen Marshall-Planes, wie ihn der deutsche Entwicklungsminister Gerd Müller vorgeschlagen hat, einer jungen Bevölkerung wirtschaftliche Zukunftsperspektiven zu geben. Berufliche Bildung, Mittelstandsförderung und Kooperation bei der Erzeugung erneuerbarer Energien sind hier die Schlüsselworte.

Das Mittelmeer muss zu einer Sicherheitszone maritimer und polizeilicher Zusammenarbeit werden. Doch der beste Grenzschutz nutzt nichts, wenn die Menschen auf einer Seite der Barriere immer tiefer ins Elend versinken. Die EU braucht zudem endlich eine saubere Unterscheidung zwischen Asylbewerbern, Flüchtlingen aufgrund kurzfristiger Krisen, legalen sowie illegalen Einwanderern, die derzeit medial wieder alle in einen Topf geworfen werden. Jede dieser Herausforderungen kann nur gesamteuropäisch und solidarisch gelöst werden, durch gemeinsame und gemeinschaftliche Politiken auf allen diesen Gebieten. Die Wacht am Brenner oder am Rhein, in den Savoyischen Alpen oder am Böhmerwald kann zu einer ernst- und dauerhaften Lösung dieser wirklichen Menschheitsprobleme nur wenig beitragen.

Hinzu kommt, dass sich in die lauteren Motive, die Sicherheit zu verbessern, immer mehr nationalstaatlicher Symbolismus mischt. Dies zerreißt nicht nur Wirtschaftsregionen, die die Binnengrenzen überschreitend gewachsen sind, und belästigt die Bürger, sondern löst auch Debatten aus, die längst überwunden schienen. Jahrzehntelang hat man auf Tendenzen, Gebietsansprüche in der einen oder anderen Form wiederzubeleben, mit der Vision geantwortet, dass innerhalb eines geeinten Europa die einstigen nationalen Trennungslinien nicht mehr ins Gewicht fallen würden als die zwischen Bayern und Baden-Württemberg. Je stärker sie aber in den letzten Jahren wieder akzentuiert und je häufiger sie durch Kontrollen geschlossen wurden, desto lauter wird aufs Neue die Debatte um ihren Verlauf.

Das gilt zu allererst für Phänomene wie den Brexit. Schon die ersten Diskussionen über eine wieder massiv spürbare EU-Außengrenze zwischen dem britischen Nordirland und der unabhängigen Republik Irland im Süden drohten auf der Grünen Insel den Konflikt der siebziger und achtziger Jahre wieder aufleben zu lassen. Dieser war durch eine Mischung von geduldigen EU-moderierten Verhandlungen, massiver Subventionierung beider Teile der sehr verarmten Insel durch die Europäische Gemeinschaft und der Beseitigung des trennenden Charakters der inneririschen Grenze mühsam überwunden worden.

Die Überlegungen österreichischer Politiker, am Brenner wieder Schlagbäume und womöglich sogar Panzer zur Abriegelung dieses wichtigsten europäischen Nord-Süd-Überganges aufzustellen, lösten sofort in Südtirol Debatten aus, ob man sich nun nicht, trotz der vorbildlichen Autonomie, die man in den letzten Jahrzehnten gegenüber Rom errungen hatte, an Österreich anschließen müsse, wenn es zu einem Europa mit starker Nationalstaatlichkeit kommen sollte. Die nationalpopulistische Regierung in Polen soll in internen Gesprächen mit westlichen Kollegen sogar von „historischen Rechten" gesprochen haben, die ihr Land in der bedrohten Ukraine und gegenüber dem EU-Partner Litauen besitze.

Die rechtsaußen angesiedelte Dänische Volkspartei zündelte schon mehrfach an der wohl besten Grenz- und Minderheitenregelung in Europa, nämlich der zwischen ihrem Land und Schleswig-Holstein. Die Deutschen in Dänemark und die Dänen in Deutschlands nördlichstem Bundesland genießen sehr weitgehende, gegenseitig garantierte Volksgruppenrechte; die Grenzfrage wurde nach dem Zweiten Weltkrieg mit der Treueerklärung der Deutschen um Apenrade gegenüber dem dänischen Königshaus und der Abschaffung der Fünf-Prozent-Hürde für die Dänen rings um Flensburg bei schleswig-holsteinischen Landtagswahlen aus der Welt geschafft. Die dänischen Nationalisten gefährden dies mittlerweile, indem sie ihrer Volksgruppe in Schleswig-Holstein zurufen, diese müsse sich als Instrument Kopenhagens zur Wiederherstellung der alten deutsch-dänischen Grenze aus den sechziger Jahren des 19. Jahrhunderts verstehen, um die damals heftig Krieg geführt worden war.

Auch ganz im Süden kehrten vor einiger Zeit die Gespenster der Vergangenheit wieder. So flammte im Straßburger Europaparlament plötzlich die Gibraltar-Frage auf, weil angesichts des Brexit führende Politiker der englischen Konservativen und einflussreiche Generäle mit Krieg gedroht hatten, falls Spanien unter den veränderten Bedingungen kritische Fragen nach dem seit dem Frieden von Rastatt 1714 sehr komplizierten Status der britischen Kronkolonie zu stellen wage.

Die innereuropäischen Grenzen sind vielfach Wunden der Geschichte, ihre Öffnung hat diese sowohl weitgehend geheilt als auch den Alltag der Menschen spürbar verbessert. Wenn im Elsaß und in Baden jeden Tag zehntausende von Arbeitnehmern auf die jeweils andere Seite fahren, um dort ihrem Beruf nachzugehen, wenn die Schüler im oberbayerischen Kiefersfelden im österreichischen Kufstein das Gymnasium besuchen, weil es näher ist als das ursprünglich zuständige in Rosenheim, wenn im niederösterreichischen Wolfsthal Slowaken liebevoll verlassene Bauernhöfe restaurieren, um von dort an ihre Arbeitsstätte in der slowakischen Hauptstadt Preßburg zu pendeln, gehört dies zu den viel zu wenig beachteten Ruhmesblättern der europäischen Einigung, mit denen es sorgsam umzugehen gilt.

Die EU als Sündenbock

Die Hundert-Jahr-Feiern zum Ende des Ersten Weltkrieges überschatteten zweifellos ein anderes Gedenken, das 2018 in aller Stille begangen wurde: das zehnjährige Jubiläum der Rücknahme der EU-Verordnung zum Krümmungsradius der Gurke. Ganz nach dem Grundsatz, dass Totgesagte länger leben, wird einem diese Bestimmung dennoch weiterhin in nahezu jeder Versammlung unter die Nase gerieben, wenn belegt werden soll, dass die Brüsseler Bürokraten offenbar ihren Verstand verloren haben. Dabei war der Vorschlag für diese Regulierung vom Handel gekommen. Durch die Standardisierung passten mehr Gurken in eine Kiste, was den Transport erleichterte und die Menge an wegzuwerfender Ausschusware verringerte.

Aufgrund der permanenten heftigen Angriffe hatten es Europaparlament und EU-Kommission satt, dauernd mit diesem Thema lächerlich gemacht zu werden. So fand die entsprechende Verordnung ihr trauriges Ende – übrigens gegen den Protest der Landwirtschaftsverbände sowie der Bundesregierung in Berlin, deren Mitglieder ebenso wie viele andere Politiker gerne in Bierzelten gegen dieses Reglement polemisiert hatten.

Seit Jahrzehnten macht die EU vor allem dann Schlagzeilen, wenn sie wirklich oder vermeintlich Skurriles produziert. Da heißt es dann plötzlich, die Kommission verbiete resche Pommes Frittes, knuspriges Brot, den Bierausschank in Steinkrügen, Buntstifte und Wasserfarben. Katholiken ärgerten sich über ein vermeintliches Ablaufdatum für Hostien oder über Meldungen, Brüssel verlange regelmäßige Kontrollen der Qualität von Weihwasser. Nichts davon stimmte so, manches wurde aus dem Zusammenhang gerissen oder krass verfälscht, wieder anderes frei erfunden. Ein Problem ist auch, dass die technische Normensetzung durch Fachgremien, die es auf nationaler Ebene, etwa durch die Deutsche Industrienorm DIN oder die Einführung von Handelsklassen, genauso gab oder gibt, mit Gesetzgebung verwechselt wird.

Manche Merkwürdigkeiten hängen zudem mit der spezifischen Struktur eines Mitgliedstaates zusammen. In Deutschland wurde bemängelt, dass die EU Mecklenburg-Vorpommern, wo es keine Seilbahn und keinen Skilift gibt, dazu gezwungen habe, eine Legislation über diese Bereiche zu erlassen. Dabei entstand das Problem nicht durch Brüsseler Willkür, sondern durch die föderalistische Struktur Deutschlands, die den Bundesländern die Kompetenz für solche Einrichtungen gibt. Da ein EU-Gesetz aber auf dem gesamten Territorium jedes Mitgliedstaates in Kraft gesetzt werden muss, war plötzlich das flache Land an der Ostsee mit Skiliften befasst. Es geht also um eine völlig unschädliche Formalie, die man allerdings auch mit dem berühmten Satz von Karl Kraus kommentieren könnte, dass Juristen Menschen sind, die zuweilen Probleme lösen, die ohne sie nicht bestehen würden.

Es genügt aber nicht, erstaunlich klingende Nachrichten aus Brüssel einfach pauschal für falsch zu erklären. Gerade weil sie es oft sind, muss man diejenigen, die zumindest teilweise zutreffen, von der Wurzel her anpacken, wie dies das Europäische Parlament schon in seiner Gründungsphase ab 1979 tat, als es die Verabschiedung einer so genannten „Schaukelpferdrichtlinie" verhinderte. Dieser antibürokratischen Tradition ist Straßburg seither meist treu geblieben.

Wer wissen will, welcher bürokratische Unfug wahr ist und welcher nicht, eventuell auch, um seinen Europaabgeordneten zu mobilisieren, kann dies auf den Webseiten des Europaparlamentes und der EU-Kommission ermitteln.

Schon Franz Josef Strauß, eigentlich ein begeisterter Europäer, pflegte den Bürokratismus wählerwirksam anzuprangern mit dem von einem deutschen Bankier in die Welt gesetzten Bonmot: „Die Zehn Gebote Gottes enthalten 279 Wörter und die amerikanische Unabhängigkeitserklärung 300. Die Verordnung der Europäischen Gemeinschaft über den Import von Karamellbonbons umfasst exakt 25 911 Wörter." Während Strauß, deswegen kritisiert, immerhin die Größe besaß, zuzugeben, dass das Ganze frei erfunden war und es nie eine Karamellbonbonverordnung gegeben hat, wurden andere Mythen jahrzehntelang medial und rhetorisch weitergeschleppt und von nahezu allen Menschen geglaubt. Was am Anfang des europäischen Einigungsprozesses vielleicht noch als Satire durchgehen konnte, beginnt sich mittlerweile zu einem massiven Imageschaden für die EU auszuwachsen.

Dabei ist die Verantwortung zwischen den verschiedenen Parteien gleichermaßen verteilt. Es war kein bayerischer Bierzeltredner, sondern der hanseatische Bundesfinanzminister der SPD/FDP-Regierung von Helmut Schmidt, der Sozialdemokrat Hans Apel, der den Spruch von Deutschland als dem „Zahlmeister Europas" erfand. Der CSU-Europaabgeordnete Heinrich Aigner als Vorsitzender des Haushaltskontrollausschusses im Europäischen Parlament widerlegte in zahlreichen Studien und Reden die mit Apels Satz einhergehende Behauptung, ausgerechnet Deutschland profitiere von der europäischen Integration weniger als andere und werde immer nur zur Kasse gebeten. Heute vernimmt man Letzteres aber leider überparteilich an nahezu allen Stammtischen der Republik. Was dabei ausgeklammert wird, ist, dass Deutschland als Land in der Mitte Europas mehr als andere von dessen Friedensfunktion und als stärkste Industriemacht mehr vom Binnenmarkt und seinen Exportmöglichkeiten profitiert als die übrigen Staaten. 57 Prozent der deutschen Exporte gehen in EU-Mitgliedsländer.

Jenen Europakritikern aller Parteien, denen beim Thema EU nichts anderes einfällt als der Ruf nach Mittelkürzungen, lässt sich das Strauß-Wort entgegenhalten: „Die Zukunft gibt es nicht zum Nulltarif." Europa braucht modernste Infrastruktur, eine gemeinsame Forschungspolitik, die den Konkurrenten auf anderen Kontinenten zumindest gewachsen ist, einen endlich funktionierenden Außengrenzschutz und wirksame Verteidigungsmöglichkeiten, was allesamt Geld kostet, aber eine lohnende Investition in die Zukunft bedeutet.

Aus vielen Köpfen ist der Irrglaube nicht zu verbannen, dass der Zusammenschluss der Europäer über einen gigantischen Haushalt und eine aufgeblähte Riesenbürokratie verfüge. Dabei hat die EU mit ihren rund 450 Millionen Einwohnern nicht viel mehr Beamte als die Stadt Köln und ihr Budget entspricht vielleicht der Hälfte des deutschen Bundeshaushalts. Etwas über ein Prozent des von den Europäern erwirtschafteten Bruttosozialprodukts fließt in die gemeinsame Kasse, der Löwenanteil verbleibt in den Händen der Mitgliedstaaten – die auf Gebieten wie Verteidigung und Forschung ungleich viel effizienter und sparsamer arbeiten könnten, wenn sie sich gemeinschaftlich darum kümmerten. Kaum bekannt ist, dass die EU anders als jeder Kreis- oder Bezirkstag keine Schulden machen, sondern nur so viel ausgeben darf, wie sie einnimmt. Den Rahmen für die Einnahmen legen die Mitgliedstaaten in einer mehrjährigen Vorausschau einstimmig fest.

Statt diese wichtigen Tatsachen unters Volk zu bringen, wird nach wie vor versucht, Ängste zu schüren und absurde Mythen zu verbreiten, jetzt auch noch durch die so genannten Sozialen Netzwerke in den neuen Medien. Diese bieten jedoch umgekehrt wieder die Chance, die richtigen Fakten zu publizieren, was europäische Institutionen und Organisationen vor zusätzliche Aufgaben stellt.

Eine Gruppe von Falschmeldungen macht sich die Angst vor Wettbewerb und Konkurrenz, vor Freizügigkeit und offenen Binnengrenzen zunutze.

Im Umfeld der ersten Europawahl 1979 hatte die Brauerei Fischer im Elsaß gegen das deutsche Reinheitsgebot des Bieres geklagt, weil dieses eine protektionistische Maßnahme sei. In der Tat konnte Fischer sein „Chemiebier", das manchen durchaus mundete, nicht in Deutschland verkaufen, weshalb der Erzeuger damals beim Europäischen Gerichtshof in Luxemburg Recht bekam. Die Wirkung war jedoch eine völlig andere als düster prophezeit: Das Reinheitsgebot wurde durch den Streit europaweit bekannt. Große Münchner Brauereien, die bis dahin ins Ausland ebenfalls ein nicht nach herzoglich bayerischen Regeln erzeugtes Gebräu exportiert hatten, machten auf dem französischen Markt plötzlich Reklame mit dem „loi de pureté", also dem traditionellen Reinheitsgebot. Dieses ist in Deutschland nach wie vor eine von der EU unangetastete Vorschrift, was die Bierherstellung betrifft. Wer will, kann aber auch in deutschen Supermärkten niederländisches Himbeerbier erwerben, sofern dies nicht mangels Nachfrage aus dem Angebot genommen wurde.

Der EU-Verfassungsvertrag scheiterte bei einem Referendum in Frankreich Anfang des 21. Jahrhunderts vor allem aus innenpolitischen Gründen, aber auch, weil die Furcht vor einem imaginären „polnischen Klempner" geschürt wurde, der im Gefolge der EU-Osterweiterung den heimischen Kräften die Arbeit wegnehme. Heute herrscht gerade in den Handwerksberufen in etlichen europäischen Regionen ein derartiger Arbeitskräftemangel, dass Facharbeiter aus Nachbarländern mit Bussen herbeigeführt werden, um zumindest die notwendigsten Stellen zu besetzen. Es gibt zwar auch eine bedrohliche Jugendarbeitslosigkeit, vor allem im Süden unseres Kontinents. Dieser kann aber nur durch Flexibilisierung, besseren Austausch und die Förderung einer soliden Ausbildung nach dem Muster des dualen Systems wie in Deutschland beigekommen werden, nicht durch für die Wirtschaft und damit auch für die Arbeitnehmer tödliche Abschottung.

Zu Recht wütend sind EU-Bürger, wenn in ihrem jeweiligen Land niedrigere Qualitätsstandards herrschen als bei den Nachbarn. So verkauften deutsche und französische Lebensmittelkonzerne in Polen und in der Tschechischen Republik deutlich schlechtere Produkte als in Deutschland oder Österreich. Die daraus entstandene Empörung griff EU-Kommissionspräsident Jean-Claude Juncker in seiner großen Reformrede vom 6. September 2017 im Straßburger Europaparlament auf. Anschließend begannen bei aller Entbürokratisierung intensive Bemühungen, das Verbraucherschutzniveau in den verschiedenen Mitgliedstaaten noch besser aneinander anzugleichen.

Entbürokratisierung findet übrigens durchaus statt – auf der Grundlage des Binnenmarktes, der zum Beispiel die Telekommunikation entstaatlicht hat und einige Jahre später aufgrund des Einsatzes der oberbayerischen Europaabgeordneten Angelika Niebler die diskriminierenden und teuren Roaming-Gebühren innerhalb der EU abschaffte. Viel zu wenig beachtet wird aber auch die bewusste Politik der Kommission Juncker, nur noch einen Bruchteil an Richtlinien und Verordnungen auf den Weg zu bringen wie die Vorgängerkommission. Deren Präsident José Manuel Durão Barroso hatte immerhin schon angefangen, einen Entbürokratisierungsprozess einzuleiten, indem er damit eine ehrenamtliche, aber sehr kompetente Beratergruppe um den ehemaligen bayerischen Ministerpräsidenten Edmund Stoiber beauftragte. Die von diesen Experten – darunter Roland Berger – gemachten Vorschläge sparen Milliarden, sind aber nur langsam und schrittweise umzusetzen. Solche Informationen gehen offenbar unter in einer Flut von Mythen, um deren Aufklärung sich publizistisch hochbegabte Informationsbeamte der EU wie Klaus Löffler, Jan Kurlemann, Jochen Kubosch, Frank Piplat oder Tobias Winkler große Verdienste erworben haben.

Einen bestimmten Vorgang halte ich für besonders charakteristisch. So titelte eine Münchner Boulevardzeitung, die wahnsinnigen Eurokraten in Brüssel wollten die tief ausgeschnittenen Dirndl der Bedienungen in bayerischen Biergärten ebenso verbieten wie den bloßen Oberkörper von Arbeitern auf Baustellen, weil beides bei Sonnenschein die Gesundheit der Betroffenen gefährde. Das Wort „Sonnenscheinrichtlinie" war geboren. Der Hintergrund: Deutschlands Industrie hatte bei der Bundesregierung darauf gedrängt, die Verordnungen über Strahlenschutz am Arbeitsplatz EU-weit zu vereinheitlichen, weil diese in der Bundesrepublik strenger und damit teurer umzusetzen waren als etwa in Frankreich, was die deutsche Wirtschaft als Wettbewerbsnachteil wertete. Die Gewerkschaften zogen mit Blick auf das Wohlergehen der ihnen Anbefohlenen nach – so weit, so vernünftig. Auf dem Weg durch die Gremien mischte sich dann eine Gruppe ein, die ich gerne die Menschheitsbeglücker nenne. Das sind jene, die andere gesünder und glücklicher machen möchten, ob diese das wollen oder nicht. Sie bestanden darauf, auch die natürlichen Strahlungen in die Regelung mit einzubeziehen. Dass die Sonne in Schweden weniger intensiv scheint als in Spanien, dass manche Belastungen seit Jahrhunderten als unproblematisch empfunden werden und außerdem nur saisonal sind, wie die Sonne im Biergarten, spielte für diese Regelungswütigen keine Rolle. Das Europaparlament stoppte das Ganze mit einer Klausel, wonach jeder Mitgliedstaat beschließen kann, die natürlichen Strahlungen aus dieser Gesetzgebung auszuklammern. Obwohl die Aufregung nirgends so groß gewesen war wie in Deutschland, nutzte niemand in Berlin anschließend diese Möglichkeit.

Dieses Beispiel belegt, dass Europapolitik, wie die Arbeit auf jeder politischen Ebene, nicht einfach hingenommen werden darf, sondern aktiv gestaltet werden muss. Dies ist aber nur möglich, wenn die Menschen besser als bisher erfahren, wer für was zuständig ist und wer was entschieden hat. Jean-Claude Juncker erwarb auch hier große Verdienste, weil er durchsetzte, dass außer dem Europaparlament, das im Plenum und in den Ausschüssen öffentlich debattiert und entscheidet, auch der Rat, also das Organ der nationalen Regierungen, bei der Gesetzgebung deutlich machen muss, wie die einzelnen Ländervertreter votiert haben. Damit sollen in Zukunft Manöver unterlaufen werden wie jenes beim so genannten Glühbirnenverbot, das als unbequeme Entscheidung von Berlin auf dem Umweg über Brüssel durchgedrückt wurde. Der damalige Bundesumweltminister Sigmar Gabriel war überzeugt, dass dieser massive Eingriff in jeden privaten Haushalt nötig sei, um die vereinbarten Klimaziele zu erreichen, sagte dies aber nicht selbst den kritischen Wählern, sondern ließ sogar zu, dass die von ihm als Mitglied des Rates mit getroffenen Beschlüsse von seinen eigenen Kollegen zuhause medial wieder in Frage gestellt wurden.

Jahrzehntelang verfuhr man nach dieser Methode in der Annahme, dass die Europäische Einigung zum einen auch weiterhin als unverzichtbar akzeptiert werde und sich zum anderen so weit weg vom Wähler vollziehe, dass dieser niemals die wirklichen Hintergründe erfahren würde. Dem entsprachen und entsprechen immer noch viele Europareden in den Nationalstaaten: Zuerst wird saftig und mit blumigen Beispielen auf den Eurokratenwahnsinn geschimpft, um diese Kanonade schließlich völlig zusammenhanglos in einen gerührten Schlussakkord über die einzigartige Friedensleistung Europas münden zu lassen.

Ein altes Sprichwort sagt, dass der Krug zum Brunnen geht, bis er bricht. Die jahrzehntelange Aufregung über wahre und falsche Bürokratismen hat eine Stimmung erzeugt, die den Europäischen Institutionen jeden möglichen Unfug unterstellt. Dieses Klima nutzen nationalistische und populistische Parteien, um das Vertrauen in die europäische Ebene immer weiter zu erschüttern. Unter diesen Umständen können verantwortungsbewusste nationale oder regionale Politiker nicht länger ihr Schwarze-Peter-Spiel fortsetzen, um von bürokratischen Fehlentwicklungen auf ihrer Ebene abzulenken oder billig den Beifall des Publikums einzuheimsen.

Auch Europa braucht Grenzen

1984, also fünf Jahre vor dem Ende der Teilung Deutschlands und Europas, löste ein Brief aus Rabat in Brüssel und Straßburg größte Verlegenheit aus: Das nordafrikanische Königreich Marokko beantragte seine Aufnahme in die Europäische Gemeinschaft. Bis dahin hatte man sich um Antworten auf die Frage nach den Grenzen Europas immer diplomatisch herumgedrückt. Der Atlantik und das Mittelmeer schienen die Ränder unseres Kontinents eindeutig zu markieren, und der Eiserne Vorhang galt für die Meisten als dauerhaftes Phänomen. Politiker und Intellektuelle erklärten zum Thema Europäische Ostgrenze meist floskelhaft: „Die verläuft dort, wo die Grenze der Freiheit ist." Für Paneuropäer war dies inakzeptabel, denn die Länder hinter den Stacheldrähten und Minenfeldern waren für uns mindestens so sehr europäisch wie die im Westen. Die Europäische Gemeinschaft betrachteten wir bereits damals als Ausgangspunkt für ein freies Gesamteuropa vom Atlantik und vom Mittelmeer bis an die Grenzen Russlands – ein Konzept, das die Paneuropa-Union schon in der Zwischenkriegszeit, in der es keinen Eisernen Vorhang gab, verfochten hatte und das auch heute wieder aktuell ist.

Und nun kam die Gretchenfrage aus Marokko. Dieses war und ist strategisch von überragender Bedeutung, und sein damaliger König Hassan II. lebte mehr mit den europäischen Entwicklungen als mit den afrikanischen. Das drückte sich unter anderem dadurch aus, dass sein Sohn, der jetzige König Mohammed VI., einige Zeit als Praktikant im Präsidentenbüro des Europäischen Parlamentes arbeitete. Hassan II. machte damals sogar einen Vorschlag zur Debatte, ob Straßburg, Luxemburg oder Brüssel die parlamentarische Hauptstadt Europas sein solle, indem er den Bau eines prachtvollen Plenarsaales auf seine Kosten in Casablanca anbot.

1986 nahm ich gemeinsam mit Otto von Habsburgs Tochter Walburga und dem Journalisten Karl-Heinz Reger von der „tz" am 25. Thronjubiläum Hassans II. in Marrakesch teil. Bei einem Abendessen bestürmten uns die vier Privatsekretäre des Monarchen unter Einsatz von mehreren Litern besten Rotweines mit der Forderung, Marokko als ein europäisches Land zu akzeptieren.

Selbstverständlich blieben wir standhaft. Am nächsten Tag formulierte der König die Definition seines Reiches wesentlich differenzierter: Dieses sei wie ein Baum mit drei Wurzeln, einer europäischen, einer afrikanischen und einer arabischen.

Damit drückte er aus, was überall an den südlichen und östlichen Rändern unseres Erdteiles gilt: Dieser ist umgeben von einem Kranz von Nachbarn mit teileuropäischer Identität. Das kann nicht bedeuten, dass das integrierbare Europa auf klare Außengrenzen verzichtet, doch müssen diese erträglich und mittels eines Brückenschlages zu den teileuropäischen Nachbarn gestaltet werden.

1987 hatte die EG den marokkanischen Beitrittswunsch noch mit der zweifellos richtigen Antwort zurückgewiesen, das Königreich sei kein europäisches Land – was laut Vertrag zu den Aufnahmekriterien gehört. Mit der Entwicklung von Alternativen zur Mitgliedschaft tat man sich allerdings zunächst noch schwer, schloss aber im Jahr 2000 immerhin ein Assoziierungsabkommen mit Rabat. Neue Töne schlug erst Anfang 2007 das spätere französische Staatsoberhaupt Nicolas Sarkozy an, wie sein Biograph Jean-Paul Picaper berichtet: „Sarkozy war noch Präsidentschaftskandidat, als er in einer Rede vor seinen erstaunten Parteifreunden eine kuriose Idee leidenschaftlich vortrug. Es handelte sich darum, eine Union der Anrainerstaaten des Mittelmeeres zu gründen." Dieser sollten, so der künftige Hausherr im Elysée-Palast, die EU als Gemeinschaft sowie alle anderen Mittelmeerländer angehören. Picaper geht in seinem Werk „Nicolas Sarkozy und die Beschleunigung der Politik" auf die Entstehung dieser Konzeption ein: „Das Projekt war von Henri Guaino, dem Sonderberater des Präsidenten, ausgeheckt worden, aber man kann sich des Eindrucks nicht erwehren, dass Sarkozy diese Idee an der Quelle geholt hatte, wo sie tatsächlich geboren worden war, und zwar in der Paneuropa-Union."

Der wichtigste Anlass dafür, eine eindeutige Grenzziehung der Europäischen Union vorzunehmen und sie gleichzeitig institutionell besser mit den Anrainern zu verbinden, war und ist die Türkei. Deren EU-Kandidatur gehörte von Anfang an zu den verlogensten Theaterstücken der europäischen Integrationsgeschichte. Immer wieder wird behauptet, schon Walter Hallstein als erster Kommissionspräsident habe dem kleinasiatischen Land 1963 versprochen, Mitglied der EWG zu werden, und Helmut Kohl sei später ebenfalls für einen Beitritt Ankaras eingetreten. Dabei wird verdrängt, dass die EWG von damals nur eine schwache Gemeinschaft war und die heute gültige Zollunion plus Assoziierungsvertrag – in deren Genuss die Türkei seit langem gekommen ist – viel mehr umfasst, als dies seinerzeit eine EWG-Vollmitgliedschaft getan hätte. Konrad Adenauer drückte dies einmal so aus: „Ein Eintritt in die EWG … ist nicht dasselbe wie die Schaffung einer europäischen politischen Union. " Kohl, Adenauers politischer „Enkel", kämpfte bis zum letzten Tag seiner Amtszeit gegen einen Kandidatenstatus für die Türken, was ihm von seiten des damaligen türkischen Ministerpräsidenten Mesut Yilmaz den Vorwurf eintrug, er wolle einen geschlossenen „Christenklub".

Einen formellen Bewerberstatus erhielt Ankara erst am 11. Dezember 1999 beim Gipfel von Helsinki, und zwar auf Initiative des damaligen deutschen Bundeskanzlers Gerhard Schröder. In der Nacht vom 3. auf den 4. Oktober 2005 erzwang dann die Regierung des britischen Premierministers Tony Blair beim Außenministerrat in Luxemburg den offiziellen Beginn von Verhandlungen, weil sie dies in Form eines Junktims mit dem gleichen Schritt gegenüber dem längst beitrittsreifen Kroatien verknüpfte.

Bei solchen massiven Interventionen führender Regierungschefs ist es kein Wunder, dass die Türkei tatsächlich meinte, ein chancenreicher und bevorzugter Kandidat zu sein. Hinter den Kulissen sah es freilich ganz anders aus. Nachdem ich in den Medien scharf gegen den Beschluss vom 11. Dezember 1999 protestiert hatte, kam mir im Straßburger Plenum ein EU-Kommissar entgegen, der offiziell als der größte Türkei-Befürworter galt. Unter vier Augen klang das dann so: „Warum regen Sie sich auf, Herr Posselt? Die Türkei wird ja doch nie EU-Mitglied." Bei einer Sitzung im kleinsten Kreis versuchte ich höchstrangige Repräsentanten von Mitgliedstaaten von einer realistischeren Haltung gegenüber Ankara zu überzeugen, worauf einer von ihnen beschwichtigend meinte: „Wenn die Aufnahme dieses Landes tatsächlich ansteht, sind wir doch alle längst nicht mehr in der Verantwortung." Mein anschließender Zornesausbruch gegen diese Aussage führte dazu, dass mich eine der jungen Assistentinnen, die dem Gespräch beiwohnten, später am Korridor abfing mit den Worten: „Danke, dass zumindest Sie daran gedacht haben, dass wir als nächste Generation diese Fehlentscheidungen ausbaden müssen, wenn sie nicht jetzt verhindert werden."

Bezeichnend war im Jahre 2005 auch die erste Debatte des Europaparlamentes, in der es um dessen Haltung zur Aufnahme von Verhandlungen ging. Daniel Cohn-Bendit von den Grünen und ich kreuzten die Klingen, er als Befürworter, ich natürlich als Gegner einer Vollmitgliedschaft. Sehr interessant war, wie er seine Haltung begründete, denn er räumte ein, dass die Türkei eigentlich nicht zu Europa gehöre: Bis jetzt sei die EU nicht erweitert worden, sondern nur „vereint" – die „erste wirkliche Debatte um die Erweiterung" sei die um die Türkei. Bei Polen, der Tschechischen Republik und Ungarn habe es sich lediglich um eine Ausdehnung der europäischen Idee auf den ganzen Kontinent gehandelt, der jetzt erstmalig überschritten werde. Die Türkei bedeute eine neue Dimension, angesichts derer „man sich so oder so entscheiden kann." Ist es aber der Sinn der Europäischen Einigung, auch nicht-europäische Territorien zu integrieren? Inzwischen hat sich die Türkei-Begeisterung in allen politischen Lagern verflüchtigt – zum einen, weil realistischerweise gesehen wird, dass eine Überdehnung die EU existentiell gefährden würde, zum anderen, weil sich die türkische Innenpolitik im Zuge des Verhandlungsprozesses nicht verbessert, sondern katastrophal verschlechtert hat, weshalb er mittlerweile ganz zum Erliegen kam. Am Anfang waren wir nur wenige, die die Türkei zwar als wichtigen Partner, nicht aber als ernsthaftes Bewerberland einstuften. Dann nahm auf Betreiben der CSU und auch der CDU die EVP als größte Fraktion diese Haltung ein. Heute ist sie die Mehrheitsposition des Europäischen Parlamentes. Maßgeblich durchgesetzt hat dies der EVP-Fraktionsvorsitzende Manfred Weber, doch im Rat und in der Kommission gibt es, ebenso wie im Berliner politischen Spektrum, nach wie vor starke Kräfte, die zumindest theoretisch und nach außen hin an der Fiktion eines türkischen EU-Beitrittes festhalten wollen.

Es ist im Interesse einer gesunden Partnerschaft mit den Nachbarn des integrierbaren Europa sowie im Sinn der europäischen Bürger, deren Vertrauen in die Europapolitik es zurückzugewinnen gilt, endlich klare Grenzen für die EU zu definieren. Island, Norwegen, die Schweiz und Liechtenstein können jederzeit Teil der Gemeinschaft werden, da sie die Kriterien dafür leicht erfüllen würden – wenn sie nicht lieber weiterhin auf der Basis spezieller Vereinbarungen eine jeweils eigenständige Rolle spielen möchten. Zwergstaaten wie Andorra, Monaco, der Vatikan und San Marino, die an der Eurozone teilhaben und de facto in die EU integriert sind, stellen ebenfalls kein ernsthaftes Problem, sondern eher eine Bereicherung dar. Die sechs Staaten des Thessaloniki-Prozesses auf dem Balkan – Albanien, Bosnien-Herzegowina, Kosovo, Mazedonien, Montenegro und Serbien – haben prinzipiell eine verbriefte Beitrittsperspektive, erfüllen aber noch nicht die Kriterien. Für sie ist eine eigene Strategie zu entwickeln, wie dies die Kommission Juncker Anfang 2018 in die Wege geleitet hat.

Über die Zukunft der eindeutig europäischen Nachbarländer im Osten der EU, die derzeit keine derartige Beitrittsperspektive besitzen, muss hingegen noch grundsätzlich entschieden werden. Die bisherige Politik des Ignorierens dieser östlichen Region Europas hat zu aktuellen Katastrophen wie in der Ukraine beigetragen. Am schlimmsten waren unmittelbar vor der russischen Aggression Bestrebungen im Rat der EU, den Ukrainern überhaupt ihren europäischen Charakter abzusprechen, was wir in mehreren Entschließungen des Europaparlamentes – vor allem auf Wunsch von polnischen und baltischen Kollegen – energisch zurückwiesen.

Eindeutig Nachbarn und nicht Beitrittsbewerber für unsere Gemeinschaft sind das eurasische Russland und die kleinasiatische Türkei, mit denen die EU eine maßgeschneiderte Partnerschaft aushandeln muss, wissend, dass ihre Vollmitgliedschaft die Gemeinschaft sprengen würde. Innerhalb sauber definierter Außengrenzen bei gleichzeitiger Offenheit gegenüber den nichteuropäischen Nachbarn würde sich das Gemeinschaftsgefühl der Europäer rasch intensivieren. Salvador de Madariaga schrieb einst, dass sich europäisches Bewusstsein erst dann festigen werde, wenn die Italiener von „unserem Kopenhagen" und die Spanier von „unserem Chartres" sprächen. Ein stabiles, handlungsfähiges Europa mit festen Grenzen und funktionierenden Institutionen ist die Voraussetzung dafür, dass den Polen bewusst wird, dass sie als Teil der EU ans Mittelmeer, und den Spaniern, dass sie an die Türkei grenzen.

In Krisenzeiten können sogar Personen Geschichte machen. Unsere schlappen politischen Eliten, die lieber den Schlagzeilen ... folgen, dürfen sich auch nicht darauf hinausreden, dass es die Bevölkerungen seien, die sich einer tiefergehenden europäischen Einigung in den Weg stellen.

Jürgen Habermas, 2011

PERSONEN UND KRÄFTE

Prophet ohne Mandat

Dort, wo die böhmische Ebene in sanfte Hügel übergeht und das südliche Egerland in den Böhmerwald, findet man – unweit des oberpfälzischen Furth im Wald – nicht nur herrliche Wälder und kostbare kulturelle Schätze, sondern auch die Wurzeln einiger der bedeutendsten Ideen des 20. wie des 21. Jahrhunderts. Nur 27 Kilometer trennen die Schlösser der Fürsten Löwenstein in Haid (tschechisch: Bor) – mit seinem weithin berühmten Loretto – und der Grafen Coudenhove-Kalergi in Ronsperg (Poběžovice). Ersteres war der Ort, an dem 1884 mit den Thesen von Haid (Bor) an christlich-sozialen Antworten auf die Arbeiterfrage gefeilt wurde, die schließlich in die Katholische Soziallehre mündeten. Ronsperg war nicht nur der Ausgangspunkt der Paneuropa-Idee, aus der die heutige EU entstand, sondern auch Schauplatz eines interreligiösen und interkulturellen Dialoges, wie er schicksalhaft für unsere Zeit werden dürfte.

An einem Frühlingstag des Jahres 1896 rollte – so schilderte es Paneuropa-Gründer Richard Coudenhove-Kalergi siebzig Jahre später in seinen Lebenserinnerungen – „eine seltsame Karawane über die Landstraße, die von der alten Hussitenstadt Taus/Domažlice nordwärts nach dem deutschböhmischen Städtchen Ronsperg führt. Nach zweistündiger Fahrt nähern sich die drei Wagen dem Ronsperger Schloss ... Heute ist diese kleine Welt in Bewegung; sie rüstet zum Empfang der beiden Kinder des Schlossherrn, die vom anderen Ende der Welt nach Ronsperg kommen. Auf den engen Straßen des Städtchens stehen Bürger und Bauern, um diesen Einzug anzustaunen. ... Neben dem Kutscher in seiner blauen Livree mit rot-gelber Weste sitzt die gedrungene Gestalt eines Asiaten in der exotischen Tracht kaukasischer Bergjäger. ... Im Wagen selbst sitzen zwei lächelnde Japanerinnen, die ebenso verwundert auf die Ronsperger blicken wie diese auf sie. Jede dieser jungen Asiatinnen, gekleidet in ihre malerische Nationaltracht mit breiten Seidengürteln, hält auf ihrem Schoß ein Baby in japanischer Kleidung ... Diese asiatische Menschengruppe fährt durch den Schlosspark zum Familiensitz der Reichsgrafen von Coudenhove-Kalergi."

Dieses aus den Niederlanden, Byzanz und vielen anderen Teilen Europas stammende, seit Jahrhunderten in der Vielvölkermonarchie der Habsburger verwurzelte Geschlecht wäre an sich schon bunt genug. Doch Graf Heinrich Coudenhove-Kalergi, der Vater des kleinen Richard und 1896 das amtierende Familienoberhaupt, war weltweit im diplomatischen Dienst gewesen und kehrte nunmehr, nach Heirat mit einer Japanerin, vom letzten Dienstort Tokio ins westliche Böhmen zurück. Dort schuf er, nur wenige Kilometer von der deutsch-tschechischen Sprachgrenze auf der einen und von der böhmisch-bayerischen Landesgrenze auf der anderen Seite entfernt, ein Zentrum der Bildung und Begegnung, das die Rolle anderer Adelssitze auf diesem Gebiet noch weit übertraf.

Graf Heinrich war ein zutiefst gläubiger Katholik, der wegen der Breite seiner Interessen und seines weltweiten interreligiösen Netzwerkes gerne zum Pantheisten, Freimaurer oder zumindest Phantasten abgestempelt wurde. Dem steht sein solides Forschungswissen als Privatgelehrter ebenso entgegen wie sein sehr persönlich gehaltenes Bekenntnis, das er im Februar 1901 veröffentlichte: „Ich bin ein arbeitendes Mitglied der Katholischen Kirche, die ich für die beste aller Religionsgesellschaften halte, die existieren und je existiert haben." Dies lasse sich „nicht etwa bloß logisch, sondern mathematisch beweisen. Es lässt sich nämlich mathematisch demonstrieren, dass nirgends außerhalb der katholischen Kirche so viele Taten der Nächstenliebe, des Mitleids, des Erbarmens verübt werden und worden sind, wie innerhalb derselben. Was die katholischen Priester, Mönche, die Klosterfrauen, die kanonisierten und nichtkanonisierten Heiligen dieser Konfession in der Nächstenliebe leisten und geleistet haben, und zwar ohne Unterbrechung seit Jahrhunderten und überall in der Welt, auch gegen leidende Andersgläubige und Ungetaufte, das steht außer Konkurrenz … Was von liberaler Seite gegen die römische Kirche geschrieben worden ist unter dem Titel: ,Inquisition, Religionskriege, Hexenprozesse, Ketzergerichte, Kampf gegen moderne Aufklärung und Wissenschaft, Intoleranz, Fanatismus', kann den Ozean ihrer Taten des Mitleids gegen die arme leidende Menschheit nie und nimmer aufwiegen."

Dabei konnte dieser Heinrich Coudenhove – zu dessen teils extrem originellen, teils genialen Kindern außer dem Paneuropäer Richard auch die große katholische Schriftstellerin Ida Görres gehörte, deren Begräbnis 1971 in Freiburg Joseph Ratzinger persönlich vornehmen sollte – auch rebellisch gegenüber der eigenen Kirche auftreten. Dazu heißt es in Richards Erinnerungen: „Wie ernst es ihm mit der Bekämpfung des Antisemitismus war, zeigte er uns und der Ronsperger Kirchengemeinde an jedem Karfreitag. In der Karfreitagsliturgie fand sich eine Stelle, an der für die Angehörigen aller Religionen gebetet wird, für Heiden, Ketzer und Schismatiker. Für sie alle wurde im Gebete das Knie gebeugt. Nur wenn die Reihe an die Juden kam – ,oremos et pro perfidis judaeis' –, entfiel die Kniebeuge, angeblich, weil die Juden den Heiland an diesem Tage durch Kniebeugen verhöhnt hätten. Mein Vater bestand aber darauf, dass nach dem klaren Text der Evangelien es nicht Juden waren, sondern römische Soldaten, die Christus durch Kniebeugen verhöhnt hatten: Wort und Geste der Karfreitagsliturgie erschienen ihm als Aufreizung zum Antisemitismus. Zum Protest verließ er alljährlich unmittelbar vor diesem Gebet ostentativ die Ronsperger Kirche."

Aus seiner Doktorarbeit an der Wiener Universität hatte Graf Heinrich schon in seiner Jugend das Standardwerk gegen das Wesen des Antisemitismus schlechthin entwickelt, was in seiner Zeit keine Selbstverständlichkeit war. Nicht nur damit eckte er an, sondern auch mit seinen Reformvorschlägen zur Verwandlung der k.u.k. Monarchie in eine Föderation freier Völker sowie mit seinem christlich begründeten Engagement für ein Duellverbot, das vor allem Armeekreisen missfiel. Erst der junge Kaiser Karl I. kämpfte nach dem Tod Kaiser Franz Josephs 1916 ebenfalls für dieses Gedankengut und schuf außerdem vor mittlerweile mehr als 100 Jahren aus dem Geist der Thesen von Haid heraus das erste Sozialministerium der Welt.

In seiner Lebensphase als Diplomat bis 1896 hatte Heinrich Coudenhove in Konstantinopel am Hof des osmanischen Sultans und Kalifen die Kultur des Islam, in Tokio im Umfeld des japanischen Kaisers die des Buddhismus in sich aufgenommen. Überall, wo er im Einsatz war, erlernte er die Landessprache, sodass er schließlich sechzehn beherrschte, und debattierte mit religiösen Persönlichkeiten. Als Privatmann in Ronsperg ließ er das erworbene Wissen nicht verkümmern, sondern stand jeden Morgen um fünf Uhr auf und studierte nach selbstentworfenen Plänen Philosophie, Politik und Theologie. Seine Schlossbibliothek hatte nichts Bibliophiles, sondern umfasste mehr als 10 000 von ihm selbst erworbene und bearbeitete, vielfach zerlesene und zerzauste Bücher.

Im Vorwort seines letzten Werkes, einer 1906 veröffentlichten Broschüre über die Los-von-Rom-Bewegung, definierte er sich selbst als einen Mann, „der die religiösen Fragen in vier Kontinenten während eines Vierteljahrhunderts eifrig verfolgt und beobachtet und unter der Leitung christlicher, jüdischer, mohammedanischer und buddhistischer Lehrer studiert hat."

Ihre sieben Kinder ließen Graf Heinrich und seine japanische Ehefrau Mitsuko zuerst durch die Ronsperger Borromäerinnen, dann durch den Stadtpfarrer und einen österreichischen Hofmeister und schließlich durch die

Professoren am Deutschen Gymnasium in Pilsen erziehen. Noch prägender waren die englischen und französischen Gouvernanten sowie die ungarische Gesellschafterin der Gräfin, der bayerische Privatsekretär des Grafen, sein tschechischer Zentraldirektor, ein russischer Lehrer sowie der türkische Sprachlehrer Heinrichs, ein muslimischer Albaner.

In seinen Memoiren erzählt Richard viel über interessante Besucher, die nach Ronsperg kamen und dort oft zum theologischen Gedankenaustausch länger blieben: „Am liebsten gedenke ich eines jungen Inders, der 1903 für einige Monate nach Ronsperg kam, um sich in der deutschen Sprache zu vervollkommnen. Vater las mit ihm Faust, während er mit Vater arabische und indische Texte studierte. Abdullah-Mahmun Suhraworthy war ein direkter Nachkomme des ersten Kalifen Abu Bekr und strenggläubiger Mohammedaner. Am Tag seiner Ankunft gingen wir mit Vater in sein Gästezimmer, um mit Karte und Kompass die genaue Richtung Mekkas festzustellen, nach der Suhraworthy seine täglichen Gebete richten sollte. Er trank keinen Alkohol, sondern Limonade, und wenn es Schweinsbraten oder Hasenrücken gab, wurde ihm ein Kalbsschnitzel serviert. … Sein gleichnamiger Neffe wurde einer der politischen Führer Pakistans. Auf Vaters Anregung veröffentlichte Suhraworthy eine Sammlung schöner Aussprüche Mohammeds unter dem Titel „The Sayings of Mohammed", um den mohammedanischen Geist dem Westen näherzubringen. Dieses Büchlein, mit einem Vorwort Mahatma Gandhis, wurde in der Manteltasche Leo Tolstois gefunden, als er aus seinem Schloss geflohen war, um einen einsamen Tod zu suchen."

Ein regelmäßiger Gast der Coudenhoves, neben vielen Bischöfen aus Asien, Europa und Afrika, war, wie Richard schreibt, „der gelehrte Rabbiner von Pilsen, Dr. Poznanski, ein großer Kenner des Talmud, für den Vater sich sehr interessierte. Wie Suhraworthy hatte auch Poznanski sein rituelles Menü. Diese diversen Speisegesetze erschienen uns Kindern ganz natürlich, da wir selbst die katholischen Fastengesetze streng befolgten."

Kurz vor Vollendung seines 50. Lebensjahres starb Graf Heinrich, während er an einem inzwischen verschollenen Buchmanuskript über die „Heiligen aller Weltreligionen" arbeitete und versuchte, die verschiedenen buddhistischen Strömungen durch von ihm moderierte Gespräche zusammenzubringen, an einem Herzinfarkt. Dies ließ schlagartig seine Witwe Mitsuko in den Vordergrund treten, die wegen ihres tragischen Schicksals heute in ihrer asiatischen Heimat als eine Art japanische Kaiserin Sissi verehrt wird und der die japanische Paneuropäerin Masumi Muraki aus München die fesselnde Biographie „Die Gräfin kam aus Tokio" gewidmet hat. Sie musste sich als Ausländerin gerichtlich die Vormundschaft erstreiten und vollendete die Erziehung ihrer Kinder, deren ältestes, der spätere Familienchef Hans Coudenhove-Kalergi, von Bernhard Setzwein mit dem sehr erfolgreichen Roman „Der böhmische Samurai" gewürdigt wurde.

Als zweiter Sohn verfügte Graf Richard, der künftige Vater der europäischen Einigung, nur über geringe materielle Ressourcen, war noch dazu wegen des Zusammenbruchs der Habsburgermonarchie 1918 zunächst staatenlos und stand nach seiner Heirat mit der jüdischen Burgschauspielerin Ida Roland aus Wien außerhalb der traditionellen Gesellschaft. Er verfolgte gespannt die Verhandlungen von 1919 über eine Neuordnung Europas und erschrak – als idealistischer Anhänger des pazifistisch-demokratischen US-Präsidenten Woodrow Wilson – über deren problematische Ergebnisse: „Aufgrund der Pariser Friedensverträge war Europa mehr zerstückelt denn je. Das große österreichisch-ungarische Wirtschaftsgebiet war zerrissen. Deutschland war belastet mit untragbaren Reparationen. Der Vertrag von Trianon, der nicht nur das alte Königreich Ungarn, sondern auch das ungarische Sprachgebiet verstümmelte, stand einer Versöhnung der Donaustaaten im Wege, genau wie der bulgarische Friedensvertrag von Neuilly einem Balkanbund. Zwölf neue Elsaß-Lothringen waren in Osteuropa entstanden, von denen jedes einzelne den Weltfrieden bedrohte … Europas Weltherrschaft war für immer verloren und seine Zukunft schwer bedroht. Die Schatten eines zweiten Weltkrieges begannen langsam sichtbar zu werden. Dieser Gefahr entgegenzutreten, erschien mir als höchste und wichtigste Aufgabe der jungen Generation. So entschloss ich mich, meine Kräfte in den Dienst des Völkerfriedens zu stellen."

Eigentlich hatte der promovierte Philosoph vorgehabt, sich ganz seiner sehr reichen publizistischen Arbeit auf seinem Fachgebiet zu widmen. Warum es nicht dazu kam, beschreibt er in „Ein Leben für Europa": „Gegen Ende 1919 drehte ich, wie so oft, wieder einmal an meinem Globus. … Dies gab mir den Schlüssel zur regionalen Gliederung der Welt in fünf Großräume … Nur der fünfte dieser Großräume, nämlich Paneuropa, war noch völlig desorganisiert. Und doch bildete er … eine klare geographische Einheit, gestützt auf eine gemeinsame Kultur und Tradition." In logischer Konsequenz erschien ihm der Zusammenschluss aller europäischen Demokratien „als notwendige Voraussetzung für die Universalisierung und Rettung des Völkerbundes. … Bald war mir klar, dass Paneuropa der einzige Weg war, einen zweiten Weltkrieg zu verhindern."

Den tiefen Bruch zwischen Befürwortern und Gegnern der Pariser Vorortverträge von Versailles, St. Germain, Trianon etc., zwischen Revisionisten und

Antirevisionisten wollte er durch ein Programm überwinden, „das die umstrittenen Grenzen unsichtbar machen würde: militärisch durch ein Bündnis und Schiedsgerichtssystem; wirtschaftlich durch einen gemeinsamen Markt und eine gemeinsame Währung; national durch effektiven Minderheitenschutz. Nur dieses Programm war geeignet, die Reparationsfrage und die Grenzfragen zu entgiften und die Gleichberechtigung und Versöhnung zwischen Siegern und Besiegten anzubahnen."

Als weitere Argumente außer dem Streben nach einer stabilen Friedensordnung führte er die Notwendigkeit eines „großen europäischen Marktes ohne Zwischenzölle" ins Feld sowie „die drohende russische Gefahr."

Zur Verwirklichung seiner Pläne suchte der, ohne gefragt zu werden, zum tschechoslowakischen Bürger Gewordene im Frühjahr 1920 in Prag sein neues Staatsoberhaupt Tomáš G. Masaryk auf, der den jungen, unbekannten Mann tatsächlich empfing: „Ich hatte ihm einige meiner philosophischen Artikel gebracht, und er hatte sie gelesen. Zunächst sprachen wir von diesen Fragen. Dann kamen wir zu Europa. Als ich ihm die Notwendigkeit und die Möglichkeit Paneuropas erklärte, hörte er aufmerksam zu und stellte einige Zwischenfragen. Schließlich bat ich ihn, die Initiative zu ergreifen und der George Washington der Vereinigten Staaten von Europa zu werden." Der Präsident habe sich zwar positiv zu Coudenhoves Ideen geäußert, sei aber nicht bereit gewesen, dafür etwas zu tun, was er wortreich begründete. „Hinter diesen Argumenten fühlte ich den wahren Grund von Masaryks Absage ... Er fühlte nicht mehr die Kraft, einen so großen und schweren Kampf aufzunehmen ... Noch kurz vor seinem Tode sprach er dies einem Interviewer gegenüber aus: ‚Wäre ich fünfunddreißig, so würde ich alle meine Kräfte einsetzen für die Verwirklichung der Vereinigten Staaten von Europa'", so Coudenhove in seinen Erinnerungen.

Viele hätten nach dieser Enttäuschung resigniert, nicht aber der böhmisch-japanische Dickschädel Graf Richard: „Nach meiner Unterredung mit Masaryk gab ich die Hoffnung auf eine paneuropäische Staatsaktion zunächst auf und entschloss mich, selbst die Initiative zu ergreifen." Diese Haltung des damals 26jährigen war Jahrzehnte später der Grund, warum ihn der deutsche Bundespräsident Christian Wulff in einer Rede zum Tag des Ehrenamtes als Musterbeispiel für eine Bürgergesellschaft erwähnte.

Von seinem denkwürdigen Besuch auf der Prager Burg bis zu seinem Tod im vorarlbergerischen Schruns 1972 übte Coudenhove 52 Jahre lang das unbezahlte Amt eines Propheten und privaten Staatsmannes aus, ohne je ein Mandat oder eine offizielle Funktion anzustreben. Diese Lebensentscheidung fasste sein späterer Nachfolger als Paneuropa-Präsident, Otto von Habsburg, so zusammen: „Weil es ihm wirklich um die Einigung Europas, nicht aber um die eigene Glorie ging, wollte er zunächst Masaryk, später Briand, wieder später Churchill, Schuman oder De Gaulle die Ehre lassen, der Einiger Europas zu werden. Doch immer, wenn er den Eindruck hatte, die anderen würden auf halbem Wege stehen bleiben, wurde er erneut zum Wegweiser, setzte er sich erneut an die Spitze der europäischen Avantgarde."

Dass ihm letzteres auch unter den schwierigsten weltgeschichtlichen Bedingungen immer wieder gelang, war vor allem seiner Frau Ida Roland zu verdanken, die mit unglaublicher organisatorischer, menschlicher und intellektueller Kraft bis zu ihrem Tod 1951 seine wichtigste Mitstreiterin sein sollte, weshalb ihr ein hoher Rang unter den Gründermüttern Europas gebührt.

1922 veröffentlichte Coudenhove in der Neuen Freien Presse in Wien sowie in der Vossischen Zeitung in Berlin, den beiden angesehensten Hauptstadtblättern im deutschen Sprachraum, seinen berühmt gewordenen Leitartikel „Paneuropa. Ein Vorschlag". Darin entwirft er sein erstes paneuropäisches Programm: „Revision der Härten des Friedensvertrages, ewiger Friedenspakt und obligatorisches Schiedsgericht zwischen allen kleineuropäischen Staaten, Aufhebung aller intereuropäischen Zoll- und Verkehrsschranken und Schaffung einer europäischen Währungseinheit; Zusammenschluss aller Armeen und Flotten Europas zum Schutze der gemeinsamen Grenzen und Küsten; Schleifung aller intereuropäischen Festungen und Befestigung des europäischen Limes an der Ostgrenze mit deren Material; wahrer Minoritätenschutz und Bestrafung aller Hasspropaganda in Presse und Schule als Hochverrat an Europa; Stärkung des europäischen Solidaritätsgefühls durch Intereuropäisierung der Schulen; Ausarbeitung einer paneuropäischen Verfassung."

Ein Jahr später zog sich Graf Richard auf das oberösterreichische Schloss Würting zurück, das ihm ein Freund zur Verfügung stellte, und verfasste seinen Bestseller „Pan-Europa". Im Vorwort dieses heute noch in vielen Punkten wegweisenden Werkes, das Millionenauflagen erreichen und in fast alle europäischen Sprachen übersetzt werden sollte, heißt es: „Dieses Buch ist bestimmt, eine große politische Bewegung zu wecken, die in allen Völkern Europas schlummert. Viele Menschen erträumten ein einiges Europa; aber wenige sind entschlossen, es zu schaffen. Als Ziel der Sehnsucht bleibt es unfruchtbar – als Ziel des Wollens wird es fruchtbar. Die einzige Kraft, die Pan-Europa verwirklichen kann, ist: der Wille der Europäer; die einzige Kraft, die Pan-Europa aufhalten kann, ist: der Wille der Europäer. So liegt in der Hand jedes Europäers ein Teil des Schicksals seiner Welt."

Seine Worte klangen faszinierend, aber auch völlig irreal in einer Zeit, in der Europa nationalistisch zersplittert und wirtschaftlich am Boden war, in Russland die bolschewistische Revolution tobte und in den USA die Illusion des Neo-Isolationismus den Eindruck erweckte, als könnten sich die Amerikaner auf eine idyllische Weltinsel zurückziehen. Gegen die Untergangsprophetien eines Oswald Spengler setzte der selbst noch junge Coudenhove auf Europas Jugend: „Die Ursache des europäischen Niederganges ist politisch, nicht biologisch … Nicht die Völker Europas sind senil – sondern nur ihr politisches System … Hier Wandel zu schaffen, ist die Pflicht der europäischen Jugend. Sie ist berufen, auf den Trümmern des alten ein neues Europa zu errichten: eine europäische Organisation anstelle der europäischen Anarchie."

In der öffentlichen Diskussion sei zwar viel die Rede von europäischen Fragen, aber nicht von der Europäischen Frage, in der sie alle wurzelten. Europa, das sein Selbstvertrauen fast verloren habe, erwarte Hilfe von außen, die einen von Russland, die anderen von Amerika. „Beide Hoffnungen sind für Europa lebensgefährlich. Weder der Westen noch der Osten will Europa retten. Russland will es erobern, Amerika will es kaufen. " Durch die Scylla der russischen Militärdiktatur und die Charybdis einer amerikanischen Finanzdiktatur führe nur ein schmaler Weg in eine bessere Zukunft: „Dieser Weg heißt Pan-Europa und bedeutet Selbsthilfe durch Zusammenschluss Europas zu einem politisch-wirtschaftlichen Zweckverband." Doch dabei ließ es Coudenhove nicht bewenden. Ihm ging es vor allem auch um die kulturelle Eigenart, um die geistigen Fundamente, um die Seele Europas.

Seinen aufrüttelnden Worten ließ er rasch Taten folgen. Er bestimmte „das rote Kreuz auf goldener Sonne" zum Symbol der zu schaffenden Bewegung, und schon ein halbes Jahr später, im April 1924, erschien erstmals die Zeitschrift „Paneuropa" als offizielles Organ der Paneuropa-Union. Vom 3. bis 6. Oktober 1926 berief er den ersten Paneuropa-Kongress nach Wien ein, an dem 2000 Persönlichkeiten aus 24 Nationen teilnahmen. 1927 übernahm der französische Außenminister Aristide Briand die Ehrenpräsidentschaft der Bewegung, die damit ihren Durchbruch auf der Ebene der Staaten erzielte.

Coudenhove war in dieser Zeit pausenlos in allen Ländern Europas unterwegs, um Unterstützung für seine Idee zu mobilisieren. Von Norwegen bis Griechenland und von Estland bis Spanien wurden Komitees gegründet, die aus bekannten Politikern bestanden und sich der Ausbreitung der Paneuropa-Bewegung widmeten. Zu den wichtigsten Mitstreitern zählten zum Beispiel in Österreich das sozialdemokratische zweifache Staatsoberhaupt Karl Renner und der christlich-soziale Bundeskanzler Ignaz Seipel, in Deutschland der junge, katholische Zentrums-Oberbürgermeister von Köln, Konrad Adenauer, und der sozialdemokratische Reichstagspräsident Paul Loebe, in Frankreich neben Briand der großbürgerliche Premierminister Edouard Herriot und sein Rivale, der legendäre Arbeiterführer Léon Blum, in Großbritannien der konservative Minister Leo Amery und der führende Labour-Politiker Arthur Henderson. Auch in den USA versuchte Coudenhove schon damals, Förderer für seine Aktivitäten zu gewinnen.

Ihren Höhepunkt erreichte die Paneuropa-Arbeit der Zwischenkriegszeit, als Graf Richard die beiden Außenminister von Deutschland und Frankreich, Aristide Briand und Gustav Stresemann, zusammenführte, um den Gegensatz zwischen den beiden Ländern zu überwinden und eine offizielle staatliche Initiative zur Einigung des Kontinents einzuleiten. In seinen Erinnerungen berichtet Coudenhove: „Im Juni 1929, anläßlich der Völkerbundrat-Tagung in Madrid, besprach Briand seinen Paneuropa-Plan mit Stresemann und anderen Außenministern und sicherte deren Zustimmung. Einen Monat später berief er eine Pressekonferenz nach dem Quai d'Orsay und gab der Welt seinen Entschluss bekannt, die Frage der Einigung Europas in der Septembertagung des Völkerbundes aufzurollen. Einige Stunden später war Briands Initiative Weltsensation. Die Idee der Vereinigten Staaten von Europa, gestern noch Utopie, schien sich zu verwirklichen. Europas berühmtester Staatsmann hatte sein persönliches und nationales Prestige in die Waagschale geworfen."

Am 5. September eilten Ida und Richard Coudenhove auf Einladung des Paneuropa-Ehrenpräsidenten Briand an den Sitz des Völkerbundes: „Genf lag in strahlendem Sonnenschein. Von den Häusern wehten die Fahnen aus aller Welt – mitten unter ihnen flatterte von allen Hotels die Flagge Europas: die blaue Flagge mit dem roten Kreuz auf der goldenen Sonne. Der große Versammlungssaal war gefüllt bis auf den letzten Platz. Ein Parkett von Ministerpräsidenten und von Außenministern erwartete gespannt die Geburt Europas. Idel und ich waren glücklich wie Kinder unter dem Christbaum. Wir saßen auf der Diplomatentribüne. Delegierte und Journalisten kamen von allen Seiten auf uns zu, um uns zu beglückwünschen."

Dann äußerte Briand in einer von Begeisterungsstürmen begleiteten Rede seine „Auffassung, dass zwischen Völkern, deren geographische Lage so ist wie die der Völker Europas, eine Art föderatives Band bestehen muss". Stresemann antwortete nüchtern, aber positiv. Coudenhove kommentierte die Ansprache des Deutschen so: „Sie drückte keine Begeisterung aus, aber Zustimmung. Für Stresemann war Europa kein Ideal, sondern eine Notwendigkeit. Zunächst widersprach er dem Einwand, Paneuropa sei eine Utopie. Dann geißelte er den grotesken Zustand Europas, das nach dem Krieg durch mehr Zollschranken zerrissen war als vorher. Er rief nach einer europäischen Briefmarke, nach einer europäischen Münze." Bei aller Euphorie entging Coudenhove nicht, dass der britische Außenminister Henderson sitzen blieb und schwieg. Dennoch trafen sich am 9. September 27 europäische Regierungsvertreter auf Einladung Briands, und Coudenhove notiert: „Alle Teilnehmer, einschließlich Henderson, sprachen sich für eine europäische Organisation im Rahmen des Völkerbundes aus. Sie beschlossen, Briand mit der Abfassung eines Memorandums über die geplante Organisation Europas zu betrauen. Dieses Memorandum sollte dann allen Regierungen zugestellt werden, mit der Aufforderung zur Stellungnahme. Aufgrund der Antworten sollte dann Briand der nächsten Völkerbundversammlung, im September 1930, konkrete Vorschläge unterbreiten."

Doch dann kam alles anders: Von Genf heimgekehrt, starb Stresemann; die Weltwirtschaftskrise brach aus; Briand verlor seine innenpolitische Basis; und zahlreiche Mitgliedstaaten des Völkerbundes scharten sich um Großbritannien, das fast alles tat, um den Vorschlag eines geeinten Europa zu unterlaufen. Gleichzeitig vollzog sich der Aufstieg des Nationalsozialismus, und am Horizont zeichnete sich der von Coudenhove schon 1922 prophezeihte Zweite Weltkrieg ab.

Trotz seiner intensiven Kontakte zu Briand, Churchill, Masaryk, Dollfuß und Schuschnigg, also jenen Politikern, die sich Anfang der dreißiger Jahre am schärfsten gegen den erstarkenden Nationalsozialismus wandten, gelang es Coudenhove und der Paneuropa-Bewegung nicht, dessen Siegeszug aufzuhalten. Der Vater Paneuropas war sogar – was man ihm später vorwerfen sollte – mit Mussolini zusammengetroffen, um diesen davon abzuhalten, mit Hitler zusammenzugehen, und ihm die Idee eines einigen Europa näherzubringen. Als dies scheiterte, versuchte Coudenhove alles, um international, aber auch in Deutschland und Italien die anti-nationalsozialistischen und anti-faschistischen Kräfte zu bündeln.

1933 wurde die Paneuropa-Union im nationalsozialistischen Deutschland verboten, ihre Aktivisten verfolgt und die Bücher Coudenhoves verbrannt. Hitler nannte ihn tobend einen „Allerweltsbastard". Nach dem Einmarsch der Nationalsozialisten in Wien 1938 wurde das Generalsekretariat der internationalen Paneuropa-Union in der Hofburg aufgelöst, das Archiv beschlagnahmt und nach Berlin gebracht (von wo es dann 1945 die Sowjets nach Moskau verschleppten, wo es sich weiterhin befindet). Coudenhove floh zuerst in die Schweiz und schließlich in die Vereinigten Staaten von Amerika.

In den USA wurde jener Mann zu seinem engsten Mitstreiter, der von 1972 an seine Nachfolge als internationaler Präsident der Paneuropa-Union übernehmen sollte: Otto von Habsburg. Die beiden verband nicht nur der Einsatz für die Paneuropa-Idee, sondern auch der Kampf für eine Wiedergeburt Österreichs und für eine Rückkehr Südtirols in den österreichischen Staatsverband. Coudenhoves Ehefrau Ida Roland tat sich mit Ottos Mutter, der österreichischen Exil-Kaiserin Zita, und deren jüngeren Kindern zusammen, um nach Kriegsende Hilfspakete für die hungernde Bevölkerung des Donauraumes zu organisieren.

Auf taube Ohren stießen die beiden Paneuropäer leider mit ihrer Warnung vor Josef Stalin, den US-Präsident Roosevelt naiverweise zum maßgeblichen Partner für die Neuordnung Europas machte. Für den Mann im Weißen Haus war der kommunistische Massenmörder und Tyrann „Uncle Joe", mit dem man sich schon irgendwie einigen könne. Moskaus Propaganda wirkte auch ins europäische Exil in den USA hinein. Thomas Mann etwa, der ebenso wie Arturo Toscanini, Franz Werfel, Stefan Zweig, Gerhart Hauptmann, Rainer Maria Rilke, Arthur Schnitzler und Sigmund Freud zeitweise die Paneuropa-Bewegung unterstützt hatte, wandte sich 1943, also wenige Jahre, bevor Paneuropa seinen Siegeszug antreten sollte, von Coudenhoves Bewegung ab. In einem Brief an Graf Richard vom 24. Februar 1943 verweigerte er jede Mitwirkung am Paneuropa-Kongress in New York und meinte, die europäische Idee habe „das Unglück gehabt, alt und grau, langweilig und vorgestrig zu werden, bevor sie erfüllt war." In der Paneuropa-Union gebe es reaktionäre Tendenzen, „etwa anti-russische", in der Gestalt „Ottos von Österreich".

1946 gelang es Coudenhove-Kalergi nach längeren Auseinandersetzungen mit den amerikanischen Behörden, aus den USA zurückzukehren. Sofort entschloss er sich, der europäischen Einigung zumindest im frei bleibenden westlichen Teil Europas neue, kräftige Impulse zu geben. Der große britische Kriegspremier Winston Churchill, der soeben sein Staatsamt verloren hatte, aber der wohl populärste Politiker Europas war, hielt in enger Abstimmung mit der Paneuropa-Bewegung am 19. September desselben Jahres seine berühmte Zürcher „Rede an die akademische Jugend", die deutlich anklingen ließ, wie fest er bereits in der Vorkriegszeit mit Coudenhove verbunden war: „Wir müssen so etwas wie die Vereinigten Staaten von Europa schaffen. Nur so können hunderte von Millionen schwer arbeitender Menschen wieder die einfachen Freuden und Hoffnungen zurückgewinnen, die das Leben lebenswert machen ... Was wir benötigen, ist der Entschluss von hunderten von Millionen Männern und Frauen, Recht statt Unrecht zu tun und als Lohn Segen statt Fluch zu ernten. Große Arbeit an dieser Aufgabe wurde bereits durch die Anstrengungen der Paneuropa-Union geleistet, die dem Grafen Coudenhove-Kalergi so viel schuldet und die sich der Unterstützung des berühmten französischen Patrioten und Staatsmannes Aristide Briand erfreute." Diese Ansprache wurde in den folgenden Jahrzehnten millionenfach zitiert, dokumentiert und in Schallplatten gepresst, wobei sogar letzteres immer wieder so geschah, dass Coudenhoves Name eliminiert wurde. Starke Kräfte versuchten seine Verdienste zu leugnen.

Dabei vertrat Churchill fast lupenrein das Gedankengut des seit den dreißiger Jahren mit ihm befreundeten Paneuropäers, ohne sich insulare Scheuklappen anzulegen: „Ich spreche jetzt etwas aus, das Sie in Erstaunen setzen wird. Der erste Schritt bei der Neugründung der europäischen Familie muss eine Partnerschaft zwischen Frankreich und Deutschland sein. Nur auf diese Weise kann Frankreich die moralische Führung Europas wieder erlangen. Es gibt kein Wiederaufleben Europas ohne ein geistig großes Frankreich und ein geistig großes Deutschland. Die Struktur der Vereinigten Staaten von Europa, wenn sie gut und echt errichtet wird, muss so sein, dass die materielle Stärke eines einzelnen Staates von weniger großer Bedeutung ist. Kleine Nationen zählen ebenso viel wie große und erwerben sich ihre Ehre durch ihren Beitrag zu der gemeinsamen Sache."

Wenig später entschloss sich Coudenhove, nach wie vor Privatperson, zur Einberufung einer Europäischen Konstituante, also einer verfassungsgebenden Versammlung. Schriftlich fragte er 4256 Parlamentarier aus dreizehn europäischen Staaten, ob sie für eine europäische Föderation im Rahmen der Vereinten Nationen seien. 1818 antworteten, davon 97,2 Prozent positiv und nur 2,8 Prozent negativ. 1947 gründete der Paneuropa-Präsident die Europäische Parlamentarier Union (EPU), der er als einziger Nichtparlamentarier angehörte. Sie gab ganz wesentlich den Anstoß zur Gründung des Europarates, jener Gemeinschaft von heute 44 Staaten, die ihren Initiator Coudenhove-Kalergi vor einigen Jahren mit der Aufstellung einer Büste im Straßburger Palais de l'Europe ehrte. Gescheitert ist die EPU – über deren lange Zeit vergessene Geschichte Martin Posselt an der Universität Graz eine Doktorarbeit verfasste – allerdings mit ihrem heute wieder in vielem wegweisenden „Interlaken-Plan", der so etwas wie eine europäische Bundesverfassung schaffen wollte.

1950 verlieh die Stadt Aachen dem Paneuropa-Gründer den ersten ihrer internationalen Karlspreise. Bei der Errichtung der Montan-Union und der EWG, also der Sechsergemeinschaft der fünfziger Jahre, aus der sich die heutige EU entwickelt hat, stand Coudenhove nicht nur geistig Pate – einen Europamarkt und eine Kohle- und Stahlgemeinschaft hatte er schon 1923 gefordert –, die zentralen Gründerpersönlichkeiten dieses neuen Kerneuropa waren auch gestandene Paneuropäer, die Coudenhove schon in den zwanziger und dreißiger Jahren politisch geprägt hatte, wie Konrad Adenauer und Robert Schuman. Zum Motor der europäischen Einigung wurde die deutsch-französische Aussöhnung, die General de Gaulle und Konrad Adenauer vorantrieben und 1962 mit der feierlichen „Hochzeit" beider Völker in der Kathedrale von Reims krönten, an der Coudenhove als wichtigster Ehrengast und auf persönliche Einladung der beiden Staatsmänner teilnahm.

Die Persönlichkeit de Gaulles war es auch, die 1965 zum damaligen, mittlerweile überwundenen Bruch zwischen Paneuropa-Union und Europäischer Bewegung führte. Die Europäische Bewegung hatte eine offene Wahlempfehlung für den von Sozialisten und Kommunisten unterstützten Gegenkandidaten de Gaulles, François Mitterrand, abgegeben, während die Paneuropa-Union bei ihrem Kongress in Nizza sich an die Seite des amtierenden Staatspräsidenten stellte. Coudenhove begründete dies später in seinen Memoiren so: „Nur der französische Nationalheld Charles de Gaulle, der Todfeind Hitlers, konnte die französischen Nationalisten davon überzeugen, dass eine neue Weltstunde geschlagen hatte, in der es keinen Platz mehr gab für Krieg und Hass zwischen diesen beiden europäischen Kernvölkern."

Dies heißt nicht, dass er der Europapolitik des Generals unkritisch gegenübergestanden wäre: „Bei meinen Besprechungen mit de Gaulle ging ich immer von der Tatsache aus, dass unsere Perspektive zum Europaproblem verschieden ist … So ist de Gaulle ein französischer Patriot und Freund Europas; ich ein europäischer Patriot und Freund Frankreichs. Dies ergibt ein weites Feld gemeinsamer Ideen und gemeinsamer Ziele." Einig waren sich beide in der Forderung nach einem europäischen Europa, das von keiner der beiden großen Weltmächte abhängig sein und seinen eigenen Weg gehen sollte.

Diese Vision wurde auch von deutschen Politikern wie Konrad Adenauer und Franz Josef Strauß geteilt. Das führte zum Erstarken einer „eurogaullistischen" und nicht mehr einseitig atlantischen Sichtweise in der Bundesrepublik Deutschland, die Tim Geiger eindrucksvoll in seinem Buch „Atlantiker gegen Gaullisten" beschreibt und die ganz wesentlich von der Paneuropa-Union getragen wurde.

Trotz dieser Erfolge auch im Nachkriegs-Europa, in dem sich seine Visionen zu verwirklichen begannen, tat sich Coudenhove mit der Vielfalt der europäischen Bewegungen und Organisationen, die nach dem Zweiten Weltkrieg entstanden waren, schwer. Nach seinem Rücktritt als Ehrenpräsident der 1948 gegründeten Europäischen Bewegung, die als Dachorganisation gedacht war, hatte er sich vermehrt darauf konzentriert, die Eigenständigkeit der von ihm wieder aufgebauten Paneuropa-Union zu verteidigen.

Sein wichtigster Mitstreiter dabei war ein vielsprachiger, zum Katholizismus konvertierter italienischer Waldenser, der in der EWG in Brüssel eine hohe Funktion innehatte und später von Lausanne aus amtierte: Vittorio Pons. Ihm und seiner schweizerischen Ehefrau Tilly ist es zu verdanken, dass die älteste europäische Einigungsbewegung sich zunehmend von einer Eliten- in eine Breitenorganisation verwandelte, verstärkt um junge Menschen warb und nach dem Tod Coudenhoves nicht aufgelöst, sondern vom bisherigen Paneuropa-Vizepräsidenten Otto von Habsburg gemeinsam mit Pons als idealistischem Generalsekretär weitergeführt wurde.

1972 gestaltete Coudenhove noch einmal ein glanzvolles Fest in der Wiener Hofburg, als sein Lebenswerk, nämlich die Paneuropa-Union, ein halbes Jahrhundert alt wurde. Von dort aus zog er sich in die Sommerfrische nach Schruns zurück, wo er plötzlich starb. Sein Grab im Garten seines ehemaligen Hauses im schweizerischen Gstaad wäre beinahe verschwunden, wenn es die Paneuropa-Union Schweiz nicht in letzter Minute gerettet hätte. Das enteignete Familienschloss in Ronsperg in Böhmen bröselte vor sich hin, bis die Samtene Revolution im Herbst 1989 uns jungen Paneuropäern ermöglichte, von unserem jährlichen, Coudenhove gewidmeten Seminar in Furth im Wald in die Ursprungsheimat der Paneuropa-Idee zu fahren, die uns so lange verschlossen war. Es gelang uns zu verhindern, dass der kommunistische Bürgermeister, der den Ronsperger Friedhof planieren ließ, auch das Grab Heinrichs vernichtete. Mit Unterstützung des Coudenhove-Kalergi-Preisträgers Helmut Kohl schafften es mein Bruder Martin, der inzwischen verstorbene Bürgermeister Reinhold Macho von Furth im Wald sowie die japanische Paneuropäerin Masumi Muraki, den endgültigen Verfall des Schlosses zu stoppen. Heute versucht eine Initiative junger Menschen aus dem Ort um Jana Podskalská mit internationaler Hilfe dort ein weithin ausstrahlendes paneuropäisches Zentrum zu schaffen.

Am Sterbeort Graf Richards weihte der ihm familiär eng verbundene Wiener Erzbischof Kardinal Christoph Schönborn einen Europabrunnen zum Gedenken an jenen von vielen vergessenen Mann, dem wir die moderne europäische Einigungsbewegung verdanken.

Eine Gründermutter

Die 86 Jahre alte Dame, die am 17. Juli 1979 den Präsidentensessel des Straßburger Palais de l'Europe einnahm, strahlte Weisheit, Energie und Würde aus. Sie war die Alterspräsidentin des ersten direkt gewählten Europaparlamentes und sollte dieses mit einer Ansprache eröffnen, auf die nicht nur ein ganzer Kontinent, sondern auch viele Menschen auf anderen Erdteilen gespannt warteten. Die Pressetribünen waren überfüllt mit Journalisten, in den Plenarsaal durften außer den Abgeordneten nur wenige dazu berechtigte Beamte, eine audiovisuelle Übertragung in die kleineren Säle und die Büros, wie heute, gab es noch nicht. So hätte ich als junger, an diesem Tag frisch gebackener Assistent diesen historischen Moment versäumt, wenn nicht in letzter Minute ein Korrespondent aus dem Bürgerkriegsgebiet von Nordirland erkrankt wäre, dessen leer gebliebenen Platz ich einnehmen konnte.

Louise Weiss, wie die betagte Französin hieß, stellte sich in ihrer Rede selbst die Frage, wie ihr diese besondere Rolle in der europäischen Einigungsgeschichte zugefallen war, um sie dann so zu beantworten: „Die Gunst des Schicksals und die Wege der Schriftstellerei haben mich zu dieser Tribüne geführt, auf der mir heute als Präsidentin für einen Tag eine Ehre zuteil wird, von der ich nicht zu träumen gewagt hätte". Dabei empfinde sie „eine Beglückung …, wie sie so tief nur ein Mensch verspüren kann, der miterlebt, wie sich all das, wozu er in seiner Jugend berufen war, auf wundersame Weise an seinem Lebensabend vollendet."

Die Biographie dieser Schriftstellerin, die im neunten Lebensjahrzehnt zum ersten Mal für ein Parlament kandidiert und ein Mandat errungen hatte, war in der Tat einzigartig und auf eine ganz besondere Weise politisch. Mit 25 Jahren, unmittelbar nach Ende des Ersten Weltkrieges, gründete sie das internationale Politikmagazin „L'Europe nouvelle", also „Das neue Europa". Die liberale Katholikin elsässisch-protestantischer Herkunft mit jüdischen Wurzeln im Donauraum wurde durch ihre journalistische Tätigkeit zur Zeitzeugin der gewaltigen Umbrüche von damals. So wohnte sie der Unterzeichung des Versailler Vertrages bei, hielt sich eine zeitlang beim Staatspräsidenten der neu gegründeten Tschechoslowakei, Tomás G. Masaryk, in Prag auf und bereiste den ganzen Kontinent. 1921 vom renommierten „Petit Parisien" als Spezialkorrespondentin nach Moskau entsandt, diskutierte sie mit Trotzki und dem schon schwer kranken Lenin, der ihr ein Plakat mit seinem Bild schenkte. Die schöne und elegante Frau, die eher bürgerlich orientiert war, gründete 1930 in Paris eine „Friedensschule" und intensivierte ab 1934 ihre feministischen Aktivitäten. Dabei ging es vor allem um die Einführung des Frauenwahlrechts, das die französische Republik, anders als Deutschland oder Österreich, nicht kannte.

In ihrer berühmten Straßburger Rede von 1979 nannte sie die Wege ihrer Schriftstellerei „Wege der Feder und des Gesetzes zugleich, die zu biblischen Zeiten eins waren. ... Es mutet mich heute an, als hätte ich – als Journalistin, Schriftstellerin, Cineastin, die weder in Wort noch in Bild je ihren Glauben verraten hat – dieses Jahrhundert und diese Welt nur durcheilt, um – in Europa verliebt – Sie heute hier anzutreffen, um mit Ihnen gemeinsam jenen Ängsten und Hoffnungen Ausdruck zu verleihen, die uns alle bewegen."

Aufsehen erregte sie in der Zwischenkriegszeit jedoch nicht nur publizistisch, sondern auch durch ganz konkrete Aktionen. Schon vor 1914 hatte sie sich dafür engagiert, auch Mädchen zur höheren Schulbildung zuzulassen; als sie in den dreißiger Jahren für das Frauenwahlrecht stritt, lehnte sie sogar ein Ministeramt in der Volksfront-Regierung ab, deren Chef Léon Blum sie unter der Bedingung ins Kabinett holen wollte, „dass Sie diese feministischen Geschichten lassen". Ulla Plog berichtete in der „Zeit" vom 21. Januar 1983 anläßlich des 90. Geburtstages der kampferprobten Bürgerrechtlerin: „Als Georges Bidault sie 1944 nach Kandidatinnen für ein Nachkriegskabinett fragte, aber auf keinen Fall nach solchen, die ‚mit uns in der Diskussion mithalten können‘, sagte sie ziemlich sarkastisch: ‚Dann nehmt doch Witwen von berühmten Männern.‘" Bei einigen ihrer Demonstrationen feministischer Art wurde sie sogar vorübergehend inhaftiert. Auch in späteren Jahren, als Alterspräsidentin des Europaparlamentes, setzte sie sich kämpferisch für Frauenrechte ein, erwies sich aber gleichzeitig als prominente Fürsprecherin ungeborener Kinder.

Ein besonderer Teil ihres Wirkens vor dem Zweiten Weltkrieg war ihre Mitarbeit in der Paneuropa-Union und ihr verzweifelter Versuch, die Katastrophe durch deutsch-französische Aussöhnung abzuwenden. Sie war eine grenzüberschreitend wirksame Unterstützerin Coudenhoves und als mehrsprachige Frau des Wortes nicht nur Dolmetscherin, sondern auch maßgebliche Vermittlerin zwischen Paris und Berlin. An diese Lebensphase erinnerte sie ebenfalls in ihrer

Ansprache vor dem Europaparlament, in der sie die Ahnen der europäischen Einigung Revue passieren ließ, von Karl dem Großen bis Konrad Adenauer und Robert Schuman. „Treten Sie ein, Richard Coudenhove-Kalergi", rief sie den bereits Verstorbenen und vielfach Vergessenen wieder ins Bewusstsein des modernen Europa, „Nachfolger Ihres Paneuropa ist in dieser Versammlung ein Prinz von Habsburg. Erinnern Sie sich noch an die Konferenzen, Richard, die wir in den zwanziger Jahren zusammen im Mittelwesten abhielten? Wir waren drei Europäer, Arthur Henderson, der berühmte englische Labour-Politiker, hatte sich uns angeschlossen. Bisweilen pflegte er mit verbissenem Humor zu sagen: ‚Leute, ich bin hier auf der Suche nach einem Proletarier.' Wir sollten dort die verschiedenen nationalen Ansichten darlegen, über das Europa des Versailler Vertrages, das angeschlagen am Boden lag und sich aufgrund seiner inneren Zwiste nicht mehr aufzurichten vermochte. Wäre unsere heutige Versammlung ein Gericht, ich kenne das Urteil, das Sie fällen würden. Bald übermannte uns das mächtige Gefühl, in eine einheitliche Kultur verschmolzen zu sein, sodass wir – zu aller Enttäuschung – als Weggenossen einem gemeinsamen Ziele zumarschierten, und dies trotz mancher Kanonenschüsse, die uns aber nichts anhaben konnten."

In ihrem historischen Panorama, das in jedes Schulbuch gehört, klammerte sie allerdings auch das Scheitern nicht aus: „Tretet ein, ihr Gründer des Völkerbundes, Pioniere eines europäischen Bundes. Eure Texte wurden zerpflückt, in Kommissionen, Unterkommissionen, in Ausschüssen, Unterausschüssen, Tagungen und Seminaren, diesen Hochburgen internationaler Ohnmacht! ... Treten Sie ein, Aristide Briand! Noch klingt mir Ihre Stimme wie eine Orgel in den Ohren, ich sehe Sie vor mir mit Ihrem katzenhaften Gang, Ihrem Silberhaar und dem ewigen Zigarrettenstummel zwischen den Lippen, den erhabenen Staatsmann kaschierend, der Sie dann doch plötzlich gerne wurden. Es war 1931 in Berlin, als ich die Worte übersetzte, die Kanzler Brüning nach einer enttäuschenden Sitzung in einem Gang an Sie richtete, nachdem die offiziellen Dolmetscher weggegangen waren: ‚Sagen Sie Herrn Präsident Briand, dass deshalb, weil es zu keinem sofortigen Bündnis zwischen Frankreich und Deutschland kam, hier Ereignisse gegen die Zivilisation losbrechen werden, von denen er keine Ahnung hat.' Als verträumter Kelte, der er war, vertraute Aristide Briand, wohlmeinend und aus sozialistischer Tradition, der menschlichen Natur und verstand seinen Gesprächspartner nicht. Wenige Jahre später brach der Zweite Weltkrieg aus."

Vier Jahre nach dessen Ende trat Louise Weiss dem überragenden Befreier Frankreichs, General Charles de Gaulle, gegenüber, der sie unverzüglich in den

Außenpolitischen Ausschuss seiner Bewegung RPR berief. De Gaulles politischer Enkel, der Paneuropäer Jacques Chirac, war es dann, der die Grande Dame des französischen Europäertums am Ende ihres Lebens für die erste Europawahl von 1979 nominierte, in der berechtigten Hoffnung, dass sie dort die Älteste sein und ihrer moralischen Autorität entsprechend wirken würde.

Die von ihr entworfene Ahnengalerie Europas begann aber wie gesagt wesentlich früher: „Ehre gebührt Karl dem Großen, Charlemagne! Die iberische Halbinsel wurde durch ihn zu einem Teil Europas. Er versöhnte Latinität und Germanentum. Im Jahr 786 ließ er in Attigny, einem kleinen Ort in den französischen Ardennen, den Sachsenkönig Widukind taufen; zur selben Zeit missionierten Mönche aus Irland an den Ufern der Marne." Ihr Blick richtete sich auch auf die Appenninenhalbinsel: „Ehre gebührt Urban II., dessen leidenschaftlichem Aufruf Jahre hindurch die unterschiedlichsten Persönlichkeiten Europas, vom selben Glauben beseelt, Folge leisteten: der Engländer Richard Löwenherz, der Deutsche Friedrich Barbarossa und der heilige König Ludwig. Ehre gebührt Dante aus Italien. Seine Göttliche Komödie ist ein Höhepunkt damaliger europäischer Christlichkeit, von Reminiszenzen des Islam durchzogen."

Renaissance, Humanismus, Aufklärung und Französische Revolution bezeichnete sie neben dem Christentum als Wurzeln der Menschenrechte: „Und Menschenrechte heißt: Geächtet seien Konzentrationslager, geächtet seien psychiatrische Krankenhäuser für Irre, die keine sind, geächtet der Richter mit der Kapuze, der über den Angeklagten mit verbundenen Augen richtet. Geächtet sei der Völkermord, der die Erde befleckt, und dies – ich wage das Wort – vor aller Augen."

Mitten in ihren Darlegungen über die lange Reihe derer, die Europa geprägt haben, bat sie die neu gewählten Abgeordneten, sich zu deren Ehren von den Plätzen zu erheben, um gleich dann hinterherzuschleudern: „Es darf der Ahnenkult jedoch nicht zur Sklerose führen, unser Handeln hemmen, unseren Blick trüben, der der Zukunft zugewandt ist. Hüten wir uns davor, zu unseren eigenen Klassikern zu werden! ... Was gestern noch unmöglich war, ist morgen schon möglich. Wir brauchen dabei nicht von Null auf anzufangen. „

Als die drei wichtigsten Zukunftsthemen bezeichnete die Gründermutter des Europaparlamentes Identität, Geburtenzahl und Legalität. Dabei setzte sie Identität nicht gleich mit Gleichartigkeit, sondern meinte damit „jene Identität, ... die der tiefen Erkenntnis seiner selbst gleichkommt. ... Es ist unmöglich, sich ein Europa ohne Europäer auszumalen ... Die Europäischen Institutionen haben europäische Zuckerrüben, Butter, Käse, Weine, Kälber, ja sogar

Schweine zustande gebracht, aber keine europäischen Menschen. Solche europäischen Menschen gab es im Mittelalter, in der Renaissance, im Zeitalter der Aufklärung und sogar im 19. Jahrhundert. Sie gilt es wieder zu schaffen. Die Jugend hat es sich bereits zu Herzen genommen; mit dem Rucksack unterwegs, kennt sie keine Grenzen." Konkret schlug sie außerdem eine Europäische Akademie, eine Europäische Universität, eine Europäische Philharmonie und europäische Sportmannschaften vor.

Zum Thema Demographie, das damals noch weitgehend tabuisiert war, meinte sie: „Wenn sich die Eheleute nicht besinnen, wird es demnächst keine Europäer mehr geben. In Bälde! Wozu nützte dann noch unser Parlament?" Sie befürwortete zwar materielle Förderungen wie „Kindergeld und Steuerabzug", betonte aber, dies werde „den Verlauf der Schicksalspyramide nicht ändern. Gold wiegt nicht Liebe auf und nicht die Hoffnung." Wenn „unser gefährdetes Europa fortbestehen" wolle, „muss es einen tiefen Wandel der Moral vollziehen." Ein Ehepaar könne „seine Lebenslust durch Kinder um ein Vielfaches steigern. Vermessen ist es nicht, sich ein solches neues Ideal auszudenken, und wenn wir uns nicht irre machen lassen, wird es schneller aufblühen, als wir glauben. Es ist eine Frage der Seele! Europa ist eine Frage der Seele!"

„Legalität" bedeutete für sie vor allem das entschiedene Festhalten an den Menschenrechten: „Sie waren in Europa beim großen Schiffbruch des Völkerbundes und der Besetzung unseres Kontinents durch die nationalsozialistische Diktatur untergegangen. Sie emigrierten dann in die Vereinigten Staaten, nach San Francisco erst und schließlich nach Manhattan. Dort sind sie verloren gegangen. Tyrannen wurden achtungsvoll im Glaspalast empfangen und fanden sich in Ausschüssen wieder, die sich mit der Verbesserung der Lage der Heimatlosen befassten … die uns bekannten für den Völkermord Verantwortlichen hätten aus der UNO ausgestoßen werden müssen. Wer indes forderte es? Keiner. … In ihrem eigenen Namen wich die Toleranz vor dem Fanatismus, vor missbrauchter Macht zurück."

Die Konzentration moderner Technik gebäre Exzesse, die in früheren Zeiten niemand habe vorhersehen können. Nur wenn Europa mit Identität, Geburtenzahl und Legalität „Lichter des Selbstbewusstseins, der Lebenskraft und des Rechts setzt, wird es wieder in altem Glanz erstrahlen."

Dafür setzte sich Louise Weiss bis zu ihrem Tod gegen Ende der Legislaturperiode nicht nur literarisch ein, sondern auch im ganz praktischen Parlamentsgeschäft. Uns beeindruckte, wenn sie mit ihrem „jungen Assistenten" – einem etwa siebzigjährigen pensionierten Admiral, auf den sie sehr stolz war –, am Steuer eines damals gebräuchlichen Kleinwagens, einer sogenannten

„Ente", von Paris kommend in Straßburg eintraf und dort auch die heftigsten Wortgefechte nicht scheute. Berühmt wurde ihre Replik auf den sehr aggressiven Chef der französischen Kommunisten, Georges Marchais. Sie herrschte den immerhin auch schon mehr als Sechzigjährigen mit den Worten an: „Ich bin schließlich hier die einzige, die mit Lenin und Trotzki gesprochen hat, und deswegen sage ich Ihnen jetzt mit einem Zitat von Victor Hugo: Schweigen Sie, junger Mann!" Der Stalinist erbleichte und setzte sich. In den quälenden Nachtsitzungen, in denen es darum ging, das noch junge Parlament durch Geschäftsordnungsreformen handlungsfähig zu machen, hielt sie bis zum Morgengrauen aus, wobei ab und zu neben ihr der ehemalige belgische Premierminister und spätere Vorsitzende der Paneuropa-Parlamentariergruppe Leo Tindemans kniete und sie mit kühlem Wasser übergoß. Die alte Dame wiederum reichte dem flämischen Kollegen hin und wieder etwas zum Trinken, obwohl dies im Plenarsaal an sich streng verboten ist.

Heute erinnert der mit Abstand schönste unter den modernen Europapalästen, das 1999 eröffnete Hauptgebäude des Europaparlamentes in Straßburg, an Louise Weiss, ebenso ein sehenswertes Museum im Schloss der Straßburger Fürstbischöfe aus dem Haus Rohan in Zabern/Saverne. Im Vorwort ihres Buch gewordenen Briefes „An die Ungeborenen" nennt Bundeskanzler Helmut Schmidt ihr publizistisches Lebenswerk „eine Aufforderung zum Denken".

Ein demokratischer Kaiser

Es war eine der schönsten Szenen des Besuches, der Otto von Habsburg acht Jahre nach seinem Ausscheiden und vier Jahre vor seinem Tod zurück an seine ehemalige Wirkungsstätte ins Straßburger Europaparlament führte: Milan Horáček, menschenrechtspolitischer Sprecher der Grünen, sang an der Tafel von Parlamentspräsident Hans-Gert Pöttering ein mährisches Lied – zum 95. Geburtstag des letzten Kronprinzen jenes Reiches, in dem Horáčeks sudetendeutsche, tschechische und slowakische Vorfahren gelebt hatten. Der einstige Revoluzzer aus der Achtundsechziger-Bewegung, der mit Joschka Fischer und Daniel Cohn-Bendit einmal die berühmte Frankfurter Kommune geteilt hatte, brachte damit seine Wertschätzung für einen Kollegen zum Ausdruck, von dem ihn weltanschaulich sicher manches trennte, mit dem gemeinsam er aber gegen Menschenrechtsverletzungen, gegen totalitäre Ideologien und auch gegen das Totschweigen der Vertreibung kämpfte. Unter den Gästen, die applaudierten, waren nicht nur alte Weggefährten des Habsburgers wie der stellvertretende CSU-Vorsitzende und Paneuropa-Vizepräsident Ingo Friedrich, sondern auch langjährige Kontrahenden wie der damalige Vorsitzende der Sozialistischen Fraktion, Martin Schulz.

Dieser 95. Geburtstag Otto von Habsburgs war überhaupt ein Ereignis, das viele Grenzen sprengte. Papst Benedikt XVI. schickte telegraphisch seinen Apostolischen Segen, der amerikanische Kongress und die Linksfraktion des Europaparlamentes verabschiedeten Geburtstagsresolutionen, zwei Kardinäle und der Großmufti von Sarajevo überbrachten persönlich ihre Glückwünsche, Österreichs sozialistischer Bundespräsident Heinz Fischer, ein überzeugter Republikaner und Freidenker, lud den Jubilar zum Kaffee in die einst kaiserliche Hofburg, und der italienische Anarchist Marco Pannella erinnerte an 20 gemeinsame Jahre im Straßburger Vielvölkerparlament.

Diese Wertschätzung von Links und von Rechts war nicht selbstverständlich, denn jahrzehntelang rieben sich die verschiedensten politischen Persönlichkeiten und Kräfte am Chef des Hauses Habsburg, der immer unbequem war, weil er klare Wertvorstellungen vertrat, sich offen und temperamentvoll zu seinen Grundsätzen bekannte und es durchaus auch verstand, streitbar polarisierend für seine Ideen einzutreten. Schon seine Herkunft hatte genügt, um ihn zum Feindbild für alle möglichen Ideologen zu machen, seine aufrechte Gesinnung tat dann ein übriges.

Zum politischen Faktor war er bereits einen Tag nach seinem vierten Geburtstag geworden, als Kaiser Franz Joseph mitten im Ersten Weltkrieg starb und Erzherzog Ottos Eltern 1916 als Kaiser Karl und Kaiserin Zita den Thron Österreich-Ungarns bestiegen. Von nun an war er Kronprinz einer europäischen Großmacht, die allerdings bereits zwei Jahre später von den Siegermächten zerschlagen wurde. Nach dem Tod seines Vaters am 1. April 1922 in der Verbannung auf Madeira musste Otto, damals neunjährig, die Rolle eines Thronprätendenten im Exil übernehmen.

Politisch zu handeln begann er mit fast zweiundzwanzig Jahren, als ein Kommando der in Österreich verbotenen NSDAP 1934 in Wien den christlich-sozialen Bundeskanzler Engelbert Dollfuß ermordet hatte. Der im belgischen Steenockerzeel lebende Otto bot österreichischen Regierungskreisen an, zurückzukehren, um die Selbständigkeit des Landes gegen Hitler zu verteidigen. Er riet Kurt von Schuschnigg, dem Nachfolger von Dollfuß, in einem Brief, den autoritären Ständestaat, der damals in Österreich bestand, zugunsten einer breit angelegten Zusammenarbeit mit Sozialdemokraten und Arbeiterschaft aufzugeben, sich an die Westmächte statt an Mussolinis Italien anzulehnen und den Nationalsozialismus ohne jeden Kompromiss zu bekämpfen. Sollte Schuschnigg sich dies nicht zutrauen, so, mutig und selbstbewusst, der junge Habsburger, sei er bereit, als Bundeskanzler die Verantwortung für Österreich zu übernehmen und dieses Programm umzusetzen.

Daraus wurde nichts, aber spätestens dadurch war der Thronfolger so sehr zum Feind Hitlers geworden, dass der nationalsozialistische Führer seinen Einmarsch in Österreich 1938 „Operation Otto" nannte. Der Kaisersohn begab sich nun nach Frankreich, rettete Zehntausenden von Juden und anderen Emigranten aus der ehemaligen k.u.k. Monarchie das Leben, indem er sie angesichts der heranrückenden Truppen Hitlers mit Hilfe von spanischen, portugiesischen, lateinamerikanischen und chinesischen Visa nach Übersee schleuste, und musste schließlich – nach einem Entführungsversuch durch die Gestapo und vom so genannten Dritten Reich steckbrieflich gesucht – selbst in die USA flüchten.

Dort setzte er sich erfolgreich für die Wiederherstellung eines unabhängigen Österreich ein, konnte aber weder die kommunistische Machtübernahme im Donauraum noch die von Beneš geplante Vertreibung der Sudetendeutschen verhindern – zwei Gefahren, vor denen Otto von Habsburg öffentlich gewarnt hatte. Im Schulterschluss mit dem Paneuropa-Gründer Richard Coudenhove-Kalergi, dessen Bewegung er 1936 in Paris beigetreten war, thematisierte er – wie schon dargelegt – die von Stalin angestrebte Teilung des europäischen Kontinents und verfocht die Idee eines geeinten Paneuropa als Grundlage einer gerechten Nachkriegsordnung.

Der Publizist und politische Berater führender Staatsmänner von Charles de Gaulle bis Franz Josef Strauß ließ sich in den fünfziger Jahren mit seiner Gattin Regina am Starnberger See nieder, wo seine sieben Kinder aufwuchsen. Nach dem Tod Coudenhove-Kalergis wurde er 1973 als dessen Nachfolger zum Präsidenten der Paneuropa-Union gewählt. Eineinhalb Jahre später, im Januar 1975 traf ich ihn erstmals bei einer Veranstaltung im Schwarzwald. Im Anschluss an seine Rede erkundigte ich mich, ob es Möglichkeiten gebe, in der Paneuropa-Jugend mitzuwirken, und seine Antwort war kurz und klar: „Die haben wir nicht, aber gründen Sie doch eine!" Damit begann eine jahrzehntelange Zusammenarbeit in der Paneuropa-Bewegung und später im Europaparlament.

Am 22. und 23. April 1978 nahmen Otto von Habsburg und ich am zweiten Europakongress der JES-Studenteninitiative im traditionsreichen Hotel Grauer Bär in Innsbruck teil. Seit drei Wochen war ich sein persönlicher Referent und Pressesprecher, zuvor hatte ich fast vier Jahre lang für ihn die Paneuropa-Jugend aufgebaut. Nun bat er mich zu einem vertraulichen Vier-Augen-Gespräch in sein Hotelzimmer, um mir einen damals sehr kühn klingenden Plan zu eröffnen: Er wolle deutscher Staatsbürger werden und bei den für 1979 vorgesehenen ersten Direktwahlen zu einem Europäischen Parlament auf der CSU-Liste kandidieren. Bedingung sei allerdings, dass er seine österreichische Staatsbürgerschaft behalten könne, denn sollte er diese ablegen, würden ihm dies seine österreichischen Anhänger, von denen viele während des „Dritten Reiches" für ihre Treue zu ihm ins KZ gewandert seien, niemals verzeihen.

Deutscher zu werden erwies sich als völlig problemlos: Die Habsburger waren eine der ältesten Herrscherfamilien der deutschen Geschichte – sie hatten die meisten Kaiser und Könige des Heiligen Römischen Reiches gestellt. Otto selbst lebte und arbeitete seit 1954 in Bayern, seine Frau war Deutsche. In Österreich sah die Sache komplizierter aus. Obwohl das Land seinem ehemaligen Kronprinzen durch dessen Einsatz während des Zweiten Weltkrieges weitgehend seine Wiederherstellung verdankte, hatte es ihn 1946 – wie schon 1919 – ausgewiesen, und er musste bis in die sechziger Jahre hinein gerichtlich um einen österreichischen Pass kämpfen, der zunächst den skurrilen Vermerk trug: „Gültig für alle Länder außer Österreich".

Die österreichischen Sozialisten hätten nun seine Bewerbung in Deutschland gerne benutzt, um ihm die mühsam erstrittene Staatsbürgerschaft der Alpenrepublik wieder zu nehmen. Das Machtwort dagegen sprach Österreichs Bundeskanzler Bruno Kreisky, der beim Paneuropa-Kongress 1972 in der Wiener Hofburg dem Habsburger demonstrativ die Hand gegeben hatte. Der allmächtige Parteichef der Sozialistischen Partei Österreichs, ein Paneuropäer der ersten Stunde, knurrte mitten in die aufgeregte Debatte des Jahres 1978 hinein: „Ausgebürgert wird bei mir nicht!"

In Westdeutschland ging die Agitation aber weiter, zum Teil mit „antifaschistischer" Rückendeckung aus der so genannten DDR. So titelte etwa die inzwischen als Stasi-Postille entlarvte Zeitschrift „Konkret": „Eine schwarzbraune Sumpfblase blubbert gen Europa" und meinte damit ausgerechnet den Habsburger. Als Antwort darauf verfasste ich innerhalb eines Tages eine Dokumentation „Habsburg contra Hitler", mittels derer auch dem weniger kundigen deutschen Publikum dargelegt werden konnte, wie absurd solche Anschuldigungen waren. Otto von Habsburg hatte sich Ende 1932 als junger Student in Berlin geweigert, Hitler auch nur zu treffen – was dieser mit einem Tobsuchtsanfall über „dieses freche Bürscherl" quittierte.

Der erste Europawahlkampf der Geschichte im Jahr 1979 verlief hart, aber erfolgreich, und im Juli war es dann soweit: In Luxemburg konstituierte sich die christdemokratische EVP-Fraktion, zu der Otto von Habsburg als – damals noch parteiloser – CSU-Abgeordneter gehörte. Im Foyer unseres Hotels kam der hessische CDU-Abgeordnete Bernhard Sälzer zutiefst beeindruckt auf seinen neuen Kollegen zu und fragte bewundernd: „Wie haben Sie es geschafft, dass Sie in der ganzen Stadt mit Porträts und Bildern begrüßt werden?" Zunächst war Otto von Habsburg sehr verblüfft, bis ihm klar wurde, dass die Fotos nicht ihn, sondern seinen Cousin ersten Grades, den ihm sehr ähnlichen Großherzog Jean von Luxemburg zeigten.

Eine Woche später begann in Straßburg das dritte Leben des 66-jährigen Otto von Habsburg. Dem eines Monarchen oder Exilmonarchen sowie dem eines Vordenkers der europäischen Einigung folgte das eines begeisterten Parlamentariers. Dabei fielen ihm zunächst manche Veränderungen gar nicht leicht. So hatte man ihn jahrzehntelang gebeten, das Wort zu ergreifen – nun musste er sich melden und um ein oder zwei Minuten Redezeit im Plenarsaal kämpfen. Zur Freude Heinrich Aigners, der der wichtigste Initiator seiner Kandidatur gewesen war, brachte der eben erst gewählte Abgeordnete bereits in der zweiten Plenarwoche des neuen Parlamentes einen Antrag ein, in dem er vor einem bevorstehenden Einmarsch der Sowjetunion in Afghanistan warnte.

Als dieser pünktlich zum Jahresende erfolgte, war sein Ruf als Außenpolitiker auch unter kritischen Kollegen gefestigt.

Binnen kurzem wurde der Habsburger Koordinator seiner Fraktion, der Europäischen Volkspartei, im für internationale Beziehungen zuständigen Politischen Ausschuss. In den verschiedensten weltanschaulichen Lagern baute er sich ein Netzwerk von Vertrauensleuten auf, zu dem etwa der exiltschechische Sozialist Jiří Pelikán aus Italien, der bayerisch-sudetendeutsche Sozialdemokrat Volkmar Gabert, der italienische Liberale Manlio Cecovini, der französische Gaullist Gérard Israel und der schottische Konservative Adam Fergusson gehörten. Sein größtes Talent bestand darin, die Vielfalt der Charaktere und Nationalitäten zusammenzubringen. Otto von Habsburg redete nicht nur Französisch wie ein Franzose, Spanisch wie ein Spanier oder Ungarisch wie ein Ungar, er konnte sich auch völlig in die jeweiligen Denktraditionen hineinleben. Schon als Kind hatte der letzte Kronprinz von Österreich-Ungarn mehr als ein Dutzend Sprachen gelernt – so etwa das Vaterunser zuerst auf Kroatisch von einem Mönch aus dem ungarischen Kloster Pannonhalma, wo später, nach seinem Begräbnis in Wien, sein Herz beigesetzt wurde. Manches ihm Beigebrachte vergaß er, bis es plötzlich aus dem Unterbewusstsein wieder auftauchte. Als junger Mann im chinesischen Bürgerkrieg unterwegs, fiel ihm in rein chinesischer Umgebung mit einem Schlag wieder das Tschechisch ein, das er als Bub in Schönbrunn gebüffelt hatte.

Seine linguistischen Kenntnisse setzte er zeitlebens sehr gezielt ein. So übersetzte er zum Beispiel Anfang der achtziger Jahre in Straßburg zwischen Helmut Kohl und einem asiatischen Staatsmann, dessen einzige Fremdsprache Französisch war, so lange hin und her, bis diese ein Herz und eine Seele wurden, obwohl sie sich ursprünglich nicht mochten: Er hatte dem jeweils einen in den Mund gelegt, was der jeweils andere hören wollte. Die Zusammenarbeit beider wurde zum Wohl der Sache lang und gedeihlich.

Vor der Europawahl 1979 hatte eine kleine Gruppe aus der Paneuropa-Jugend, die Dirk Voß und ich leiteten, für und mit Otto von Habsburg ein kurzes Forderungsprogramm verfasst, an dem auch die Kandidaten Alfons Goppel, Ursula Schleicher, Ingo Friedrich und Heinrich Aigner beteiligt waren. Im Parlament begannen diese Abgeordneten, jene Ideen unter der Federführung Otto von Habsburgs Punkt für Punkt umzusetzen: Schaffung eines Europapasses, einer Europafahne und einer Europahymne, Beseitigung der Kontrollen an den Binnengrenzen und Errichtung eines leeren Stuhls als Demonstration für das Selbstbestimmungsrecht der Völker hinter dem Eisernen Vorhang. Hinzu kam bald der Habsburg-Bericht mit der Forderung, die sowjetische Unterdrückung der Baltischen Staaten vor den Dekolonisierungs-Unterausschuss der UNO zu bringen, die Menschenrechtsarbeit, die Unterstützung von Freiheitsbewegungen wie „Charta 77" in der Tschechoslowakei und „Solidarność" in Polen – für die sich aus der Paneuropa-Jugend vor allem Jaroslav Boček, Wolfgang Stock und Hans Kijas einsetzten –, der Kampf für Lebensschutz und christliche Werte sowie der Einsatz für ein Europäisches Volksgruppenrecht.

Die strategische Weichenstellung, die sich historisch am stärksten auswirken sollte, erfolgte in der ersten Hälfte der achtziger Jahre, als Moskau aus außenpolitischen Gründen und aus wirtschaftlicher Not seine bisherige Blockadehaltung gegen die Europäische Gemeinschaft, die es niemals anerkannt hatte, aufgab. Etliche Staaten, ein erheblicher Teil der Linksfraktionen und die Großkonzerne wollten, dass die EG mit dem östlichen Rat für Gegenseitige Wirtschaftshilfe Handelsverträge von Block zu Block schließen solle. Dies wäre einfacher gewesen, hätte aber zur Folge gehabt, dass alle Devisen und wertvollen Güter nach Moskau geflossen wären, das seinerseits die Satellitenstaaten mit wertlosen Rubel abgespeist hätte. Otto von Habsburg setzte in einem harten Kampf durch, dass die EG mit den einzelnen RGW-Staaten Abkommen schloss, was deren Abhängigkeit von Moskau minderte und außerdem erlaubte, relativ liberale Regime wie das ungarische zu begünstigen und sehr brutale, wie in Ostberlin oder Bukarest, hintanzustellen.

Die Strategie ging auf, und für Straßburg ergaben sich vielfache Möglichkeiten zu Differenzierungen in der Ostpolitik. Otto von Habsburg fuhr etwa mit der ersten Parlamentsdelegation in das noch kommunistische Bulgarien. Das dortige Regime fragte ihn, ob er spezielle Wünsche habe, und hoffte natürlich, dass er etwas Persönliches erbitten werde. Er verlangte aber, beim offiziellen Staatsbankett für die Europaabgeordneten in Sofia die katholischen Bischöfe des Landes hinzuzuladen, die extrem brutal unterdrückt wurden. Seiner Bitte wurde, wenn auch sehr unwillig, entsprochen. Die Geistlichen durften zwar bei Tisch nicht reden, berichteten aber später, diese Aufwertung habe ihnen gut getan und ihre Lage schrittweise verbessert.

Als Paneuropäer wusste Otto von Habsburg stets zwischen den Völkern und ihren kommunistischen Zwingherrn zu unterscheiden. Als wir 1979 auf Einladung des sudetendeutschen Chefredakteurs des „Münchner Merkur", Paul Pucher, einen Redaktionsbesuch unternahmen, wurde der damalige Europakandidat gefragt, wann der Eiserne Vorhang – dessen Ende er ständig prognostizierte – tatsächlich fallen werde. Seine aus heutiger Sicht sehr verblüffende Antwort: „In etwa zehn Jahren." Tatsächlich war es im August 1989 soweit, als beim Paneuropa-Picknick an der österreichisch-ungarischen Grenze, dessen Schirmherr er war, erstmalig das Tor zur Freiheit aufgestoßen wurde, was 661 Menschen aus der damaligen DDR zur größten Massenflucht seit dem Mauerbau nutzten.

Meine Freunde aus der Paneuropa-Jugend und ich hatten schon 1984 begonnen, über Ungarn und Polen Kontakte mit Regimegegnern im ganzen Ostblock zu knüpfen. 1987 bei einer Strategiesitzung in dem Straßburger Restaurant „Vielle Enseigne" fiel im Gespräch zwischen dem Paneuropa-Präsidenten, seiner Tochter Walburga und mir die Entscheidung, dass er selbst nach Ungarn fahren solle, was wegen der Widerstände im kommunistischen Machtapparat erst im Sommer 1988 verwirklicht werden konnte. Im alten Herzland der Heiligen Stephanskrone wurde der ehemalige Kronprinz rasch zum Volkshelden. Die Begeisterung schwappte trotz aller Schikanen der kommunistischen Diktaturen in die anderen Länder vom Baltikum bis Bulgarien über. Ab Sommer 1989 war Otto von Habsburg fast dauernd in jenen Gebieten unterwegs, die ihm jahrzehntelang versperrt waren: Als Teilnehmer der Montagsdemonstrationen in Leipzig und des Protestzuges auf das Stasi-Hauptquartier in Dresden, in dem damals noch der KGB-Offizier Wladimir Putin saß, als Augenzeuge bei der großen Ostberliner Kundgebung auf dem Alexanderplatz gegen das SED-Regime, als Besucher bei dem soeben ans Ruder gekommenen Bürgerrechtler Václav Havel auf der Prager Burg, als Unterstützer der Demokratiebewegung und des Friedens in Slowenien, Kroatien und Bosnien-Herzegowina, als Ehrengast der Demokraten in der nach Unabhängigkeit strebenden Slowakei, als umjubelter Redner in Polen und Ungarn, als Blockadebrecher im Baltikum sowie als Förderer der Freiheit in Rumänien, Bulgarien, Mazedonien und dem Kosovo. Der Aktionskreis dieses Habsburgers reichte schon immer und erst recht in der Wendezeit von 1989 weit über das Reich seiner Vorväter hinaus. Dies gilt auch für seinen an allen Fronten aktiven Sohn Karl.

Wie sehr ständig ein Rückschlag drohte, war dem geschichtserfahrenen Otto von Habsburg sehr bewusst. Darum nahm er selbst gefährliche Situationen in Kauf, etwa als er mit Peter Gauweiler in einem vom Medienmogul Leo Kirch gecharterten Flugzeug nach Litauen flog, um dort seine Solidarität mit dem Freiheitshelden Vytautas Landsbergis zu bekunden, den sowjetische KGB-Milizen im Parlamentsgebäude in Vilnius eingeriegelt hatten. Deshalb trieb er auch die so genannte EU-Osterweiterung voran, um das nach 1989 Erreichte möglichst unumkehrbar zu machen; denn die nach wie vor aus Russland drohenden Gefahren sah er hellsichtiger als andere. Paneuropa war für ihn wirklich ganz Europa, weshalb er besondere Freude darüber empfand, noch drei Tage vor seinem Tod erfahren zu dürfen, dass die EU-Beitrittsverhandlungen mit Kroatien abgeschlossen wurden.

An seine Abgeordnetenkollegen legte Otto von Habsburg vor allem dreierlei Maßstäbe an: Kampf gegen jede Form von Nationalismus und totalitären Ideologien, Bereitschaft, sich für die Völker Mittel- und Osteuropas und deren Integration einzusetzen, sowie Fleiß und Präsenz. Besonders schätzte er außer seinem CSU-Kollegen Heinrich Aigner den alten deutschen Sozialdemokraten Erwin Lange. Dieser war gelernter Schriftsetzer und ein Arbeiter von Schrot und Korn, der mit preußischer Strenge und Disziplin den Haushaltsausschuss leitete. Als jedoch Hans-Gert Pöttering Otto von Habsburg einmal wegen seiner „preußischen Tugenden" lobte, konterte dieser: „Meine Vorfahren waren schon jahrhundertelang pünktlich, bevor die preußischen Tugenden erfunden wurden."

Viele Anekdoten entzündeten sich an der Tatsache, dass der Habsburger etliche Jahre gemeinsam mit Philipp von Bismarck im Europaparlament saß, einem Verwandten des „Eisernen Kanzlers", der 1866 Preußen gegen Österreich zur Schlacht bei Königgrätz geführt hatte. Der Straßburger Dualismus Habsburg-Bismarck fand seinen Höhepunkt in der Endzeit des Ostblocks. Damals kam der vergreiste und schwerhörige Präsident der kommunistischen DDR-Volkskammer, Horst Sindermann, ins Europaparlament. Otto von Habsburg attackierte ihn wegen der Menschenrechtsverletzungen heftig, Philipp von Bismarck war milder. Sindermann fragte seine Berater nach den Namen der beiden Herren, um dann zu deren Verblüffung zu antworten: „Ich bin für den Habsburg und gegen den Bismarck, denn ich bin Sachse."

Leidenschaftlich arbeitete Otto von Habsburg für seine Wähler, deren Anliegen er in regelmäßigen Sprechstunden in München und Pöcking sowie in zahllosen Versammlungen, die ihn auch in die kleinsten Dörfer führten, herauszufinden trachtete. Niemals wollte er sein unabhängiges Parlamentsmandat gegen ein Staats- oder Ministeramt tauschen. Er unterschied Politiker in „gouvernementale" und „parlamentarische" Typen, wobei er für sich beschlossen hatte, der letztere bleiben zu wollen. Dies drückte er gerne in einem Bonmot aus: Als Abgeordneter könne er einen Esel einen Esel nennen, als Monarch oder Minister hingegen „hätte ich ihn mit Exzellenz titulieren müssen."

Seine Begeisterung für den Parlamentarismus hing auch mit seiner Überzeugung zusammen, in einer europäischen Volksvertretung müsse jeder mit jedem reden. Schon am Tag der Konstituierung des ersten Parlamentes 1979 hatte uns eine etwas erzieherisch veranlagte deutsche Abgeordnete gemahnt, man dürfe mit dem italienischen Anarchisten Marco Pannella weder sprechen noch ihm die Hand geben. Darauf sagte Otto von Habsburg zu mir: „Jetzt gehen wir demonstrativ als Erste den Pannella begrüßen." Das heißt nicht, dass ihm der Italiener, mit dem er später liebend gerne in mehreren Sprachen debattierte, nur Vergnügen bereitete. Einmal legte Pannella mit tausenden von Änderungsanträgen das Straßburger Plenum, das damals noch über keine Geschäftsordnung und keine elektronische Abstimmungsanlage verfügte, völlig lahm. Das ging selbst Otto von Habsburg an die Nerven, sodass er stöhnend ausrief: „Wenn das hier so weitergeht, werde ich auf meine alten Tage noch zum Monarchisten!" Obstruktion betrieb auch Pannellas Anarchistenfreund Mario Capanna, indem er nicht eine der offiziellen Amtssprachen für seine Rede benutzte, sondern das Lateinische. Bei den entsetzten Dolmetschern brach Schweigen aus; doch Otto von Habsburg stand auf und antwortete ebenso fließend in der Sprache des alten Rom.

Nicht immer ließ er sich von den Kollegen in die Karten schauen. Im Parlament sitzen die Abgeordneten nach politischen Fraktionen und innerhalb dieser nach dem Alphabet. So gelangte der Habsburger einmal an den linken Rand der Christdemokraten und neben die deutsche Sozialdemokratin Magdalene Hoff. Diese las mit, wie er sich Notizen machte – worauf hin er seine Schreibarbeit, wie immer mit spitzem Bleistift, schleunigst auf Ungarisch umstellte.

Ein offeneres Verhältnis hatte er zu einem anderen SPD-Kollegen: zu Martin Schulz. Dies entstand bemerkenswerterweise durch einen Krach. Eines Abends saß eine Besuchergruppe bayerischer Trachtenträger mit Gamsbärten auf der Straßburger Tribüne, um einer geschliffenen außenpolitischen Ausführung des ehemaligen Thronfolgers zu lauschen. Schulz brüllte ständig dazwischen, bis der Redner, in diesem Moment weniger Kaisersohn als oberbayerischer Volksvertreter, zur Begeisterung seiner Wähler in die sozialistischen Reihen hinüberrief: „Halt's Maul, Schulz!" Aus der anschließenden Versöhnung entwickelte sich ein herzlicher Kontakt, der bis zum Tod des Habsburgers bestehen blieb.

Nicht jede Auseinandersetzung im Plenum verlief so friedlich. Als Papst Johannes Paul II. das Europaparlament besuchte, stürzte sich der radikale nordirische Protestantenführer Ian Paisley mit dem Ruf „Antichrist, Antichrist!" fäusteschüttelnd auf ihn. Kein Saaldiener traute sich einzugreifen, bis Otto von Habsburg sich mit einigen irischen Kollegen, darunter ein whiskeygestählter Profi-Fußballspieler, in die Bresche warf. Grollend ließ Paisley verlauten, „papistische Horden" unter der Führung des einstigen österreichischen Kronprinzen hätten ihn attackiert.

Dabei war Otto von Habsburg aus tiefstem Herzen ökumenisch eingestellt und auch ein Vorkämpfer des interreligiösen Dialoges mit Juden und Muslimen, dem er nicht nur im Europaparlament, sondern auch als Mitglied der Königlich Marokkanischen Akademie der Wissenschaften kräftige Impulse vermittelte. Beim Besuch von Johannes Paul II. in Marokko platzierte der damalige König Hassan II. den von ihm sehr geschätzten „Cousin Otto" im Block der Scherifen, also der Nachkommen Mohammeds, die grüne Turbane tragen. Dieses stünde, wenn sie muslimisch wären, auch den Habsburgern zu. Als der polnische Papst, Sohn eines k.u.k. Unteroffiziers, den katholischen Kaisersohn in dieser Reihe erblickte, war er zunächst doch recht verblüfft: „Was tun Sie denn hier?", um dann mit Schmunzeln die Geschichte von der habsburgischen Abstammung vom Propheten zu hören.

Für Otto von Habsburg bestand zwischen der Rolle des Kaisers einer Vielvölkermonarchie, für die er erzogen worden war, und seinen zwanzig glücklichsten Jahren, denen als europäischer Volksvertreter, kein Gegensatz. Er versuchte weder überkommene Formen ins 21. Jahrhundert hinein zu konservieren, noch trauerte er nostalgisch vergangenen Zeiten nach. Die Fehler des alten Österreich sah er als kritischer Historiker mit großer Klarheit, versuchte aber dessen Errungenschaften für das 20. und 21. Jahrhundert fruchtbar zu machen. Dazu gehörte das Festhalten am reichischen Prinzip einer übernationalen Rechtsgemeinschaft, das ständige Bemühen um Ausgleich zwischen den Völkern und Volksgruppen mit ihrer speziellen Würde, ihrer jeweiligen Eigenart und ihrer besonderen Geschichte, sowie die Fähigkeit, Gemeinsames zu festigen und Trennendes zu überwinden. Nach und nach fühlte er sich für alle Europäer so verantwortlich wie einst für die, die unter der Krone seiner Vorfahren gelebt hatten. Das demokratische Europa, dem er mit Pflichtbewusstsein, aber auch mit viel Freude und Leidenschaft diente, war für ihn die logische Fortsetzung der Reichsidee und der Donaumonarchie in zeitgemäßer Gestalt. In diesem Sinn war er ein demokratischer Kaiser, dem Äußerlichkeiten nichts bedeuteten, die Substanz und die Inhalte hingegen alles.

Männer der Grenze

Eine meiner sehr betagten Großtanten war in den letzten Monaten vor ihrem Tod bettlägerig und lebte ganz in der Vergangenheit, also in der böhmischen Königsstadt Kaaden an der Eger, aus der sie stammte. Besonders glücklich war sie aber, wenn sie, und nur sie, wie im Traum zweierlei hörte: den Radetzkymarsch und die Stimme Konrad Adenauers. Aus ihrem Lächeln schloss ich als Kind, dass dieser Adenauer wohl einer der bedeutendsten Menschen auf Erden sein musste.

Das war er allerdings auch für die meisten Westdeutschen seiner Ära, denn er hatte ihnen nach dem tiefsten Absturz ihrer an Katastrophen reichen Geschichte neuen Halt und eine neue demokratische Ordnung gegeben. Eine lautstarke Minderheit sah dies allerdings ganz anders: Für sie bedeutete Adenauer, vor allem in den späten Jahren seiner Amtszeit, lähmenden Stillstand, mangelnde Bereitschaft. loszulassen und intellektuelle Schlichtheit. Auch seinen angeblich zu geringen Wortschatz warf man dem ersten deutschen Bundeskanzler vor.

Dabei war er zweifellos nicht nur ein extrem fähiger Praktiker der Politik, sondern ein Genie von visionärer Kraft. Dorothea und Wolfgang Koch haben in ihrer lesenswerten Biographie „Konrad Adenauer – der Katholik und sein Europa" frühen Äußerungen des jungen Kölner Oberbürgermeisters aus der Zeit unmittelbar nach dem Ersten Weltkrieg nachgespürt. So sagte er bei der Neueröffnung der Kölner Universität 1919, noch vor Abschluss des Versailler Vertrages: „Wie auch der Friedensvertrag aussehen mag, hier am Rhein, an der alten Völkerstraße, werden während der nächsten Jahrzehnte die deutsche Kultur und die westlichen Demokratien zusammenstoßen. Wenn ihre Versöhnung nicht gelingt, wenn die europäischen Völker nicht lernen, über der berechtigten Wahrung ihrer Eigenart das aller europäischen Kultur Gemeinsame zu erkennen und zu pflegen," dann bedeute dies einen neuen Krieg und den endgültigen Verlust von Europas Stellung in der Welt. Die Universität Köln sei dazu berufen, „Völkerversöhnung und Völkergemeinschaft zum Heile Europas zu fördern ... Vor allem aber soll sie das Wesensverwandte aller europäischen

Kulturen zeigen; sie soll zeigen, dass zwischen allen europäischen Völkern schließlich doch mehr das Gemeinsame als das Trennende ist."

Diese Worte, gesprochen in einer Zeit, in der nationalistischer Hass in allen Ländern immer mehr um sich griff, ergänzte er wenig später bei der Einweihung der Kölner Messe: „Möge die Wirtschaft den Völkern wieder klar machen, dass kein Volk ohne das andere bestehen kann, dass es ganz falsch ist, anzunehmen, die Wohlfahrt des einen sei das Unglück des anderen, dass gerade umgekehrt die Wohlfahrt des anderen die eigene Wohlfahrt fördert und hebt. Gemeinsam sind die wirtschaftlichen Interessen der Völker Europas, gemeinsam ihre kulturellen, gemeinsam ihre ethischen. Ist diese Erkenntnis durchgedrungen, dann wird auch auf politischem Gebiete eine dauerhafte Einigung sich leicht und fast von selbst ergeben."

Wenn sich auch letzteres als zu optimistisch erwies, widmete der Rheinländer doch sein ganzes politisches Leben diesen Zielen und schloss sich konsequenterweise bereits 1926 der Paneuropa-Union Coudenhove-Kalergis an, von dem ihn zwar die sehr große Unterschiedlichkeit der Temperamente trennte, dessen Gedankengut er aber nach dem Zweiten Weltkrieg, wo immer möglich, in Realpolitik umsetzte. Mit einer der schönsten Charakterisierungen spricht Louise Weiss den nur scheinbar kühlen Pragmatiker in ihrer berühmten Straßburger Rede an: „Treten Sie ein, Konrad Adenauer aus Köln – so stolz wie die Spitzen Ihres Domes, so aufbrausend wie Ihr, wie unser Rhein, hinter einem friedfertigen Äußeren des christlichen pater familias!"

Adenauers wichtigste Partner beim Aufbau der europäischen Sechsergemeinschaft in den fünfziger Jahren waren Frankreichs Premier- und Außenminister Robert Schuman sowie Italiens Ministerpäsident Alcide de Gasperi. Mit ihnen verband ihn vieles. Alle drei hatten schon in der Zwischenkriegszeit das Gedankengut der Paneuropa-Bewegung verinnerlicht. Alle drei waren gläubige Christen, die wussten, dass nicht die Nation Gott ist, sondern dass Gott Gott ist – ihre übernationale Prägung durch die katholische Kirche ließ sie von frühester Jugend an völkerverbindend denken. Sie alle widersetzten sich energisch den perversen totalitären Ideologien des Nationalsozialismus und des Faschismus sowie später des Kommunismus.

Von ganz besonderer Bedeutung für ihr Denken war aber, dass sie Männer der Grenze waren, die ihre historischen und persönlichen Erfahrungen zu glühenden Europäern gemacht hatten. Robert Schuman als in Luxemburg geborener Lothringer, der zuerst deutscher und dann französischer Staatsbürger war, der italienische Altösterreicher Alcide de Gasperi aus Trient sowie der Sohn des jahrhundertelang umkämpften Rheinlandes Konrad Adenauer wussten, dass ihre jeweiligen Heimatregionen in der Geschichte dauernd hin- und hergeschubst worden waren und dass man die oftmals sehr künstlichen Trennungslinien zwischen ihren Völkern meist mit Blut gezeichnet hatte.

Schuman gehörte sowohl zu den Organisatoren des Deutschen Katholikentages von 1913 im lothringischen Metz als auch später zum französischen Widerstand gegen Hitler und gelangte schließlich an die Spitze der französischen Regierung. De Gasperi war Abgeordneter eines ländlichen Wahlkreises bei Trient, den er ab 1911 im Wiener Reichsrat der Habsburgermonarchie vertrat, dann, solange dies möglich war, Oppositionsführer gegen den italienischen Faschismus in Rom, unter dessen Herrschaft Trient gelangt war, überlebte nur durch Schutz des Papstes die Nachstellungen durch Mussolini und baute dann nach dem Zweiten Weltkrieg als Ministerpräsident das demokratische Italien auf. Adenauer hatte in der Zwischenkriegszeit viele Probleme mit der Rheinland-Besetzung durch die westlichen Siegermächte zu bewältigen, gehörte zu den führenden katholischen Verteidigern der Weimarer Republik, entging der Verhaftung durch das braune Regime, indem er sich im Benediktinerkloster Maria Laach versteckte, und sorgte nach 1945 dafür, dass sich die frei gebliebenen Teile Deutschlands als Bundesrepublik nach Westen orientierten und die alte Bismarck'sche Schaukelpolitik in der Mitte Europas überwanden. Ihm wurde zwar unterstellt, dadurch die Teilung seines Landes zu zementieren, doch hielt er stets an der Überzeugung fest, dass die europäische Einigung im Westen schließlich eine solche Sogkraft ausüben werde, dass sie eine deutsche Einheit im europäischen Rahmen ermögliche – was ja dann sein politischer Enkel Helmut Kohl exakt so in die Tat umsetzte, als die geschichtlichen Umstände dies erlaubten.

Alle drei Gründerväter mussten übrigens wegen ihrer europäischen Überzeugung und ihrer Herkunft aus Grenzregionen mit komplizierter Geschichte immer wieder mit dem Vorwurf leben, sie seien Verräter oder zumindest nicht so ganz patriotisch. Adenauer wurde im Bundestag vom SPD-Vorsitzenden Kurt Schumacher als „Bundeskanzler der Alliierten" tituliert, Robert Schuman von der Opposition in der französischen Nationalversammlung mit dem Ruf „Boche, boche!", also einem Schmähwort für „Deutscher", empfangen, als er dort den Europa-Plan seiner Regierung präsentieren wollte. De Gasperi bekam zuerst von den Faschisten und nach deren Sturz von der italienischen Linken das Etikett „klerikaler Österreicher" verpasst, wie Adolf Kohler in seinem Werk „Alcide de Gasperi – Christ, Staatsmann, Europäer" dokumentiert.

Bei Schuman kam hinzu, dass er in einer Zeit, in der bei den Franzosen die Wunden der NS-Besatzung noch bluteten, mit seinem deutschen Namen und

Akzent trotz seiner führenden Rolle in der französischen Résistance ein so gutes Ziel für Kampagnen war, dass er seine ersten Kontakte mit Adenauer mit großem taktischen Geschick handhaben musste. Jürgen Wahl zitiert in seinem Schuman-Buch dessen Kabinettchef als Außenminister, François Fontaine: „Schuman und Adenauer waren aufrichtig und entschlossen. Der politische Kontext aber, dessen Gefangene sie waren, zwang sie, ihre Richtung zu verbergen. Sie gingen geradeaus auf krummen Wegen." Hans August Lücker aus Bayern und Jean Seitlinger aus Lothringen, zwei Mitstreiter Schumans im Europäischen Parlament, berichten in ihrer Publikation „Robert Schuman und die Einigung Europas" über die Atmosphäre in der Französischen Nationalversammlung im Vorfeld der Abstimmung über die Europäische Verteidigungsgemeinschaft: „In diesen Wochen aufgeheizter Debatten waren auch Schmähungen geäußert worden, die Robert Schuman ganz persönlich treffen und diskriminieren sollten; zum Beispiel Edouard Herriot: ‚Schuman, das ist der Vatikan, und er begünstigt die Politik Adenauers, selbst gegen uns Franzosen; er muss sein Amt verlassen.'" Ähnliche Worte fanden Verteidigungsminister Jules Moch und Staatspräsident Vincent Auriol. Ersterer, ein alter Weggefährte des Lothringers, ätzte: „Kann man Schuman noch trauen? Will er uns eine deutsche Armee bescheren?" Auriol formulierte noch aggressiver: „Hinter seiner Politik verbirgt sich die Kirche; sie hat die Trojka Schuman-Adenauer-de Gasperi geschmiedet, um unsere Außenpolitik einer klerikalen Allianz zu unterwerfen. Ich plädiere dafür, dass Robert Schuman nicht mehr die Führung der Außenpolitik Frankreichs behält." Diese Zitate belegen die Richtigkeit der Aussage des großen französischen Paneuropäers aus dem Elsaß, Joseph Daul, der 2008 als Vorsitzender der EVP-Fraktion des Europaparlamentes erklärte: „Hätte ein Robert Schuman, statt mutig zu handeln, erst einmal ein Referendum abgehalten, er hätte 95 Prozent gegen sich gehabt."

Ohne ihren christlichen Glauben hätten die drei Gründerväter solche Herausforderungen niemals bewältigt. Dieser verband sie, drei Persönlichkeiten von großer Nüchternheit, nicht nur geistig, sondern auch praktisch – teilweise schon lange, bevor sie in Führungsverantwortung gelangten. Die Befassung mit der Katholischen Soziallehre war zum Beispiel die Ursache, dass der sizilianische Priester Don Luigi Sturzo, der 1919 die Italienische Volkspartei als Ursprung der gesamten europäischen Christdemokratie gründete, 1921 mit dem jungen Alcide de Gasperi nach Deutschland fuhr und dort einer Reihe bedeutender Zentrumspolitiker begegnete, unter denen sich der Kölner Oberbürgermeister Konrad Adenauer befand. Auch de Gasperi und Schuman lernten einander schon in den zwanziger Jahren kennen und schätzen. Adenauer war seit seiner Jugend regelmäßig zu Wallfahrten und Tagungen in Maria Laach, das Schuman ebenfalls immer wieder aufsuchte, ohne aber den Kölner zu treffen. Als de Gasperi in seiner Funktion als italienischer Ministerpräsident den überhaupt ersten Besuch eines Regierungschefs in der noch recht verfemten und jungen Bundesrepublik machte, pilgerten Adenauer und er gemeinsam an diesen für beide heiligen Ort.

Während über Kontakte de Gasperis mit der Paneuropa-Union in der Zwischenkriegszeit wenig bekannt ist, wurde mir vom Straßburger Buchhändler Ferdinand Moschenross, einem Elsässer Autonomisten, kurz vor dessen Tod ein Band aus der Erstauflage von Coudenhoves „Pan-Europa" von 1923 überreicht, den der Autor mit einer handschriftlichen Widmung für Robert Schuman versehen hatte.

Es war eine großartige Fügung, dass ausgerechnet nach dem schlimmsten Krieg der Menschheitsgeschichte diese christlichen Paneuropäer an der Spitze der drei einflussreichsten frei gebliebenen Staaten Kontinentaleuropas standen und gemeinsam Robert Schumans Friedensidee einer Kohle-und-Stahl-Gemeinschaft so vorantrieben, dass sich diese über den gemeinsamen Markt zur heutigen EU als Ausgangspunkt eines politisch integrierten Europa entwickeln konnte. Das entspricht übrigens ganz klar den Zielsetzungen, die alle drei von Anfang an hatten, auch wenn ihnen Renationalisierer heute genau das Gegenteil unterschieben wollen, um ihre aktuellen Bremsmanöver gegen einen engeren Zusammenschluss zu legitimieren.

Alcide de Gasperi sprach stets von einem „europäischen Vaterland" und wollte dessen Schaffung vor allem mittels eines starken, direkt gewählten Europaparlamentes verwirklichen. Als das von einigen nationalen Regierungen blockiert wurde, stellte er die Weichen für jene europäische Versammlung, aus der das Straßburger Parlament nach seinem allzu frühen Tod schließlich entstehen sollte. Robert Schuman, der gemeinsam mit seinem herausragenden Mitarbeiter Jean Monnet in besonderer Weise als Schöpfer des politischen Europa gelten kann, rief den nachwachsenden Generationen zu: „Wir sind alle auf Gedeih und Verderben in ein gleiches Schicksal verstrickt. Diese Wahrheit, voneinander abhängig zu sein, setzt sich auch bei der Masse des Volkes durch, insbesondere bei der Jugend, die das Zwecklose und Widersinnige nationalstaatlicher Engherzigkeit mehr und mehr einsieht. ... Der so feuergefährliche Prestigeplunder hat für sie keinen Reiz mehr."

Sehr deutlich wurde auch Konrad Adenauer, so schon am 3. April 1950 bei einer Kundgebung der Münchner CSU: „Wovon lebt Europa? Es lebt von der Gnade der Vereinigten Staaten. Auch das wird nicht immer so bleiben. Es wird eines Tages der Augenblick kommen und kommen müssen, in dem dieses Europa wieder sich selbst helfen kann und auf eigenen Füßen stehen muss. Aber das kann es nur dann, wenn dieses Europa zusammengeschlossen wird zu einem föderalistischen Staat, zu einem großen Gemeinwesen, zu einer großen Macht …, die … eingesetzt werden kann für die Erhaltung des Friedens in der Welt." 17 Jahre später, acht Wochen vor seinem Tod, meldete sich der 91jährige Adenauer bei seiner letzten Rede im Ateneo von Madrid noch einmal mit einem drängenden Appell zu Wort: „In unserer Epoche dreht sich das Rad der Geschichte mit ungeheurer Schnelligkeit. Wenn der politische Einfluss der europäischen Länder weiter bestehen soll, muss gehandelt werden. Wenn nicht gleich die bestmögliche Lösung erreicht werden kann, so muss man eben die zweit- oder drittbeste nehmen. Wenn nicht alle mittun, dann sollen die handeln, die dazu bereit sind. … Handeln, Anfangen ist die Hauptsache."

Zu den Männern der Grenze zählte auch ein evangelischer Sozialdemokrat, der trotz seines anerkannt harmonischen Wesens in besonderer Weise mit den Mächten seiner Zeit konfrontiert wurde: der Schlesier Paul Löbe. Seine Heimat im Osten Mitteleuropas ist ein so wichtiges Grenz- und Verbindungsland wie im Westen die Herkunftsregionen der drei Gründerväter. Seit dem 6. Jahrhundert meist friedlicher Begegnungsort zwischen Slawen und Germanen, zwischen Deutschen, Polen und Tschechen, entwickelte sich Schlesien gerade durch sein tragisches Schicksal in der Neuzeit zu einer Brücke im Herzen Europas. Zunächst böhmisch, dann polnisch, wurde das in viele Teilfürstentümer zersplitterte Herzogtum durch den Vertrag von Trentschin 1335 endgültig Teil des Heiligen Römischen Reiches. Unter Kaiser Karl IV. aus dem Hause Luxemburg bildete es gemeinsam mit Böhmen und Mähren einen politischen und kulturellen Mittelpunkt Europas. Im Großteil Niederschlesiens sehr lutherisch, in Oberschlesien kämpferisch katholisch, wurde es im Gefolge der Schlesischen Kriege eine Provinz Preußens – von jenem Sechstel abgesehen, das beim Haus Habsburg verblieb. Heute verbindet der Name Schlesien grenzüberschreitend Regionen in Sachsen, Polen und der Tschechischen Republik.

Der sozialdemokratische Paneuropäer Löbe war ein typischer Sohn dieses leidgeprüften, aber zutiefst europäischen Landes. Als in großer Armut aufgewachsenes Kind eines Tischlers aus der schmucken schlesischen Kleinstadt Liegnitz begab er sich Ende des 19. Jahrhunderts auf Wanderschaft durch die verschiedenen Teile Deutschlands, Österreich-Ungarns, Italiens und der Schweiz. Den jungen bildungshungrigen Schriftsetzergesellen faszinierte die Vielfalt der Sprachen, die er auf seiner Walz zumindest in Grundzügen zu erlernen versuchte, sowie die Gastfreundschaft, die er unterwegs erfuhr: „Am freundlichsten nahmen uns die im kroatischen Gebiet verstreuten jüdischen Wirtsleute … auf. Sie hörten unseren Erzählungen aus der fernen Welt stundenlang interessiert zu und lohnten uns mit Brathühnchen, das Stück für zwölf Kreuzer!" – so Löbe in seinem Erinnerungsband „Der Weg war lang". Darin erzählt er auch von ersten Wahlveranstaltungen mit anderen jungen Sozialisten 1896 in der Habsburgermonarchie, zu der er sich trotz der Zugehörigkeit seiner Heimat zum Hohenzollernstaat wie viele Schlesier in besonderer Weise hingezogen fühlte. Im heute slowenischen, damals steirischen Cilli habe er unverhofft Gelegenheit gehabt, „als junger Dachs in fremdem Lande Wahlreden zu halten! Zum ersten Mal war den Besitzlosen in Österreich das Wahlrecht zum Reichsrat gewährt, in einer so genannten fünften Kurie, die alle bisher rechtlosen Bürger umfasste. Mit einer gewissen Unbekümmertheit begleitete ich die Gesinnungsfreunde von Cilli aus ins Land hinaus, und am ‚Steinernen Tisch' … hielten Rok Drofenik in slowenischer Sprache und ich in deutscher den sozialistischen Appell an die Wähler."

Bereits im wilhelminischen Breslau kommunalpolitisch tätig, landete Löbe wegen seines Einsatzes für Arbeiterrechte mehrfach im Gefängnis, aber schließlich doch im Gemeinderat der schlesischen Hauptstadt, was wegen des Dreiklassenwahlrechts, das in Preußen bestand, nicht einfach war. Seine frühen internationalen Erfahrungen prägten ihn sein Leben lang, denn er wurde sowohl zum demokratisch-republikanischen „Großdeutschen", der nach dem Ersten Weltkrieg die Weimarer und die Erste österreichische Republik zusammenführen wollte, als auch zum glühenden, auf Versöhnung ausgerichteten Europäer.

1919 gelang ihm der Sprung in die verfassungsgebende Nationalversammlung des demokratischen Deutschland in Weimar, in der er die Funktion eines Vizepräsidenten übernahm. Von 1920 bis an die Schwelle der Machtergreifung der Nationalsozialisten, die ihn 1932 durch Hermann Göring ersetzten, stand Löbe an der Spitze des Reichstages, fast durchgehend als Präsident, kurze Zeit auch als Vizepräsident. Damit wurde er zum Inbegriff der Weimarer Republik, die sich ansonsten durch zwei sehr unterschiedliche Reichspräsidenten, den knorrigen Sozialdemokraten Friedrich Ebert aus Mannheim und den preußischen Generalfeldmarschall Paul von Hindenburg, sowie ununterbrochen wechselnde Reichskanzler abbildete.

Im Jahr 1924, als sich die von rechts- und linksaußen heftig bekämpfte Republik vorübergehend wenigstens einigermaßen konsolidierte, war auch Richard Coudenhove-Kalergi in Berlin, um dort für seine Idee einer europäischen Einigung zu werben: „Deutschland suchte eine neue Orientierung. Die extreme Rechte und Linke blickten nach Russland, in der Hoffnung auf

Revanche oder Revolution oder beides. Die Mittelparteien suchten nach einer Verständigungsformel mit Frankreich und griffen nach Paneuropa … Unter diesen Umständen war es leicht, eine deutsche Paneuropa-Gruppe zu konstituieren. Den Vorsitz übernahm Reichstagspräsident Paul Löbe", so der Vater Europas in seinen Memoiren. Der schlesische Sozialdemokrat beeindruckte ihn nachhaltig: „Löbe war einer der liebenswürdigsten und beliebtesten Deutschen. Er glich in seiner Erscheinung und seinem Charakter einem Schweizer. Als echter Demokrat achtete er die Ansichten anderer, auch wenn sie seiner sozialdemokratischen Überzeugung entgegengesetzt waren. Er war darum ein ausgezeichneter Reichstagspräsident."

Löbe hatte sich zu diesem Zeitpunkt auf ein Thema konzentriert, das ihn sein Leben lang begleiten sollte und damals von Extremisten aller Art heftigst bekämpft wurde: Die Verständigung mit Frankreich und Polen. Beide galten deutschnationalen Kreisen als das Feindbild schlechthin. Nach Begegnungen mit nahezu allen führenden französischen Demokraten Anfang der zwanziger Jahre zog Paul Löbe jene Schlussfolgerung, die ihn an die Seite Coudenhoves führte: „Einzig und allein die Erziehung der Jugend im Geiste des Friedens kann die Zukunft retten. In einem gemeinsamen europäischen Staatenbunde, dessen Nationen sich nicht mehr durch Grenzschranken, Schlagbäume, Pässe und Visen voneinander trennen, wird, um nur ein Beispiel zu nennen, das Straßburger Münster dem anderen nicht mehr missgönnt werden." Der Schlesier arbeitete von da an bis zu seinem Tod im Jahr 1967 für die Errichtung der Vereinigten Staaten von Europa: „Für dieses Ziel … wirkte damals die Paneuropa-Bewegung, die Graf Coudenhove-Kalergi gegründet hatte und der er sich mit ganzer Hingabe widmete … Ich denke mit Befriedigung an die Zeit zurück, in der ich als zweiter Vorsitzender der Paneuropa-Bewegung in Deutschland neben Coudenhove-Kalergi wirken konnte … 1933 zog er sich auf sein Anwesen in Gstaad in der Schweiz zurück, denn in Berlin sprengten SA und SS, in Wien Starhembergs Heimwehr, in Paris engstirnige Chauvinisten seine Kundgebungen." 1945 sei es dann gelungen, „sein Werk wieder aufzurichten, das aus bloßer Propaganda herausgewachsen war und die ersten, zwar zaghaften, Schritte zu praktischer Verwirklichung unternahm. Als ich 1953 als Gast in den Bau des Straßburger Europarates trat, war der erste Bekannte aus früheren Tagen, dem ich die Hand drücken konnte, Graf Coudenhove-Kalergi, der mit Ungeduld die Ergebnisse des etwas allzu behutsamen Fortschritts abwartet und vorwärts zu drängen versucht." Coudenhove wiederum legt in seiner Rückschau auf diese Jahrzehnte dar, dass Löbe zusammen mit dem französischen Außenminister Aristide Briand und anderen Ehrenpräsident des ersten Paneuropa-Kongresses 1926 in Wien gewesen sei, dort die große deutsche Delegation geleitet und bei der vom Paneuropa-Gründer 1950 nach Rheinfelden bei Basel eingeladenen deutsch-französischen Parlamentarierkonferenz mitgearbeitet habe. Bei diesem Treffen sei zum ersten Mal eine konkrete deutsch-französische Zusammenarbeit der Abgeordneten beider Seiten zur Verwirklichung der von Robert Schuman vorgeschlagenen Montanunion vereinbart worden.

Viel Mut hat Löbe bereits in den zwanziger Jahren bewiesen, als er unter großem Beifall der örtlichen Bevölkerung Kundgebungen im soeben nach 150 Jahren der Teilungen wiedergegründeten Polen abhielt, mit dessen Existenz oder zumindest Grenzziehung sich damals sogar mancher Weimarer Demokrat und Pro-Europäer nicht abfinden wollte. Während des „Dritten Reiches" vom nationalsozialistischen Regime mehrfach festgenommen und schikaniert, wurde er im Frühjahr 1945 aus dem KZ Groß-Rosen entlassen und wenig später wie Millionen seiner schlesischen Landsleute in Viehwagen gepfercht aus der Heimat vertrieben.

In der Ostberliner SPD lehnte er deren Zwangsvereinigung mit der KPD zur SED, wie sie in der Sowjetischen Besatzungszone erfolgte, vehement ab und musste deshalb nach Westen emigrieren. Als Mitglied des Parlamentarischen Rates gehörte er zu den Vätern des Grundgesetzes und leitete als Alterspräsident die Konstituierung des ersten deutschen Bundestages, bei der er noch einmal ausführte, was seine SPD schon 1925 in ihrem Heidelberger Programm verankert hatte und was seit Jahrzehnten sein Credo war: „Deutschland will … ein aufrichtiges, friedliebendes, gleichberechtigtes Glied der Vereinigten Staaten von Europa werden. Wir haben im Staatsgrundgesetz von Bonn den Verzicht auf nationale Souveränitätsrechte schon im voraus angesprochen, um dieses geschichtlich notwendige höhere Staatengebilde zu schaffen, und werden uns auch durch Anfangsschwierigkeiten von diesem Ziel nicht abschrecken lassen." In diesem Sinn übernahm der Gründerpräsident der Paneuropa-Union Deutschland von 1924 nunmehr den Vorsitz des Deutschen Rates der Europäischen Bewegung, der alle pro-europäischen Kräfte der jungen Bundesrepublik zusammenfassen sollte.

Föderalistische Vorkämpfer

Alfons Goppel war schon seit über einem Jahr nicht mehr Bayerns Ministerpräsident, sondern Europaabgeordneter, als ich mit ihm 1979, von
Straßburg kommend, durch die große Schalterhalle des Münchner Haupt-
bahnhofes ging. Da geschah etwas Einmaliges: Die bunt zusammengewürfelte
Menschenmenge blieb stehen und jubelte dem beliebtesten Landesvater, den
der weiß-blaue Freistaat jemals hatte, begeistert zu.

Jemand, der so sehr zum Inbegriff seiner Heimat geworden war, konnte nur
ein durch und durch glaubwürdiger Föderalist sein, wobei sein Föderalismus
stets in ein weites und tiefes Europäertum eingebettet war. Deshalb hat er sich
im Europaparlament niemals als „abgeschoben" empfunden, obwohl ihm genau dies nach Jahrzehnten in innenpolitischen Führungsfunktionen nunmehr
gerne vorgehalten wurde. Er wollte aber keine „Ehrenrunde drehen", wie von
manchen Kommentatoren immer wieder behauptet, sondern sah seine historische Mission darin, das von ihm seit frühester Jugend gründlich durchdachte
föderalistische Gedankengut – das ihn schon am Ende der Weimarer Republik
in die Bayerische Volkspartei geführt hatte – in die DNA der Europäischen
Gemeinschaft einzupflanzen.

Als erster Vorsitzender der CDU/CSU-Gruppe im direkt gewählten Europaparlament suchte er, wo immer es ging, nach Verbündeten in anderen Nationen für eine Stärkung der Regionen sowie für ein europäisches Volksgruppenrecht, um das er sich als Berichterstatter des Rechtsausschusses historische
Verdienste erwarb, auch wenn sein konkreter Entwurf durch französische und
andere Zentralisten zu Fall gebracht wurde. Der Sohn eines christlichen Ge-
werkschaftssekretärs wurzelte mit seinem pro-europäischen Antizentralismus
fest in der Katholischen Soziallehre, für deren Verbreitung er grenzüberschreitende Netzwerke knüpfte. Den Präsidenten der Paneuropa-Union Deutschland verband eine tiefe Sympathie mit Otto von Habsburg, der die internationale Paneuropa-Bewegung leitete, doch in zwei Punkten gerieten sie regelmäßig in hitzigen Streit: Wenn es darum ging, wer in Straßburg die gemeinsame
Zeche zahlen dürfe, sowie beim Thema De Gaulle. Während Otto von Habs-

burg dem großen Franzosen persönlich und politisch trotz unterschiedlicher Europavorstellungen eng verbunden war, empfand ihn Goppel aufgrund einer Begegnung in München als arroganten Zentralisten, der Bayern für eine Provinz hielt und dessen Landesvater für einen bloßen Gouverneur. Die Queen hingegen, so Goppel bei unseren abendlichen Zusammenkünften, sei an der Isar äußerst charmant und respektvoll gegenüber der bayerischen Tradition gewesen. Diese Geschichte erinnert daran, dass Ministerpräsident Goppel gegen den wütenden Widerstand des Bonner Auswärtigen Amtes seinen Empfang für Elisabeth II. 1965 in München zum Anlass genommen hatte, um die Bayernhymne ganz offiziell im freistaatlichen Protokoll zu verankern.

Goppel machte Politik aus seinem tiefen christlichen Glauben heraus. Der Mann, der später in seiner 16jährigen Amtszeit als Ministerpräsident Bayern vom Agrarland zu einem der modernsten Industriestaaten Europas machen sollte, drückte seine Einstellung 1955 vor dem Bayerischen Landtag so aus: „Die Verantwortung des persönlichen Gewissens vor einem persönlichen Gott … hat sich auch im Atomzeitalter in keiner Weise geändert." Seine erste Regierungserklärung 1962 begann dementsprechend mit den Sätzen: „Im Mittelpunkt aller staatlichen Tätigkeit steht der Mensch. Er soll sich in unserem Freistaat Bayern so entfalten können, wie es der durch Religion, Moral und Sitte gebändigten menschlichen Natur entspricht. Er soll der Würde gemäß leben können, die ihm mit den Gaben des Geistes und mit seiner unsterblichen Seele verliehen ist."

Besondere Stärken des weiß-blauen Landesvaters waren seine Einfachheit, seine Anständigkeit und die selbstverständliche Offenheit für jeden Menschen, der ihm begegnete. In seiner ersten Arbeitswoche in der Staatskanzlei wurde er allerdings dafür auch gerügt. Ein hoher Ministerialbeamter im Frack erschien bei ihm und fragte nach, ob Goppel in der Früh auf dem Weg zu seinem Büro tatsächlich die Putzfrauen gegrüßt habe: „Das ist bei uns nicht üblich." Der Ministerpräsident rief daraufhin die Spitzen der Bürokratie zu sich mit der freundlichen, aber strengen Anweisung, den Raumpflegerinnen sei künftig ein guter Morgen zu wünschen.

Der Goppel-Biograph Stefan März zitiert den damaligen Wirtschaftsminister Albert Schedl mit einer sehr zutreffenden Charakterisierung seines Regierungschefs: „Wenn er durchs Land reist, ist ihm jedes Gespräch wertvoll. Was er sagt, meint er auch wirklich. Dass dabei sein Humor immer wieder durchbricht, lässt ihn die Bürde des Amtes leichter ertragen."

Wenn auch die Tatsache, dass Goppel in einem Gutachten klären ließ, wie weit ein deutsches Bundesland wie Bayern eigenständige internationale Beziehungen knüpfen dürfe, in der Bonner Bundesregierung große Aufregung und heftigen Widerstand auslöste, so hielt dies den Ministerpräsidenten nicht davon ab, mit den Landeshauptleuten in Österreich und in Norditalien die Arbeitsgemeinschaft der Alpenländer „Arge Alp" sowie später die erweiterte Arbeitsgemeinschaft „Arge Alpen-Adria" zu gründen. Dabei führte ihn der Weg auch nach Slowenien und Kroatien, die damals noch zum kommunistischen Jugoslawien gehörten. France Bučar, später der erste Parlamentspräsident des unabhängigen und demokratischen Slowenien und Vorsitzender der dortigen Paneuropa-Union, erinnerte sich an diese Zeit: „Wenn Goppel zu uns kam, hatten wir mitten im Kommunismus das Gefühl, der Kaiser Franz Joseph sei wieder auferstanden."

Bei aller Bodenständigkeit legte Goppel als weltoffener Europaföderalist Wert auf umfassende internationale Kontakte. Die heimische Presse attackierte ihn zwar 1968 wegen der Kosten einer langen Asien-Reise in die Türkei, den Iran, nach Afghanistan, Pakistan und Nepal, doch die Süddeutsche Zeitung nahm ihn wegen der vielen wirtschaftlichen Erfolge, die er dabei erzielte, in Schutz, um auch mit Blick auf eine „bayerische Außenpolitik" anerkennend zu befinden: „Es war immer Deutschlands Schwäche …, dass seine führenden Männer zu wenig Auslandserfahrung hatten. Es können daher gar nicht genug Länderfürsten ins Ausland reisen … Goppel bringt eine besondere Begabung für diese Art Reisen mit; durchaus nicht alle deutschen Würdenträger, die sich für Auslandsreisen berufen fühlen, agieren so gelöst und so geschickt wie er."

Regelmäßig stritt sich Alfons Goppel mit den Regierenden in Bonn, auch mit denen aus der eigenen Partei, weil er nationalstaatlichen Zentralismus fürchtete und sich kämpferisch dagegen zur Wehr setzte. In der europäischen Einigung sah er die Chance für mehr bayerische Eigenständigkeit in einem dreistufigen föderativen System. Stefan März belegt dies mit einem Goppel-Zitat aus dem Europawahlkampf 1978: Der Föderalismus werde „in Europa seine große Zukunft haben … Indem wir weiterhin in Deutschland unbeirrt für die Sicherung und Stärkung der föderativen Ordnung uns einsetzen, sichern wir für das kommende Europa nicht nur mehr Freiheit und Menschlichkeit für unser Land, wir tragen dazu bei, dass unser altes Europa vielgestaltig und farbig, frei und menschlich bleibt. Dieses Europa soll nicht den Technokraten und den Kollektivisten ausgeliefert werden."

Mit Stolz sah der Altministerpräsident, wie sein Sohn Thomas – ebenfalls Paneuropäer und 1974 als jüngster Abgeordneter in den Bayerischen Landtag gewählt – sein Erbe weitertrug. Thomas Goppel war als Europaminister der Bayerischen Staatsregierung unter Max Streibl – auch dieser ein leidenschaftlicher Föderalist – bei der Aushandlung des Reformvertrages von Maastricht ein erfolgreicher Vorkämpfer sowohl des antizentralistischen Subsidiaritätsprinzips, das nun in der Rechtsordnung der EU verankert wurde, als auch der Schaffung des Europäischen Ausschusses der Regionen.

Im selben Europaparlament wie Alfons Goppel sollte nach der Direktwahl ein ganz anderer Föderalist sitzen, nämlich Altiero Spinelli von der äußersten Linken. Bei einem meiner ersten Gespräche mit ihm 1979 akzeptierte er zwar den unverbesserlichen Katholiken in mir, weil er mich zu Recht als begeisterten Europäer einstufte, betonte aber stolz, dass in seiner Familie alle so wie er ausschließlich heidnische Vornamen hätten. Als Jungkommunist 1927 wegen seines Widerstandes gegen den Faschismus Mussolinis inhaftiert, brach er 1937 auf der Gefängnisinsel Ponza mit seiner Partei, da diese den Stalinismus unterstützte. 1941, inzwischen von den Faschisten auf die Insel Ventotene verschleppt, verfasste er mit einigen Mitstreitern das nach diesem Ort benannte Manifest, in dem es heißt: „Es gilt einen Bundesstaat zu schaffen, der auf festen Füßen steht und anstelle nationaler Heere über eine europäische Streitmacht verfügt. Es gilt endgültig mit den wirtschaftlichen Autarchien, die das Rückgrat der totalitären Regime bilden, aufzuräumen. Es bedarf einer ausreichenden Anzahl an Organen und Mitteln, um in den einzelnen Bundesstaaten die Beschlüsse, die zur Aufrechterhaltung der allgemeinen Ordnung dienen, durchzuführen. Gleichzeitig soll den Staaten jene Autonomie belassen werden, die eine plastische Gliederung und die Entwicklung des politischen Lebens gemäß den besonderen Eigenschaften der verschiedenen Völker gestattet."

Auch bei anderen italienischen und französischen Widerstandskämpfern fand Spinellis linker Graswurzel-Föderalismus mit Blick auf die Nachkriegsordnung zahlreiche Anhänger, da diese Aktivisten im Nationalstaat die Ursache für Krieg und Faschismus sahen und deshalb verhindern wollten, dass dieser nach dem Sturz des Nationalsozialismus und seiner Verbündeten überhaupt noch rekonstruiert werde: Der Befreiung müsse unmittelbar und radikal die Errichtung eines europäischen Bundesstaates folgen, ohne noch einmal den Umweg über restaurierte Nationalstaaten zu gehen. Während manche von Spinellis Mitstreitern sehr ins Gesellschaftstheoretische abdrifteten oder gleich von einer Weltföderation schwärmten, blieb er selbst der Europa-Idee konsequent verbunden und wurde zu einem ihrer streitbarsten Verfechter im ersten direkt gewählten Europaparlament. Dort respektierten sich nach anfänglichen persönlichen und ideologischen Konflikten der italienische Marxist auf der einen Seite und christlich-soziale Föderalisten wie Otto von Habsburg, Alfons Goppel und Heinrich Aigner auf der anderen immer mehr. Der Habsburger stieß sich übrigens weniger an der Tatsache, dass Spinelli links war, als daran, dass dieser seine regelmäßigen Gesprächsrunden über eine Europäische Verfassung im teuersten Straßburger Restaurant, dem „Crocodile", abhielt, während der Kaisersohn einfache Lokale wie die Brasserie „Gruber" oder „La Mouche" bevorzugte – die es leider beide nicht mehr gibt. Spinelli schaffte es immerhin, dass die Straßburger Abgeordneten mehrheitlich den von ihm ausgearbeiteten Verfassungsentwurf für Europa befürworteten, doch scheiterte seine Hoffnung, das Europaparlament in eine verfassungsgebende Konstituante zu verwandeln. Heute ist es bei Vertragsänderungen zumindest maßgeblich mit eingebunden.

Die modernen europaföderalistischen Ideen hatten übrigens ihre Vorläufer schon im 19. Jahrhundert, etwa im böhmischen Konservatismus des Grafen Leo Thun sowie in der Vision eines mitteleuropäischen Bundes, die der österreichische Ministerpräsident Prinz Felix Schwarzenberg nach dem Ende der Revolution von 1848 entwickelte.

Das darin wurzelnde Gedankengut der Paneuropa-Union sowie der aus dem Widerstand gegen Hitler entstandenen Föderalistischen Bewegung fand seine Entsprechung bei etlichen Verschwörern des 20. Juli 1944. So schrieb der Kopf des Kreisauer Kreises, Helmuth J. Graf von Moltke, am 24. April 1941: „Der Friede bringt eine einheitliche europäische Souveränität … bei Aufteilung des ganzen Festlandes in kleinere, nicht-souveräne Staatsgebiete, die unter sich Verflechtungen politischer Art haben. Einheitlich sind mindestens: Zollgrenzen, Währung, Auswärtige Angelegenheiten einschließlich Wehrmacht … Der oberste Gesetzgeber des europäischen Staates ist den einzelnen Staatsbürgern verantwortlich, nicht den Selbstverwaltungskörpern." Zur gleichen Zeit formulierten Führungspersönlichkeiten der französischen Résistance ihre Entschlossenheit, „gemeinsam mit den anderen europäischen Völkern ein geeintes, auf der Grundlage des Rechts organisiertes Europa in Freiheit, Gleichheit und Brüderlichkeit aufzubauen"; und im „Programm Volkspolens" erklärte die dortige Freiheitsbewegung lapidar: „Die Polnische Republik wird Mitglied der Föderation Freier Europäischer Völker sein." Diese Europadokumente des Widerstandes in mühevoller Kleinarbeit zusammengetragen zu haben war das verdienstvolle Wirken des deutschen Historikers Walter Lipgens, an den in herausragender Weise die Forschungsarbeit von Wilfried Loth anknüpft.

Ein wichtiger Übermittler von föderalistischem Gedankengut in die Europäischen Institutionen sowie in die europainteressierte Jugend des 21. Jahrhunderts ist der böhmisch-französische Regionalismus- und Volksgruppenexperte Prof. Ferdinand Graf Kinsky. Er zählte zu den aktivsten politischen und publizistischen Mitstreitern der drei wohl berühmtesten Föderalismus-Theoretiker des 20. Jahrhunderts: Alexandre Marc, der einer russisch-jüdischen Familie aus Odessa entstammte, Denis de Rougemont aus uraltem schweizerischen Adel und Hendrik Brugmans, einem Amsterdamer Romanisten, der schon vor dem Krieg als Sozialdemokrat im niederländischen Parlament alle Kräfte gegen den Nationalsozialismus mobilisiert hatte. Diese Trias, so unterschiedlich ihr jeweiliger Hintergrund war, sah in der Zersplitterung Europas in zentralistische Nationalstaaten wie auch in der Atomisierung der Gesellschaft durch einen radikalen Individualismus die Ursache sowohl für Kriege als auch für tiefgreifende gesellschaftliche Konflikte. Kinsky hat in seinem Buch „Föderalismus – ein gesamteuropäisches Modell", das er seinem Lehrer Alexandre Marc widmete, darauf hingewiesen, dass beide Fehlentwicklungen aus der jakobinischen Ideologie der Französischen Revolution hervorgegangen sind.

Deren Nationalzentralismus dokumentiert Kinsky anhand eines Antrages, der 1792 auf Betreiben von Georges Danton mit Unterstützung von Maximilien de Robespierre vom Revolutionskonvent einstimmig angenommen wurde: „Man behauptet, dass es unter uns Männer gebe, die Frankreich zerstückeln wollen. Merzen wir diese absurden Ideen aus, indem wir die Todesstrafe gegen ihre Autoren verkünden. Frankreich soll ein unteilbares Ganzes sein, es muss Einheit in seiner Repräsentation geben. Die Bürger Marseilles wollen die Hand den Bürgern Dunkerques reichen. Ich beantrage also die Todesstrafe für alle, die die Einheit Frankreichs zerstören wollen."

Die fatalen Konsequenzen einer derartigen Zertrümmerung der natürlich gewachsenen Gemeinschaften beschrieb Denis de Rougemont in einem klassischen Satz: „Mit dem Staub der Individuen bildet man den Beton der totalitären Staaten." Die Antwort liege in einer von unten nach oben wirkenden Gegliedertheit sowohl der Gesellschaft als auch einer europäischen Föderation.

Das anti-jakobinische Gedankengut dieser, wie sie sich nannten, „personalistischen Föderalisten" stand nicht nur an der Wiege des Hertensteiner Programms von 1946, das die Grundzüge einer europäischen Bundesstaats-Verfassung enthielt, es bildete auch den Ausgangspunkt für die heute noch existierende Union Europäischer Föderalisten. Vor allem ist es aber ein umfassendes gesellschaftspolitisches Konzept, das sich sowohl vom französischen Frühsozialisten des 19. Jahrhunderts Pierre-Joseph Proudhon als auch vom christlichen geprägten Personalismus des deutschen Philosophen Max Scheler im 20. Jahrhundert ableitet.

Europa hat jahrzehntelang die sehr lebendige Föderalismus-Diskussion verdrängt, die, 1848 mit dem österreichischen Reichstag im mährischen Kremsier beginnend, bis in die sechziger Jahre des 20. Jahrhunderts hinein wesentliche Anregungen für seine Gestaltung gab. Heute, in einer Zeit, die erneut versucht, das Verhältnis zwischen den politischen Ebenen auszutarieren, sind die sehr unterschiedlichen föderalistischen Vorkämpfer und ihr geistiges Erbe wieder gefragt.

Ferdinand Kinsky, ein begnadeter Pädagoge, erklärt den Föderalismus und Europas Vielfalt gern anhand eines Witzes: Am Strand von Nizza, wo der Wissenschaftler lebte und lehrte, treffen sich drei Kinder und diskutieren darüber, woher die Babies kommen. Der Deutsche meint: „Vom Klapperstorch", der Franzose widerspricht: „Mais non, c'est l'amour!" – „Aber nein, von der Liebe!". Der Schweizer stellt im schönsten Schwyzerdütsch klar: „Bei uns ist das von Kanton zu Kanton verschieden."

Zwei Riesen

Als Franz Josef Strauß im Herbst 1988 vom Schlag getroffen zusammenbrach und wenig später in einem Regensburger Krankenhaus starb, kleidete Otto von Habsburg seine Trauer in Worte des französischen Schriftstellers André Malraux über einen plötzlich gefällten Baumriesen im Urwald, bei dessen Aufprall auf der Erde die vielen Geräusche des Dschungels mit einem Mal verstummen. So habe das Ableben des großen bayerischen Staatsmannes auch dessen viele Gegner zutiefst erschüttert schweigen lassen. Kardinal Joseph Ratzinger, der spätere Papst Benedikt XVI., griff dieses Bild kurz danach, beim Begräbnis in Rott am Inn, in seiner Predigt auf; denn der physisch eher kleine Strauß wurde von seinen Zeitgenossen, ob Freund oder Feind, schlichtweg als Riese empfunden.

Seinen christdemokratischen „Männerfreund" und zeitweiligen Widerpart Helmut Kohl hatte man zu Beginn seiner Bonner Karriere zunächst lächerlich zu machen versucht – so etwa als „Birne", einem alten Spottbegriff für den französischen Bürgerkönig Louis Philippe. Ein provinzieller Pfälzer sei er, ohne jedes Format. Doch zumindest körperlich ragte er hoch empor, und bald stellte eine erstaunte Öffentlichkeit fest, dass dieser Mann auch politisch der „schwarze Riese" war, als den man ihn künftig apostrophierte.

Als Neunzehnjähriger hatte ich das Glück, beide in den ersten Maitagen des Jahres 1976 näher kennenzulernen und mit ihnen bis zu ihrem jeweiligen Tod europapolitisch in Verbindung zu bleiben. Ich fuhr damals mit einem Bus der von mir ein Jahr zuvor gegründeten Paneuropa-Jugend zu den II. Paneuropa-Tagen der Paneuropa-Union Deutschland nach Aachen. In Bonn hielten wir einen Zwischenstopp ab. In den langen Gängen des Deutschen Bundestages, wohin uns unser Starnberger Abgeordneter Franz-Ludwig Graf Stauffenberg eingeladen hatte, kam uns Strauß entgegen: „Wer seid ihr? Ich habe euch doch schon in München gesehen." Auf unsere Entgegnung „Wir sind die neue Paneuropa-Jugend" drehte er sich zu seinem Referenten um: „Frühauf, ich brauche einen Raum und eine halbe Stunde." Der erfahrene Mitarbeiter, solchen Kummer gewöhnt, stieß kurzerhand den ganzen Terminplan um und organisierte innerhalb von Minuten sogar ein Sitzungszimmer, wo Strauß fast eine Stunde mit uns debattierte. Er erzählte uns, dass er sich aus Begeisterung über Coudenhove-Kalergi schon als vierzehnjähriger Schüler im Jahr 1929 der Paneuropa-Bewegung angeschlossen habe und dann als Soldat an der Ostfront des Zweiten Weltkrieges aufgrund grauenhafter Massenerschießungen, die er dort mit ansehen musste, zum Entschluss gekommen sei, sein ganzes Leben der europäischen Einigung zu widmen.

Eine Befürchtung machte ihm damals in Bonn schwer zu schaffen: „Wenn die Kriegsgeneration stirbt, dann werden die danach vergessen, dass Europa das Wichtigste überhaupt ist. Dann müßt ihr da sein und die Sache weiter vorantreiben." Wenige Tage später hörten wir in Aachen von Helmut Kohl, dem damals noch relativ jungen Oppositionsführer, etwas Ähnliches, wobei sich dieser als Angehöriger der Flakhelfer-Generation darauf bezog, dass das Verbrecherregime der Nationalsozialisten ihn und seine Mitschüler noch in den letzten Kriegsmonaten gegen die bereits einrückenden Amerikaner verheizen wollte.

Solche Erfahrungen beeinflussten zeitlebens das Verhältnis von Strauß und Kohl zum Militär. Ersterer soll 1945 die Ansicht vertreten haben, dass jede deutsche Hand verdorren möge, die noch einmal ein Gewehr ergreift. Angesichts der Bedrohung durch Stalin und den Warschauer Pakt gelangte er dann allerdings zur Erkenntnis, dass Verteidigung unumgänglich sei, und baute in den fünfziger Jahren als erster richtiger Bundesverteidigungsminister – nach Theodor Blank mit seiner „Dienststelle" – die Bundeswehr auf. Kohl hatte als Bundeskanzler eine tiefe Abneigung gegen jede militärische Aktion, auch wenn sie humanitären Zielen diente, setzte aber dennoch bereits zu Beginn seiner Amtszeit den NATO-Doppelbeschluss durch, weil er um dessen strategische Notwendigkeit wusste.

Beide Vollblutpolitiker waren überzeugte Pioniere des europäischen Zusammenschlusses. Strauß hatte unmittelbar nach Kriegsende von Coudenhove-Kalergi die Aufgabe übernommen, die Deutsch-Französische Jugendkommission zu leiten, welche die Europäische Parlamentarierunion EPU unterstützte. In den fünfziger Jahren war der junge CSU-Bundestagsabgeordnete Mitglied des noch nicht direkt gewählten Straßburger Europaparlamentes und gründete dort mit acht Kollegen aus anderen Nationen die Christdemokratische Fraktion, also die heutige Fraktion der Europäischen Volkspartei. Kohl wiederum war zwar schon als rheinland-pfälzischer Landespolitiker in enger Verbindung mit den westlichen Nachbarn, seine eigentliche europapolitische Rolle begann aber, als er 1976 in den Deutschen Bundestag wechselte. Unsere Begegnung in Aachen war kurz davor, und er nutzte die Paneuropa-Kundgebung mit 8000

Teilnehmern auf dem damals noch nicht bebauten Katschhof zwischen Rathaus und Dom, um Direktwahlen zum Europaparlament zu fordern. Sollten die anderen EG-Mitgliedstaaten damit nicht einverstanden sein, werde er eine auf die Bundesrepublik Deutschland beschränkte Europawahl durchführen, um die Partner hin zu einem demokratischen Europa mitzureißen. So baute er gemeinsam mit uns und anderen Europa-Organisiationen den Druck auf, der 1979 zur ersten Europawahl führte.

Strauß näherte sich dem Europa-Thema als Intellektueller, Kohl als Machtpolitiker. Entgegen dem, was viele Menschen annahmen, war der Bayer in erster Linie ein herausragender strategischer Denker, der Pfälzer ein durchsetzungsstarker Macher. Der CSU-Chef schrieb 1966 und 1968 seine beiden ersten Bücher, die ausnahmslos der Europapolitik gewidmet waren, nämlich „Entwurf für Europa" und „Herausforderung und Antwort. Ein Programm für Europa". In ihnen sprach er sich schon damals für eine Europäische Armee aus. Als einflussreichster Kopf der so genannten deutschen Europagaullisten betonte er: „Wir müssen die Notwendigkeit begreifen, dass es gilt, die Einheit des freien Europa – unsers größeren Vaterlandes – zu schaffen, damit ein stabiler Pfeiler für die Brücke zwischen der Alten und der Neuen Welt entsteht." In seinen Augen war das westliche Bündnis dringend reformbedürftig und sollte im Sinn seiner Zwei-Säulen-Theorie aus einer gleichberechtigten Partnerschaft zwischen den Vereinigten Staaten von Amerika und noch zu schaffenden Vereinigten Staaten von Europa bestehen.

In „Entwurf für Europa" setzte er sich aber auch kritisch mit dem französischen Staatspräsidenten auseinander: „Wenn de Gaulle vom Aufbau eines unabhängigen Europa spricht, so bin ich bereit, ihm zu folgen, sofern dieses Europa als ebenbürtige Macht neben Amerika stehen soll. Wenn er von einem Europa der Vaterländer spricht, so kann ich das als Zwischenstadium auf dem Weg zu einer völligen politischen Einigung unseres Kontinents gelten lassen. Ein vereintes Europa kann allerdings in seiner Endform nicht aus lose zusammengefassten Nationalstaaten bestehen, weil das seiner geschichtlichen Bedeutung, seinem politischen Potential und seinen wirtschaftlichen Möglichkeiten nicht entspricht. Auch könnte solch ein Europa gegenüber Amerika niemals einen gleichberechtigten Status haben."

Kohls Skepsis bezüglich der USA war zweifellos weniger ausgeprägt, doch während seiner sechzehn Jahre als Bundeskanzler tat er gemeinsam mit seinen französischen, aber auch anderen Kollegen alles Mögliche, um die wirtschaftliche Einigung Europas durch eine außen- und sicherheitspolitische zu ergänzen.

Unterschiedlich radikal fiel auch die bei beiden vorhandene Entschlossenheit zur Überwindung des Nationalstaates aus. Der Bayer nannte diesen in „Herausforderung und Antwort" ein „an sich überlebtes Element". Es gelte eine neue Dimension zu erobern, „die den wirklichen Lebensraum aller europäischen Nationen darstellt. Es gilt ein Denken und eine Bewusstseinshaltung zu schaffen, aus denen heraus man begreift, dass wir nur dann Franzosen, Deutsche, Italiener, Engländer und was auch immer bleiben können, wenn wir wirklich und rechtzeitig Europäer werden." Kohl drückte sich da wesentlich unverbindlicher aus, war aber schon vor 1989 der Motor eines Europa der offenen Binnengrenzen und der dreistufigen europäischen Staatlichkeit, was er nach der Wiedervereinigung blieb, und zwar nicht als Zugeständnis an andere, sondern aus tiefer Überzeugung. In seiner Bundestagsrede zur Einführung des Euro, den er immer gewollt hatte, legte er Wert darauf, dass die Währungsunion möglichst rasch durch eine ebenso standfeste politische Union ergänzt werden müsse – was bis heute nicht der Fall ist.

Im Herbst 1986 empfing Kohl sowohl den internationalen Paneuropa-Präsidenten Otto von Habsburg als auch unser deutsches Paneuropa-Präsidium unter der Leitung von Alfons Goppel und Rudolf Wollner zu einem strategischen Gespräch, dessen Ergebnisse ich in einer gemeinsamen Erklärung zusammenzufassen hatte. Der erste Punkt lautete: „Europa endet nicht am Eisernen Vorhang, sondern umfasst selbstverständlich auch alle Völker Ost- und Mitteleuropas. Daher gilt es, für deren Selbstbestimmungsrecht einzutreten, nicht zuletzt, weil die im Grundgesetz verankerte Überwindung der Teilung Deutschlands die Überwindung der Teilung Europas voraussetzt." Weitere Forderungen waren die Verwirklichung der Menschenrechte, des Volksgruppenrechtes und des Rechtes auf die angestammte Heimat in ganz Europa, die engstmögliche deutsch-französische Zusammenarbeit, die Stärkung der europäischen Institutionen, allen voran die Übertragung echter legislativer Zuständigkeiten an das direkt gewählte Europäische Parlament, die Umwandlung der EG in eine politische Union mit gemeinsamer Außen- und Sicherheitspolitik, die Einführung des Europapasses, der Abbau der Binnengrenzen, die Vollendung des Binnenmarktes, eine europäische Terrorismusbekämpfung, ein europäisches Asylrecht sowie die Abschaffung des Einstimmigkeitsprinzips im Ministerrat: „Zur Verwirklichung dieser Zielsetzungen wollen die Bundesregierung und die Paneuropa-Union eng und gut zusammenarbeiten."

Dies geschah dann auch, was sich vor allem bei den vielen Aufenthalten Kohls im Straßburger Europaparlament, seinem Regierungshandeln im Umfeld des Paneuropa-Picknicks 1989, bei dem zum ersten Mal der Eiserne Vorhang geöffnet wurde, der – schon ein Jahr vor der Wende geplanten – Schaffung der Europäischen Währungsunion und im Prozess der EU-Osterweiterung niederschlug. Die letzteren beiden hätte es ohne Kohl ebenso nie gegeben wie den Binnenmarkt und die Beseitigung der Grenzkontrollen im Inneren der heutigen EU. Ein Höhepunkt unter den regelmäßigen Auftritten bei unseren Veranstaltungen, die übrigens seine Kanzlerschaft überdauerten, war 1987 seine Festrede bei den Paneuropa-Tagen in Goslar, die zweieinhalb Jahre vor dem Mauerfall unter dem Motto „Ein Deutschland – ein Europa" standen.

Für Franz Josef Strauß war die Paneuropa-Bewegung ein Teil seiner politischen Heimat, und das Gedankengut Coudenhove-Kalergis prägte auch im Alltag sein Europabild. Nicht nur er, sondern auch seine ältere Schwester Maria arbeitete in der Paneuropa-Union Deutschland mit, der seine Kinder Monika und Max sowie eine seiner Enkelinnen bis heute angehören. Er holte Otto von Habsburg als außenpolitischen Berater zu der von ihm in den siebziger Jahren gegründeten Hanns-Seidel-Stiftung, wo der Kaisersohn und sein dortiger Mitarbeiter Hans-Friedrich von Solemacher, ganz im Sinn von Strauß, ein weltweites Geflecht von Beziehungen aufbauten. Strauß selbst war berühmt dafür, dass er sich im hintersten Winkel Afrikas stundenlang mit Stammesfürsten zusammensetzte und aufmerksam und wißbegierig mit ihnen diskutierte.

Ein alter Israeli sagte einmal über ihn: „Er war der einzige Politiker, der wissen wollte, wie es uns wirklich geht." Zwanzig Jahre nach dem Tod von Strauß begegnete ich in Tirana einem Bischof, der mit Rührung in der Stimme erzählte, dass er einer Intervention des großen Bayern beim extrem brutalen kommunistischen Regime Albaniens verdanke, dass er überhaupt zum Priester geweiht werden konnte. Wiederholt gingen wir mit Listen von Verfolgten aus den Ländern hinter dem Eisernen Vorhang, insbesondere aus der Tschechoslowakei, Bulgarien und Rumänien, zu ihm in die CSU-Landesleitung – diese durften dann meist in die Freiheit emigrieren. Als der sächsische Bürgerrechtler Rainer Bäurich sein „Manifest eines Christen im Sozialismus" durch uns in den Westen schmuggeln und publizieren ließ, bemühte sich Strauß erfolgreich um seine Entlassung aus einem DDR-Zuchthaus in die Bundesrepublik. Nach der Selbstverbrennung des vom DDR-Regime malträtierten Pastors Oskar Brüsewitz 1976 gründeten einige Aktivisten aus der Paneuropa-Jugend, allen voran Walburga von Habsburg, Olaf Kappelt und Wolfgang Stock, denen später Knut Abraham und Kai Fischer folgten, ein nach diesem Widerstandskämpfer gegen den Kommunismus benanntes Menschenrechtszentrum. Dieses wurde rasch zum Gegenstand einer vom „Staatssicherheitsdienst" in Ostberlin orchestrierten Verleumdungskampagne. Die Mehrheit der Politiker und kirchenamtlichen Vertreter in der Bundesrepublik distanzierten sich furchtsam von uns, aber Strauß half uns mit aller Kraft.

Für Strauß wie für Kohl waren europäische Einigung und deutsche Wiedervereinigung in der Tradition Konrad Adenauers zwei Seiten von ein und derselben Medaille. Beide hatten ein tiefes Verhältnis zur Geschichte, insbesondere zur abendländischen Idee mit ihren christlichen, griechischen und römischen Wurzeln, sowie zur übernationalen Föderation des Heiligen Römischen Reiches. Beim Pfälzer wurde dies sichtbar, wenn er seine Staatsgäste mit Stolz und Ehrfurcht vor dem christlichen Erbe durch den Kaiserdom in Speyer führte, bei Strauß in der Art und Weise, wie er Politik erklärte. Unvergessen bleibt die Szene, als wir ihm in Wildbad Kreuth mitteilten, Otto von Habsburg habe in Vorbereitung seiner von Strauß unterstützten Europakandidatur neben der österreichischen nunmehr auch die deutsche Staatsbürgerschaft. Die spontane Reaktion: „Gott sei Dank – jetzt ist das Heilige Römische Reich wieder hergestellt."

Kohl besaß jedoch auch eine gewisse emotionale Bindung an ein – freilich europäisiertes – Kleindeutschland, solange es föderalistisch und demokratisch war, während Strauß als Sproß einer königlich bayerisch gesinnten Familie mit der romantischen Dimension des Begriffes „national" wenig anfangen konnte. In seiner in vielen Sitzungen mit Persönlichkeiten wie Golo Mann, Heinrich Aigner und anderen ausgearbeiteten Rede zum 40. Jahrestag des Kriegsendes, die er am 18. April 1985 im Münchner Herkulessaal hielt, sagte Strauß zu diesem Thema: „Von ihrem Beginn in der Französischen Revolution an hat die moderne europäische Nationalstaatsidee als Ordnungsprinzip Europas weit stärker Ein- und Ausgrenzungstendenzen entwickelt als jedes andere staatliche Organisationsprinzip vorher ... So begannen schon im 19. Jahrhundert unmerklich die Grenzen zwischen den Völkern Europas höher zu werden ... Die Romantik, die so kosmopolitisch begonnen hatte, entwickelte sich über zwei Generationen zur ‚nationalen Romantik', von dort war es kein allzu großer Schritt mehr, das Vaterland zum Mythos zu erheben und pseudoreligiös zu verehren."

Weder von nationaler Engstirnigkeit noch von falschem Pathos angekränkelt, kämpften beide mit Leidenschaft und gegen den Zeitgeist für die deutsche Wiedervereinigung, die Strauß nicht mehr persönlich erleben durfte, während sie Kohl als Kanzler der Einheit gestaltete. Bei Kohl kam dabei durchaus seine vaterländische Gefühlswelt zum Ausdruck; für Strauß war die deutsche Frage vor allem eine Freiheitsfrage. Deshalb liebäugelte er etwa in den sechziger Jahren mit einer Zweistaatenlösung für Deutschland, weil es ihm in erster Linie um Demokratie und um Schritte zur Beseitigung des Eisernen Vorhanges ging. Später, in den siebziger und achtziger Jahren sah Kohl die Deutschlandpolitik eher pragmatisch, Strauß hingegen durchaus grundsätzlich, weshalb er die Bayerische Staatsregierung dazu brachte, den so genannten Grundlagenvertrag mit der DDR mit einem später für die Wiedervereinigung wichtigen interpretativen Urteil des Bundesverfassungsgerichts zu versehen.

Helmut Kohl trieb Ende der achtziger, Anfang der neunziger Jahre im Verein mit dem französischen Sozialisten François Mitterrand und dessen christlich geprägtem Parteigenossen Jacques Delors, dem wohl bedeutendsten Kommissionspräsidenten in der Geschichte der EU, die Staatswerdung Europas voran. Dies gelang zwar nur in ersten Ansätzen, doch die waren beachtlich: Europäischer Binnenmarkt, Schengener Abkommen mit Beseitigung der Kontrollen an den Binnengrenzen, Gründung der Wirtschafts- und Währungsunion, Verankerung europäischer Symbole wie Fahne und Hymne im öffentlichen Bewusstsein und massive Stärkung des Europäischen Parlamentes, dem sein Vorgänger Helmut Schmidt noch sehr skeptisch gegenübergestanden war. Der Pfälzer tat dies zuweilen diplomatisch, aber oft auch brachial, zum Beispiel als er gegen den Widerstand fast der gesamten Bundespolitik die Abschaffung der Grenzkontrollen mit Österreich verwirklichte. Seinen engen Schulterschluss mit Frankreich dokumentiert das historische Bild, wie er mit Mitterrand Hand in Hand auf dem Schlachtfeld von Verdun steht, auf dem in zwei Weltkriegen viele Hunderttausende von jungen Männern beider Nationen verblutet waren. Diese Geste grub sich ins Gedächtnis der Nachwelt ein wie zuvor der berühmte Kniefall Willy Brandts im Warschauer Ghetto.

So sehr Kohl aus geschichtlicher und persönlicher Erfahrung der Adenauerschen Devise huldigte, der europäischen Einigung zuliebe „dreimal am Tag die Trikolore zu grüßen", lehrte er uns Jüngere auch, immer die Würde der kleineren Staaten zu respektieren und mit ihnen eine Partnerschaft auf Augenhöhe zu pflegen.

Dem außenpolitischen Genie Strauß blieb trotz seiner weltweiten Bekanntheit und seines hohen Ansehens als internationaler Stratege vom Amt her die ganz große Bühne verwehrt. Sein Sohn Franz Georg erzählte mir einmal, dass der Vater kurz vor seinem Tod noch mit dem Gedanken gespielt habe, Präsident der Europäischen Kommission zu werden und eine weltpolitisch handlungsfähige Europäische Föderation aufzubauen. Franz Josefs Tochter Monika Hohlmeier schaffte später den Sprung in die Europapolitik und wurde zu einem profilierten Mitglied des Straßburger Parlamentes.

Eines der europapolitischen Meisterwerke von Strauß im Praktischen war die Rettung der europäischen Luft- und Raumfahrtindustrie: Indem er gemeinsam mit führenden französischen Paneuropäern, unter ihnen Staatspräsident Georges Pompidou und der Elsässer André Bord, sowie in Zusammenarbeit mit dem Industriepionier Ludwig Bölkow den zuerst deutsch-französischen und später europäischen Airbus-Konzern schuf, verhinderte er die Errichtung eines Technologie-Monopols durch den US-Giganten Boeing. Zwischen dem Tod des Bayern und dem des Pfälzers lagen fast dreißig Jahre. Kohl durfte hochbetagt noch erleben und mitgestalten, wie sich die Europäische Union nach und nach auf fast den ganzen Kontinent ausdehnte. Einer seiner Enkel, Johannes Volkmann, begann zu seiner Freude, sein Lebenswerk fortzusetzen, indem er sich als stellvertretender Bundesvorsitzender der Paneuropa-Jugend Deutschland engagierte. Strauß war 1988 mitten aus der Arbeit und dem prallen Leben gerissen worden, bevor sich die Verwirklichung seiner Visionen konkret abzeichnete.

Der Trauerzug für den bayerischen Ministerpräsidenten nahm Ausmaße der Beisetzung eines herausragenden Herrschers an. Massen standen schweigend links und rechts der Münchner Ludwig- und Leopoldstraße. Man dachte unweigerlich an den prophetischen Satz, den Strauß formuliert hatte, als er ein Dreivierteljahr vor seinem Tod am Steuer seines Flugzeuges erstmals in Moskau landete: „Jetzt ist die Nachkriegszeit zu Ende." Genau dort, wo sein Sarg das Münchner Siegestor mit seiner martialischen Aufschrift „Dem bayerischen Heere" passierte, standen wir mit Paneuropa-Fahnen und gedachten eines Staatsmannes, dessen Lebensziele Frieden, Freiheit und ein, wie er zu sagen pflegte, „größeres Vaterland Europa" waren.

Für Helmut Kohl fand im Straßburger Europaparlament der erste europäische Trauerakt der Geschichte statt. An seinem im Plenarsaal aufgestellten Sarg hatten sich Spitzen aller Europäischen Institutionen sowie Gäste von allen Kontinenten versammelt, um vom Ehrenbürger Europas Abschied zu nehmen. Der Pfälzer hatte die elsässische Metropole als Symbol der deutsch-französischen Aussöhnung wie der geistig untermauerten Einigung Europas stets ganz besonders geliebt. Gleiches galt bekanntlich für den Kaiserdom von Speyer, den man bei klarem Wetter vom Turm des Straßburger Münsters sieht. Kohls sterbliche Überreste wurden mit dem Schiff in feierlicher Zeremonie – die Kommissionspräsident Jean-Claude Juncker mit seinem Freund Helmut noch an dessen Sterbebett vereinbart hatte – über den Rhein, der zwischen den Europäern jahrhundertelang umkämpft war, in die pfälzische Bischofsstadt gebracht, wo sich für den großen Toten stets seine Heimat und die Idee Europa berührt hatten.

Gründer im Osten

Wäre Europa nicht nach dem Zweiten Weltkrieg vom Massenmörder Josef Stalin in zwei Hälften zerrissen worden, deren östliche Moskau brutal unterdrückte, hätte es auch Gründerväter der heutigen EU im Osten gegeben. In der Paneuropa-Bewegung der Zwischenkriegszeit war bezeichnenderweise die stärkste Mitgliedsorganisation, gemessen an der Einwohnerzahl, jene von Estland, denn diese kleine baltische Republik lag unmittelbar an der damaligen Grenze zur Sowjetunion und wusste daher, was ihr im Fall einer Ausdehnung der kommunistischen Herrschaft blühte. Deshalb suchte sie Schutz in der Idee eines einigen Europa. Weil dieses in den zwanziger und dreißiger Jahren nicht zustande kam, verschwanden die drei baltischen Staaten im marxistisch-leninistischen Völkerkerker, wobei etwa ein Drittel der Esten und der Letten, aber auch zahlreiche Litauer nach Sibirien deportiert wurden und dort vielfach elendiglich umkamen.

Die estnische, lettische und litauische Paneuropa-Union lebte – von der sowjetischen Besatzungsmacht verboten und ununterbrochen drangsaliert – im Untergrund weiter. Ganze Familien blieben auch unter Stalins Terror der christlich-freiheitlichen und pro-europäischen Tradition treu. Einer solchen entstammte der estnische Diplomatensohn Lennart Meri, der schon als Kind Zwangsarbeit in Sibirien leisten musste und trotz schwerster Verfolgung zu einem führenden Dramatiker und Schriftsteller seines Landes aufstieg. Er und der spätere Europaabgeordnete Tunne Kelam schlossen sich frühzeitig der Freiheitsbewegung gegen die kommunistische Diktatur an und gehörten als Paneuropäer zu den Wegbereitern der Unabhängigkeit und schließlich der EU-Mitgliedschaft aller drei baltischen Republiken. Ich werde nie vergessen, wie Meri 1990 als Außenminister der ersten wieder frei gewählten, aber international noch nicht anerkannten estnischen Regierung zum Europaparlament nach Straßburg kam, um für sich und seine lettischen und litauischen Kollegen auf dem Weg nach Paris um Rückendeckung bei der dort tagenden OSZE-Konferenz zu bitten. Die bekam er zwar von den Menschenrechtlern und Paneuropäern der verschiedensten Fraktionen in der europäischen Volksvertretung; doch unter dem Druck Moskaus wurden die drei aufrechten Demokraten zur Pariser Konferenz gar nicht erst zugelassen. Die dort versammelten Nationalstaaten wollten mit wenigen Ausnahmen die Freiheit des Baltikums auf dem Altar des Prinzips der „territorialen Integrität" der trotz Perestrojka nach wie vor diktatorischen Sowjetunion opfern. Dabei war die Okkupation der drei baltischen Staaten unter dem Hitler-Stalin-Pakt von 1939 niemals international anerkannt worden, sondern galt gemeinhin als völkerrechtswidrig.

Im August 1991, während des KGB-Putsches gegen Gorbatschow, war ich in Russland und im immer noch besetzten Baltikum, bis dann die Freiheitsbewegung der vom Kreml versklavten Völker sich ihre Bahn brach. Am Hafen der estnischen Hauptstadt Reval (Tallinn) wartete ich auf das erste Schiff, das nach der Blockade durch die Sowjets wieder aus der Freiheit, nämlich aus Finnland kam, und konnte überrascht Lennart Meri in die Arme schließen, der ebenso wie Knut Abraham von der Paneuropa-Jugend Deutschland an Bord war. Man hatte Meri nach Helsinki geschickt, um für den Ernstfall eines blutigen Eingreifens der Roten Armee eine Exilregierung zu bilden. Ein gutes Jahr später war der ehemalige Insasse eines sowjetischen Gulag estnischer Staatspräsident und stellte nicht nur die Weichen für den Beitritt seines Landes zur EU, sondern entwickelte auch unermüdlich Ideen und Impulse für ein politisch geeintes Europa. Der überzeugte Menschenrechtler setzte sich außerdem für die deutschen Heimatvertriebenen ein und rief die 1939 zwangsumgesiedelten Deutschbalten zur Rückkehr auf: „Ihnen allen, die Sie Ihre Wurzeln in Estland haben, sage ich aufrichtig: Von ganzem Herzen willkommen!"

Zum Architekten der europäischen Einigung wurde auch der litauische Befreierpräsident Vytatutas Landsbergis. Wie die Aktivisten des so genannten „Baltischen Appells" um den Präsidenten der estnischen Untergrund-Paneuropa-Union, Enn Tarto, tauchten er und der Präsident der estnischen Freiheitsbewegung, Tunne Kelam, auf der Straßburger Tagesordnung in den achtziger Jahren zuerst als Gegenstand von Dringlichkeits-Resolutionen auf, in denen der Kreml aufgefordert wurde, sie nicht weiter zu verfolgen und zu inhaftieren. Nach der EU-Osterweiterung 2004 wurden dann Landsbergis und Kelam selbst ins Europaparlament gewählt, ließen im Straßburger Gebäude eine Gedenktafel zur Erinnerung an die teilweise Ausrottung der Balten unter dem Kommunismus anbringen und bauten die Funktion der europäischen Volksvertretung als Leuchtturm der Menschenrechte maßgeblich mit aus. Sie waren es auch, die von Anfang an auf die Gefahren hinwiesen, die vom russischen Putin-Regime für ganz Europa ausgingen, aber von den meisten Westeuropäern zeitweilig völlig ignoriert wurden.

Aus ähnlichem Holz geschnitzt war ein anderer der östlichen Gründerväter des heute entstehenden Gesamteuropa, nämlich der tschechische Bürgerrechtler und Dichter Václav Havel. Er hatte mit Meri, Landsbergis und Kelam bereits im Widerstand gegen den Kommunismus zusammengearbeitet und nach der Samtenen Revolution, als tschechoslowakischer Präsident, bei der OSZE-Konferenz in Paris als einziger der Staatschefs für die Zulassung der Balten plädiert. Später trug er dazu bei, dass auch Estland, Lettland und Litauen gemeinsam mit der Tschechischen Republik 2004 zur ersten Welle der Beitritte aus dem ehemaligen Ostblock gehörten. Er war es, der die Überwindung des kommunistischen Regimes in Prag, Preßburg und anderen Zentren der Tschechoslowakei unter die Überschrift einer „Rückkehr nach Europa" stellte. Wir Paneuropäer hatten von München aus schon frühzeitig eine Verbindung zu ihm geknüpft, und zwar über die sehr aktiven Exiltschechen Milan Kubes und Jaroslav Boček sowie über die damals verbotene tschechische Paneuropa-Union um Rudolf Kučera. Letzere war Endpunkt einer Schmuggelroute für verbotene Schriften und noch verbotenere Druckmaschinen, die einige unserer Mitstreiter, allen voran Martin Leitner, illegal nach Prag transportierten. Leitner saß dafür kurzzeitig sogar im berüchtigten Gefängnis von Pilsen-Bory, in dem Václav Havel jahrelang inhaftiert war.

Havels Name steht in besonderer Weise für die Europäisierung der Freiheitsbewegungen hinter dem Eisernen Vorhang. Bei Zusammenkünften mit der polnischen Solidarność-Bewegung in seiner kleinen Ferienhütte im Riesengebirge wurden Strategien für die Beseitigung des Sowjetimperiums entwickelt, an denen auch Ungarn wie István Szent-Iványi mitwirkten, der dann ab 2003 zu den ersten gehören sollte, die ihre einstmals unterdrückte Heimat im Straßburger Haus vertreten konnten. Als Havel das letzte Mal vor der Beseitigung der kommunistischen Regime eingesperrt wurde, war es in Budapest schon möglich, Kundgebungen für seine Freilassung durchzuführen. Bei einer solchen, die der berühmte ungarische Schriftsteller György Konrád organisierte, durfte auch ich sprechen – unter den misstrauischen Blicken der nach wie vor kommunistisch orientierten Polizei. Als Teilnehmer der Samtenen Revolution in Prag konnte ich dann Havels Weg an die Staatsspitze aus nächster Nähe beobachten. Er brach bewusst mit antiquierten Feindbildern und Koalitionen. Eine seiner ersten Amtshandlungen war die Verurteilung der Vertreibung der Sudetendeutschen und eine Absage an den alten Geist der Kleinen Entente der Zwischenkriegszeit.

Im März 1990 brachte ich ihn auf der Prager Burg mit Otto von Habsburg zusammen, wobei eine zeitlang auch der mit einer Nichte von Edvard Beneš verheiratete US-Präsidentenberater polnischer Herkunft Zbigniew Brzeziński zugegen war. Havel wollte offenbar, dass wir ihm bei diesem Treffen in der total verräucherten Burggaststätte Vikárka beistanden in der Ablehnung eines Vorschlages des Ex-Mitarbeiters aus dem Weißen Haus, eine tschechisch-slowakisch-polnische Dreierföderation als Gegengewicht zum wiedervereinigten Deutschland zu installieren. Der Dichterpräsident betonte, dass er demonstrativ zuerst München und Berlin und nicht, wie von Frankreich vorgeschlagen, Paris besucht habe, weil es ihm darum gehe, ein Europa guter Nachbarschaft aufzubauen und nicht alte Achsen mit dem jeweils Übernächsten wiederherzustellen.

In Straßburg sprach er in den Folgejahren mehrfach vor dem Europaparlament, das er aufrief, eine europäische Verfassung zu schaffen, „die jedes Schulkind verstehen kann", und eröffnete als ehemaliger Gefängnisinsasse das futuristische Gebäude des Menschenrechtsgerichtshofes des Europarates. Heute heißt ein neuer und schöner Trakt des Straßburger Europaparlamentes nach Václav Havel, der damit auch offiziell unter die Gründerväter Europas eingereiht wurde.

Besondere Zuneigung brachte Havel einem anderen Pionier Gesamteuropas, nämlich Papst Johannes Paul II. entgegen. Bei dessen erstem Besuch in der Tschechoslowakei begrüßte der religiös musikalische Humanist den polnischen Pontifex mit den Worten: „Ich weiß nicht genau, ob ich weiß, was ein Wunder ist. Trotzdem wage ich zu sagen, dass ich in diesem Augenblick ein Wunder erlebe."

Johannes Paul II. und sein polnischer Landsmann, der Gewerkschaftsführer Lech Wałesa, haben entscheidenden Anteil an der Überwindung der europäischen Teilung, weil sie bereits in den achtziger Jahren den Eisernen Vorhang in die Zange nahmen: Der Papst von Rom aus und Wałesa auf dem Gelände der sogenannten Lenin-Werft in Danzig. Die selbstverständliche Kraft, mit der sie das diktatorische Regime in seinen Grundfesten erschütterten und deutlich machten, dass es fast vom ganzen polnischen Volk abgelehnt wurde, gab auch den anderen Freiheitsbewegungen im Ostblock gewaltigen Auftrieb. Selbst als General Jaruzelski Polen als Reaktion auf die Gründung von Solidarność unter seiner Diktatur gleichschalten wollte, versammelten sich am Platz vor der Danziger Fabrik wie bei den „Messen für das Vaterland", die der später ermordete Priester Jerzy Popiełuszko in Warschau abhielt, aber auch überall sonst im Land Menschenmassen, um für ein europäisches und freies Polen zu demonstrieren.

Sowohl kommunistische als auch nationalistische Kräfte versuchten den Weg Polens in die EU zu vereiteln, wogegen sich vor allem Johannes Paul II.

mit seiner ganzen Autorität wandte. Er ging sogar so weit, die ganze polnische Bischofskonferenz eine Woche lang ins Europaparlament zu schicken, und bat uns, den Oberhirten die europäische Idee näher zu bringen. Wałesa, der in seinen Kampfjahren einen intensiven Kontakt zu jungen Paneuropäern um Wolfgang Stock, Knut Abraham und Kai Fischer unterhalten hatte, hat schließlich als Staatspräsident und als Elder Statesman Polen als einen wichtigen Faktor in Europa verankert. Bei der EU-Osterweiterung 2004 hielt er auf dem Vorplatz des Straßburger Parlamentsgebäudes die Festrede und überbrachte in der Solidarność-Tradition geschaffene Metallstangen aus der ehemaligen Lenin-Werft, auf denen nun die Fahnen aller EU-Mitgliedstaaten flattern. Sein Sohn Jarosław wurde schließlich selbst Europaabgeordneter der pro-europäischen „Platforma". Zu den wichtigsten Kapiteln der gemeinsamen Europapolitik des Papstes und Wałesas gehört die Art und Weise, wie sie die soziale Dimension unseres europäischen Lebensmodells auf der Grundlage der Katholischen Soziallehre zu erneuern suchten. Träger dieses christlichen Pro-Europäertums sollten im Europaparlament polnische Persönlichkeiten wie Fürstin Róża Thun und Jan Olbrycht werden.

Viel zu wenig bekannt ist die völkerverbindende Kraft der Slowaken, deren Profil oftmals hinter dem ihrer Nachbarn verschwindet. Sie wählten mit Rudolf Schuster schon bald nach der Wende einen Angehörigen der karpatendeutschen Volksgruppe zum Staatspräsidenten und bildeten Koalitionen mit den Parteien der ungarischen Nationalität im Land. Zu ihren besten Köpfen zählte der langjährige Vorsitzende der Paneuropa-Union Slowakei Anton Neuwirth, zugleich der wichtigste Programmatiker der dortigen Christdemokraten. Er lebte in allen drei Muttersprachen – Slowakisch, Deutsch, Ungarisch – wie seine Heimatstadt Preßburg. Seine Tochter Anna Záborská wurde zu einer der energischsten Vorkämpferinnen christlicher Grundwerte im Europaparlament. Als die Slowaken beim Prozess der EU-Osterweiterung abgehängt zu werden drohten, waren es zwei bayerische Paneuropäer im Europaparlament, die dies verhinderten: Zuerst Emilia Müller und dann Martin Kastler.

Eine zentrale Rolle bei der Befreiung Mittel- und Osteuropas spielten die Ungarn. Wie die Esten waren sie schon unmittelbar nach dem Ersten Weltkrieg mit einer marxistischen Schreckensherrschaft konfrontiert. 1919 wollte Lenin den Aufbau eines demokratischen Europa verhindern, indem er, wo immer es möglich war, vor allem aber in Bayern und in Ungarn danach trachtete, kommunistische Systeme zu etablieren. Damals wandte sich ein ungarndeutscher Priester namens Josef Pehm gegen das von Lenin unterstützte Terrorregime des Budapester Revolutionsführers Béla Kun, wofür er prompt ins Gefängnis wanderte. Aus innerer Ablehnung des Nationalsozialismus nahm Pehm zu Beginn des Zweiten Weltkrieges einen ungarisch klingenden Namen an und nannte sich nach seinem Geburtsort Mindszenty. 1944, als deutsche Truppen den ungarischen Reichsverweser Admiral Miklós Horthy absetzten und ins Deutsche Reich verschleppten, wandte sich der inzwischen zum Bischof Geweihte gegen die um sich greifenden Judenverfolgungen. Unmittelbar nach dem sowjetischen Einmarsch von Papst Pius XII. zum Kardinalprimas ernannt – da Ungarn ein Königreich ohne König war, übte er damit vorübergehend die Funktion eines Staatsoberhauptes aus –, versuchte Mindszenty alles, um die Etablierung der marxistischen Diktatur sowie die Vertreibung der Donauschwaben aus Ungarn und der Ungarn aus der Slowakei zu verhindern. Nach jahrelangen Verhören mit schwerer Folter wurde er 1949 in einem kommunistischen Schauprozess wegen „Verschwörung mit Otto von Habsburg" zu einer lebenslangen Zuchthausstrafe verurteilt. Während des ungarischen Volksaufstandes 1956 befreit und im Triumphzug nach Budapest gebracht, musste er bei der Niederschlagung dieser pro-europäischen Revolution in die amerikanische Botschaft fliehen, wo er jahrelang lebte, bis ihn der Vatikan zwang, gegen seinen Willen nach Österreich zu emigrieren.

Sein Widerstand gegen die verschiedenen totalitären Systeme hat ihn über seinen Tod hinaus zu der Symbolfigur schlechthin für das christliche Europäertum der Ungarn gemacht, zumal auch die demokratische Revolution von 1956 ganz auf Europa ausgerichtet war. Die letzten Worte der Freiheitskämpfer, die sich mit einem geheimen Radiosender irgendwo auf dem Land versteckt hatten, lauteten ganz in diesem Sinn: „Wir sterben für die Freiheit Europas!"

Einer der vielen jungen Menschen, die damals für ein demokratisches Ungarn in einem geeinten Europa kämpften, war ein 34 Jahre alter Lehrer am Budapester Piaristengymnasium, József Antall. Sein Vater hatte während des Zweiten Weltkrieges zahlreichen jüdischen Flüchtlingen das Leben gerettet, der Sohn versuchte nach Kriegsende an der Seite Mindszentys die „jungen Christen" zu organisieren und geriet daher schnell in Konflikt mit dem von Moskau installierten diktatorischen Regime. Als Teilnehmer des „Runden Tisches" der demokratischen Opposton Ungarns bildete er nach den ersten wieder freien Wahlen 1990 als Premierminister eine Regierung, die konsequent und von Anfang an den Weg hin zu einer EU-Vollmitgliedschaft einschlug – woran das József-Antall-Gebäude des Europaparlamentes in Brüssel erinnert. Antall verfocht ein dezidiert föderalistisches Europakonzept und sorgte in seinem Land für eine vorbildliche Minderheitenpolitik. Zwei Abgeordnete seiner

Partei, der aus dem Exil heimgekehrte Paneuropäer Stephan Graf Bethlen und dessen ungarndeutscher Kollege Rudolf Szauter, schafften es mit Förderung Antalls sogar, eine zumindest symbolische Entschädigung für heimatvertriebene Ungarndeutsche durch- und damit einen vorbildlichen Akt europäischer Versöhnungspolitik zu setzen.

Zu den europäischen Gründungsvätern in Ungarn zählte in besonderer Weise auch der ehemalige Kommunist Imre Pozsgay, der sich noch unter der Vorherrschaft der Sowjets nahezu todesmutig ein eigenständiges politisches Profil erarbeitet hatte. Bereits 1988 nannte er die Grenzanlagen zu Österreich „technisch, moralisch und historisch" überholt und titulierte im Mai 1989 die Berliner Mauer „eine Schande". Aufgrund dieser Haltung übernahm er gemeinsam mit Otto von Habsburg im Sommer 1989 die Schirmherrschaft für das Paneuropa-Picknick, das schließlich zum Ausgangspunkt der Beseitigung des Eisernen Vorhanges wurde.

Am Anfang dieses weltgeschichtlichen Ereignisses stand der ostungarische Oppositionelle gegen den Kommunismus Lukacs Szabó. Er entwickelte im Gespräch mit Otto und Walburga von Habsburg die Idee eines die Grenze nach Rumänien überschreitenden Protest-Picknicks. Das Bukarester Regime traute den Genossen in Budapest nämlich nicht zu, den Eisernen Vorhang zu Österreich auf Dauer geschlossen zu halten, und wollte daher einen hohen Zaun zu seinen ungarischen Nachbarn errichten, was diese zutiefst empörte. Als dann aber tatsächlich vom Abbau der Stacheldrähte und Minenfelder zwischen Ungarn und Österreich die Rede war, wurde Szabós ursprüngliches Projekt nicht durchgeführt, sondern stattdessen ein entsprechendes Picknick im Westen anberaumt, dessen Vorbereitung die westliche Sektion des Demokratischen Forums in der Region um Ödenburg (Sopron) übernahm. Dies löste in Sicherheitskreisen große Nervosität aus, da rings um Budapest tausende von ausreisewilligen DDR-Bürgern in Lagern der Caritas und der Diakonie ausharrten. Ich war damals in Budapest, um für die Paneuropa-Union Verhandlungen über eine Grenzöffnung zu führen. Die ungarische Regierung, deren Unterstützung wir brauchten, war zutiefst gespalten. Pozsgay sagte Ja, der später vielfach ausgezeichnete Gyula Horn hingegen Nein, weil er die Reaktion Moskaus fürchtete.

Am 19. August war es schließlich so weit: Die westungarischen Freiheitskämpfer organisierten ein Fest mit Gulasch und Musik, Walburga von Habsburg hielt im Auftrag ihres Vaters eine Rede, Hans Kijas vom Münchener Paneuropa-Büro pflanzte auf den verwaisten Wachttürmen Paneuropa-Fahnen auf, und als sich schließlich ein Holztor nach Österreich zu öffnen begann, stürmten 661 Deutsche aus der damaligen DDR in die Freiheit. Die ungarische Grenzpolizei beschloss, nicht zu schießen, und das von manchen befürchtete Blutbad fand Gott sei Dank nicht statt. Obwohl der Eiserne Vorhang noch einmal geschlossen wurde, löste das Picknick vom Baltikum bis zum Balkan Massendemonstrationen aus; im Herbst war die Teilung Deutschlands und Europas Geschichte.

Das Ende der sowjetischen Präsenz im Karpatenbecken zog 1990 auch die Demokratisierung von Slowenien und Kroatien sowie 1991 den Zerfall Jugoslawiens mit sich. Die Abkehr dieser beiden sehr westlich geprägten Völker von Belgrad wurde damals wie heute fälschlicherweise als nationalistisch abgestempelt, dabei wollten sie sich nur vom sehr antieuropäisch ausgerichteten Panzerkommunismus des Belgrader Serbenführers Slobodan Milošević lösen, der jede freiheitliche Regung im Keim zu ersticken suchte – zuletzt sogar durch Blutvergießen, Krieg und Massenvertreibungen. Gerade die Kroaten und Slowenen, die am meisten zur Unabhängigkeit ihrer Länder beitrugen, waren und sind auch die, die sich am intensivsten für die europäische Einigung einsetzten. Schon in den achtziger Jahren hatten die kroatische Exilschriftstellerin Ivona Dončević, Prof. France Bučar als Leitfigur der slowenischen Regimegegner sowie der Leiter des von der Belgrader Diktatur verbotenen Menschenrechtsbüros in Osijek, Vladimir Šeks, das Europaparlament unter großem persönlichen Risiko über die Lage im kommunistischen Jugoslawien informiert. Šeks ist bis heute eine der einflussreichsten Persönlichkeiten der kroatischen Politik, Bučar wurde der erste frei gewählte Parlamentspräsident Sloweniens und übernahm dort die Leitung der Paneuropa-Union. Bis zu seinem Tod machte er immer wieder Vorschläge, wie man den Einfluss der kleineren Völker in Europa vergrößern und ein Europäisches Volksgruppenrecht schaffen könne.

Der Historiker Franjo Tudjman, der später als Staatspräsident Kroatien in die Unabhängigkeit führte, hatte in seiner Zeit in jugoslawischen Kerkern ein monumentales Werk verfasst, in dem er das uralte Europäertum seiner Landsleute herausarbeitete. Dieses wurde in der praktischen Politik vor allem durch Premierminister Ivo Sanader spürbar, der Kroatien gegen gewaltige Widerstände internationaler Kreise zum EU-Mitglied machte. Einer seiner Nachfolger als Ministerpräsident, Andrej Plenković, bewährte sich zunächst als vielsprachiger Europaabgeordneter, bis er als Regierungschef zu einem der Motoren der EU-Reform wurde. Alojz Peterle, langjähriger Premier- und Außenminister von Slowenien, wechselte wiederum aus der Innenpolitik nach Straßburg und gehörte als Mitglied des Konvents zu den slawischen Vätern des EU-Verfassungsvertrages.

In einem Essay über erstaunliche Gemeinsamkeiten zwischen Richard Coudenhove-Kalergi und dem 1928 im jugoslawischen Parlament von einem serbischen Kollegen erschossenen Vorsitzenden der Kroatischen Bauernpartei, Stjepan Radić, weist der Präsident der Paneuropa-Union Kroatien, Prof. Mislav Ježić, darauf hin, dass letzterer schon 1905 ein Buch mit dem Titel „Das zeitgenössische Europa" verfasst habe, das – wie 13 Jahre später das Werk „Paneuropa" – die gemeinsamen Wurzeln unserer Kultur und Identität herausgearbeitet habe.

Während Radić für die mitteleuropäische Orientierung des kroatischen Volkes steht, kann auch der Balkan mit Stolz auf bedeutende Leitfiguren der europäischen Einigung im 20. und 21. Jahrhundert verweisen, unter denen zwei, die leider viel zu früh verstorben sind, herausragen. Der eine war Boris Trajkovski, Präsidiumsmitglied der Paneuropa-Union Mazedonien, der 1999 in dem von Nationalitätenkonflikten geplagten Land sowohl mit den Stimmen der slawischen Mazedonier als auch mit denen der albanischen Volksgruppe dort sowie der vielen kleinen Minderheiten zum Staatsoberhaupt gewählt wurde. Zu seinen engsten Mitstreitern gehörten die deutschen Paneuropäer Andreas Raab und Elke Frisch. Den Ausgleichsbemühungen Trajkovskis ist es zu verdanken, dass im Jahr 2001 ein Bürgerkrieg abgewendet und das Friedensabkommen von Ohrid ausgehandelt wurde. 2004 kam er bei einem rätselhaften Flugzeugabsturz in der Nähe der herzegowinischen Stadt Mostar ums Leben, gilt aber bis heute als Sinnbild eines demokratischen und europäischen Balkan sowie einer EU-Integration Südosteuropas.

Der andere ganz große Europäer vom Balkan war Ibrahim Rugova, der in den neunziger Jahren im Kosovo eine pazifistische und freiheitliche Untergrundrepublik gegen das Apartheidsystem organisierte, das Belgrad in dem zu 90 Prozent von Albanern bewohnten Land errichtet hatte. Nach den Massenvertreibungen seiner Landsleute 1998 durch die serbische Soldateska, die schließlich durch die NATO-Intervention gestoppt und rückgängig gemacht wurden, bemühte er sich trotz der Menschenrechtsverletzungen, die die Kosovo-Albaner erlitten hatten, um Versöhnung mit allen Nachbarn und den Minderheiten in der jungen Republik.

Der Sacharow-Preisträger des Europaparlamentes kam, ebenso wie der ihm sehr ähnliche Trajkovski, mehrfach nach Straßburg, weil beide in der Europäischen Einigung die Lösung nicht zuletzt für die vielen Nationalitätenprobleme auf dem Balkan sahen. Beiden ging es außerdem darum, Brücken zwischen den Weltreligionen zu schlagen. Der Methodist Trajkovski, der in den europäischen Institutionen regelmäßig ökumenische Gebetsfrühstücke präsidierte oder ihr Schirmherr war, wurde dafür von radikalen Orthodoxen aus seiner eigenen Volksgruppe angefeindet. Die Führung der orthodoxen Kirche Mazedoniens stand aber hinter ihm, wie auch die sehr tolerante muslimische Gemeinschaft im Kosovo hinter Ibrahim Rugova. Dieser begann in den Monaten, bevor er einem Krebsleiden erlag, gemeinsam mit der winzigen Gruppe von Christen in seinem Land, im Zentrum der Hauptstadt Prishtina die riesige Mutter-Teresa-Kathedrale zu errichten, im Gedenken an diese große Albanerin, deren Persönlichkeit geeignet ist, alle Menschen guten Willens zusammenzuführen. Stephanie Waldburg-Zeil und ich hatten die Ehre, 2011 an der Altarweihe dieses mit Muslimen überfüllten Gotteshauses durch Bischof Dodë Gjergji und den päpstlichen Sondergesandten Juliusz Janusz teilzunehmen. Den Kirchenchor stellte die internationale Friedenstruppe KFOR, und besonderer Ehrengast war deren Kommandeur, General Erhard Bühler.

Jede Begegnung mit Rugova – ob man ihn in Straßburg oder im Kosovo traf – war seinen Lebensthemen Frieden und Versöhnung gewidmet, die ihm den Ehrentitel eines „Gandhi des Balkan" eintrugen. Dabei hatte er trotz seiner Gewaltlosigkeit – international von nur wenigen Menschen wie der Münchener Paneuropäerin Ilse Kortner vom Bayerischen Rundfunk unterstützt – erleben müssen, dass die meisten seiner engsten Mitarbeiter von der serbischen Soldateska brutal abgeschlachtet wurden. Auch dieser „muslimische Heilige", wie Otto von Habsburg ihn nannte, ist einer der Gründerväter Europas.

Ein Parlament als Motor

Wer am Steuer eines kleinen Privatflugzeuges zur Plenarsitzung des Europaparlamentes in Straßburg anreist, wie jahrelang der niedersächsische Abgeordnete Hans-Peter Mayer, kann schon aus der Luft jene beiden mächtigen Bauwerke bewundern, die dort miteinander im Dialog stehen: das Louise-Weiss-Gebäude der europäischen Volksvertretung, das Frankreichs Staatspräsident Emmanuel Macron als Sitz der europäischen Legitimität bezeichnet hat, und das Straßburger Münster, das vor über tausend Jahren Bischof Werner errichtete, ein Onkel jenes Rudolf von Habsburg, der nach der „kaiserlosen, der schrecklichen Zeit" das Reich des Mittelalters erneuerte.

Das Europaparlament befindet sich am Rand der Stadt, in einer von Wasservögeln belebten Flusslandschaft. Hier fließen die Ill und der Rhein-Marne-Kanal zusammen, und es ist möglich, von der Anlegestelle „Parlement Européen" aus per Schiff in die Nordsee, den Atlantik und das Mittelmeer zu gelangen. Das von den Römern gegründete Straßburg selbst war jahrhundertelang Zankapfel zwischen Deutschen und Franzosen, ein Ort, an dem sowohl Goethe als auch Molière, sowohl Metternich als auch Talleyrand und andere Spitzenrepräsentanten beider Völker studierten. Seit dem Zweiten Weltkrieg ist es vor allem das Symbol von Aussöhnung als Grundlage der Europäischen Einigung.

Hier wurde die von Hitler verbotene Paneuropa-Union nach dem Zweiten Weltkrieg mit einer Sitzung im alten Rathaus wiederbegründet, an der im Rahmen der Europäischen Parlamentarierunion auch Konrad Adenauer teilnahm, gegen dessen Anwesenheit die französischen Kommunisten auf der Straße Parolen brüllten. Hier wurde 1949 als älteste europäische Institution der Europarat geschaffen, dessen Europäische Menschenrechtskonvention erarbeitet und der erste Menschenrechtsgerichtshof für den ganzen Kontinent aufgebaut. Hier nahm 1952 unter dem Vorsitz von Paul-Henri Spaak die erste parlamentarische Versammlung der Kohle-und-Stahl-Gemeinschaft ihre Arbeit auf, deren Leitung 1954 an Alcide de Gasperi überging, und 1958 die erste gemeinsame Versammlung von EWG, Euratom und Montanunion, an deren Spitze Robert Schuman stand. 1962 benannte sich dieses Gremium, das aus nationalen Abgeordneten der Mitgliedstaaten bestand, bei einer seiner Straßburger Plenarsitzungen in „Europäisches Parlament" um, ein Begriff, der mit der Direktwahl von 1979 schließlich auch in die Verträge wanderte.

Diese Direktwahl war der Durchbruch, denn sie gab dem Hohen Haus nicht nur eine unmittelbare demokratische Legitimität und einige Kompetenzen wenigstens im Haushaltsbereich, sondern vor allem ein kämpferisches Selbstbewusstsein. Begeisterte Pioniere eines wirklichen europäischen Parlamentarismus wie Franz Josef Strauß, Heinrich Aigner und Otto von Habsburg hatten das aus entsandten nationalen Abgeordneten bestehende alte Parlament als Organ von „Nebenerwerbseuropäern" bezeichnet, die sich hin und wieder begegneten, um Gedanken auszutauschen. Die nunmehr alle fünf Jahre von den Völkern direkt gewählten Parlamentarier konnten sich in einer 80- bis 100-Stunden-Woche im Wahlkreis und an den Sitzen der europäischen Institutionen mit voller Kraft ihrem Mandat widmen, und sahen sich zudem mit großer Mehrheit als Gegenpol zu nationalen Bürokratien und Beharrungskräften. Sie wiesen geschichtsbewusst darauf hin, dass die Abgeordneten in den europäischen Monarchien des 19. Jahrhunderts ursprünglich ebenfalls sehr wenige Kompetenzen besessen hätten, sich diese aber in einem harten Ringen nach und nach erwerben konnten. Als Beispiel wurde auch immer wieder der Continental Congress der entstehenden USA herangezogen.

Die einzigartige Atmosphäre in den Pionierjahren nach 1979 ließ alle mit Feuereifer am Aufbauwerk teilnehmen. Es gab kaum einen Unterschied zwischen den von Visionen beseelten Abgeordneten, den noch sehr schlecht bezahlten und durchweg idealistischen Assistenten, den Beamten, die von ihrer Aufgabe fasziniert waren, und den – bei aller Unabhängigkeit ihrer Meinungen im einzelnen – zur verschworenen Gemeinschaft zählenden Journalisten wie Werner Vieser, Karl Georg Gruber, Gerd Werle und Hartmut Hausmann. Der „Pressesaal", in dem hart gearbeitet wurde, der aber nach damaligem Journalistenbrauch auch ein Ort war, an dem Wein und Bier in Strömen flossen, bildete sich als Hort unzähliger gut erzählter Geschichten heraus, an dem auch die ersten deutschen Assistenten wie Jan Kurlemann (bei Willy Brandt), Bruno Ohls (bei Kai-Uwe von Hassel), Michael Möhnle (bei Heinrich Aigner), Klaus Löffler (bei Karl von Wogau) und ich (bei Otto von Habsburg) teilhatten.

Mit nur neun Nationen war das Parlament dennoch schon recht international und bunt, aber eine zeitlang wollte es der Zufall, dass die drei einflussreichsten Fraktionsvorsitzenden, Egon Klepsch (Europäische Volkspartei-Christliche Demokraten), Rudi Arndt (Sozialdemokraten) und Martin Bangemann (Liberale) Deutsche waren. Klepsch war ein Sudetendeutscher, der über die Sowjetische Besatzungszone, wo er einen Teil seiner Jugend verbrachte, in den Westen gelangte und so trickreich war, dass es ihm besonders gut gelang, die zweitstärkste Delegation in seiner Fraktion, nämlich die italienische, in allen Fragen einzubinden. Otto von Habsburg meinte einmal bewundernd zu ihm: „Sie schaffen es sogar, die Italiener zu betrügen."

Rudi Arndt hatte als Nachkriegs-Oberbürgermeister von Frankfurt die Reste historischer Gebäude weggesprengt und die Main-Metropole völlig neu wieder aufgebaut, was ihm den Namen „Dynamit-Rudi" eintrug. In Straßburg war er eher ein beruhigender Faktor. Der spätere EG-Kommissar Martin Bangemann war der bunte Vogel, der ein Dutzend Sprachen beherrschte, in Debatten rhetorisch wie kein anderer brillierte – auch was seinen sprichwörtlichen Humor betraf – und früh skandalisiert wurde, weil man ihn immer wieder bei Reparaturarbeiten an seiner schicken Jacht im Mittelmeer sah. Außerdem wurde eine seiner Assistentinnen später als wichtige Stasi-Agentin enttarnt.

Bei aller Unterschiedlichkeit wirkten die drei Fraktionschefs gut und sehr fleißig zusammen, wodurch sie politische und organisatorische Grundlagen schufen, von denen das Parlament noch heute, fast ein halbes Jahrhundert später, zehrt. In endlosen Nachtsitzungen des Plenums, die bis ins Morgengrauen dauerten, spielten sie an einem der Tische, die an den Eingängen des Sitzungssaales für die Saaldiener reserviert waren, leidenschaftlich Skat und trafen dabei wegweisende Personal- und Sachentscheidungen. Meine Aufgabe war es als junger Assistent, drinnen Schmiere zu stehen, falls die Anarchisten um Marco Pannella durch eine überraschende Abstimmung einen Angriff auf die entstehende Geschäftsordnung starten sollten, und nötigenfalls die „großen Drei" zu alarmieren.

Während Spötter über manche Parlamente damals meinten, diese seien einmal voller und einmal leerer, aber immer voller Lehrer, war die berufliche und sonstige Vielfalt im Europaparlament von Anfang an sehr groß. Schriftsteller saßen neben Bauern, Hocharistokraten neben Industriearbeitern, Sportler neben Spitzendiplomaten. Dies sollte sich über die Jahrzehnte so fortsetzen. Der europäischen Volksvertretung gehörten sowohl der weltberühmte Südtiroler Bergsteiger Reinhold Messner für die Grünen als auch die nicht minder prominente Sängerin Nana Mouskouri – die, als ich Abgeordneter wurde, ganz in meiner Nähe plaziert war –, für die griechischen Christdemokraten an. Einmal gestaltete sie bei einer Nachtsitzung, mit der Gitarre in der Hand, im Foyer des Plenums ein spontanes Live-Konzert, bei dem wir kräftig mitsangen.

Mitglied der EVP-Fraktion war auch der irische Schlagerstar Dana Scallon, Gewinnerin des „Grand Prix Eurovision" von 1970, die sich in Straßburg große Verdienste bei den Themenbereichen Familie, Bioethik und Lebensschutz erwerben sollte.

Otto von Habsburg, der alle Kollegen ständig zu noch mehr Einsatz anhielt und selbst ununterbrochen tätig war, zeigte sich besonders streng gegenüber Parlamentsmitgliedern aus dem Adel. Sie hatten stets vorbildlich zu sein. Als ein Prinz begann, eher selten an den Abstimmungen teilzunehmen, ging der Habsburger gemeinsam mit Philipp von Bismarck zu diesem ihrer Meinung nach pflichtvergessenen Abgeordneten und forderten den Verdatterten auf, entweder zuverlässiger zu werden oder sein Mandat niederzulegen.

Zum engsten Freundeskreis des Kaisersohnes gehörte der Mannheimer Eisendreher Kurt Wawrzik, der direkt aus einem Stahlwerk, wo er mit seinen großen Händen am Hochofen arbeitete, über den Bundestag ins Europaparlament gekommen war. Dieser gestandene Arbeiter war eines der fähigsten Mitglieder des Hauses wie auch der Südtiroler Bergbauer Joachim Dalsass, der vor Besuchergruppen seine Lebensgeschichte so zusammenfasste: „Als ich erwachsen wurde, bin ich ins Tal hinuntergestiegen und Politiker geworden." Aktive Bauern waren und sind in Straßburg keine Seltenheit – vom italienischen Großgrundbesitzer Marchese Alfredo Diana, dessen berühmte Wasserbüffel den besten Mozarella lieferten, bis hin zu bayerischen Landwirten mit kleineren, aber sehr innovativen Familienbetrieben wie Franz Xaver Mayer und Albert Deß.

Von besonderer Bedeutung sind im Europaparlament jene Mitglieder, die keines der so genannten Staatsvölker, sondern kleine Volksgruppen, Minderheiten oder Grenzregionen repräsentieren. Sie unterscheiden in ihrer Vielfalt, die den Reichtum Europas wiederspiegelt, die Volksvertretung von der Staatenkammer namens Rat. Zu den profiliertesten Minderheitenvertretern zählten der Sorbe Stanislaw Tillich aus Sachsen, später Ministerpräsident dieses Freistaates, der Katalane Joan Vallvé aus Barcelona oder die Schottin Winifred Ewing, die die Nationalpartei in jenem alten Königreich ins Leben gerufen hatte. Zwei Wahlkreise zeichnen sich durch Besonderheiten aus: Der eine ist das belgische Eupen-Malmédy, wo den nur 80 000 Deutschbelgiern durch die Verfassung des Königreichs ein eigener Abgeordneter garantiert wird. Der andere ist der größte der Welt, heißt Outre-Mer und umfasst die französischen Überseeprovinzen. Viele Jahre saß ich im Plenum neben deren Vertreter Maurice Ponga, der zum Volk der Kanaken gehörte und regelmäßig von Neukaledonien auf der Südhalbkugel, wo er lebte, nach Straßburg kam.

Eine spezielle Gruppe waren Emigranten aus den Ländern jenseits des Eisernen Vorhanges, die ihren Völkern Gesicht und Stimme gaben, solange diese

135

noch von der sowjetischen Fremdherrschaft unterdrückt wurden. Zu ihnen zählten außer dem Tschechen Jiří Pelikán und dem Polen Jas Gawronski – beide gewählt in Italien – die vielen Juden aus der alten k.u.k. Monarchie, die Großbritannien ins Hohe Haus entsandt hatte. Unter den Trägern historischer Namen fielen Mussolini-Enkelin Alessandra und Franz Ludwig Graf Stauffenberg, ein Sohn des Hitler-Attentäters, auf.

Die Briten waren in der Anfangszeit ein Musterbeispiel an traditionsreichem und gekonntem Parlamentarismus. Ihre Disziplin und Volksnähe, aber auch ihre geistig-politische Unabhängigkeit war sprichwörtlich. Die Übernahme der britischen Konservativen, die ursprünglich viel pro-europäischer waren als die Labour Party, durch radikal anti-europäische Seilschaften machte dieser stolzen demokratischen Tradition ein Ende – bis hin zum durch die unsägliche UK Independence Party (UKIP) initiierten Brexit. Die UKIP trat im Plenum vor allem durch Gegröle und schlechtes Benehmen gegenüber Staatsgästen – denen sie, auf ihrem Pult stehend, die Rückseite entgegenreckten – in Erscheinung. Welch Unterschied zum 1979 gewählten Sir Tom Normanton, der sich als Paneuropäer und einflussreicher Europaabgeordneter gemeinsam mit Heinrich Aigner große Verdienste um die deutsch-britische Freundschaft erwarb. Er hatte als Teenager in den dreißiger Jahren einen deutschen Freund besucht, war von diesem in aller Unschuld zum Nürnberger Reichsparteitag mitgenommen worden und erkannte dort trotz seiner Jugend sofort, dass Hitler Krieg bedeutete, weshalb er sich rasch zur britischen Armee meldete. Zu den markanten Parlamentariern aus dem Vereinigten Königreich gehörten auch Lord Nicholas Bethell, der durch ein Denkmal und ein Buch auf die „Opfer von Jalta" hinwies und so gegen den Eisernen Vorhang protestierte, oder Charles Marquess of Douro, der als Nachkomme Wellingtons gemeinsam mit Otto von Habsburg den spanischen Beitritt vorbereitete. „Lord Douro" war mit einer Urenkelin Kaiser Wilhelms II. verheiratet und eng mit der Brauereidynastie Guiness verwandt.

Zahl- und einflussreicher als in nationalen Volksvertretungen waren über weite Strecken der Geschichte des Europaparlaments die Frauen. Schon 1979 glänzte Straßburg durch ein Dreigestirn aus der Alterspräsidentin Louise Weiss, der im Konzentrationslager Auschwitz aufgewachsenen Parlamentspräsidentin Simone Veil und der jüngsten Abgeordneten, Síle de Valera, Enkelin des aus Spanien stammenden Staatsgründers von Irland. Unter den Damen aus Deutschland, die die Parlamentsarbeit nachhaltig formten, waren die als „Umweltpäpstin" titulierte Ursula Schleicher, eine unterfränkische Paneuropäerin, die sich später wie keine zweite um die durch Moskauer Expansionsstreben gefährdeten südkaukasischen Staaten kümmerte, die todesmutige und kämpferische Balkanexpertin Doris Pack, zugleich wichtigste Kulturpolitikerin auf EU-Ebene, die Begründerin der vorbildlichen Straßburger Menschenrechtsaktivitäten, Marlene Lenz, sowie die polyglotte Streiterin für echte Frauenrechte in den Entwicklungsländern, Renate-Charlotte Rabbethge.

Ich selbst hatte Gelegenheit, mit Hiltrud Breyer von den Grünen und Peter Liese von der CDU schon sehr früh eine schwarz-grüne Zusammenarbeit in bioethischen Fragen in die Wege zu leiten. Gemeinsam kippte diese damals noch recht junge Truppe gegen den Willen aller Fraktionsvorsitzenden die erste, rein auf die Interessen der Industrie ausgerichtete und den Lebensschutz vernachlässigende Fassung der Biopatentrichtlinie. Dieses schwarz-grüne Bündnis setzte sich auf dem Sektor der Außen- und Menschenrechtspolitik mit Elisabeth Schoedter, Rebecca Harms und Milan Horáček fort. Als Putin persönlich im Jahr 2015 89 Europäer wegen ihres Einsatzes für Verfolgte in Russland sowie für die Freiheit der Ukraine mit einem Einreiseverbot in sein Land belegte, waren dies hauptsächlich Christdemokraten und Grüne, darunter Rebecca Harms und ich.

Eine besonders verschworene Gemeinschaft sind in jedem Parlament die Haushaltspolitiker und ihre Kollegen von der Haushaltskontrolle. Heinrich Aigner, der den Haushaltskontrollausschuss und den Europäischen Rechnungshof begründete, wurde sogar zum Namensgeber des großen Sitzungssaales dieser Institution in Luxemburg. Ehrentitel des CSU-Abgeordneten aus Bayern waren „Heinrich der Löwe" oder „Heinrich der Bürokratenjäger".

Das Europaparlament nutzte seine Budgetrechte von Anfang an, um politische zu erstreiten. Schon 1980, wenige Monate nach der ersten Direktwahl, lehnte es in Konfrontation mit den Staats- und Regierungschefs zum ersten Mal einen Haushalt ab. Die Wutschreie von Margaret Thatcher waren gefühlt bis Straßburg zu hören, und man blödelte damals an den Bars des Hohen Hauses, die Eiserne Lady werde nunmehr die Königliche Marine über die verschiedenen Wasserstraßen zum Plenargebäude schicken und dieses beschießen lassen.

Als das Parlament noch wesentlich weniger Kompetenzen hatte als heute, war es oft mutiger und selbstbewusster als in etlichen Legislaturperioden, die folgten. Dabei wurde es mächtiger und mächtiger. Fast bei jeder Vertragsänderung zählte es zu den Gewinnern. Heute bestimmt es maßgeblich den Haushalt, und ohne seine Zustimmung kann weder dieser noch die siebenjährige Finanzplanung zustande kommen. Es entscheidet über fast alle europäischen Gesetze gemeinsam mit dem Rat, muss internationalen Verträgen und Beitritten zustimmen oder kann diese blockieren, wählt den Kommissionspräsidenten und kann die Kommission als Ganzes oder einzelne Kommissare stürzen. Manches lässt sich vielleicht noch verbessern, doch abgesehen vom Initiativrecht, das es nur durch die Hintertür ausüben kann, ist die einstige Straßburger Versammlung inzwischen ein vollwertiges Parlament.

Die Fraktionsvorsitzenden Hans-Gert Pöttering, Joseph Daul und Manfred Weber haben die Christdemokraten, ihre Kollegen Klaus Hänsch und Martin Schulz die Sozialdemokraten, also die beiden stärksten Straßburger Fraktionen, zu einem Selbstbewusstsein geführt, das, kombiniert mit den vielen nunmehr vorhandenen Kompetenzen, ein sehr spezifisches, starkes parlamentarisches System auf EU-Ebene entstehen lässt. Die Einführung von EU-weiten Spitzenkandidaten der verschiedenen Parteienfamilien, deren Resultat die Kommissionspräsidentschaft von Jean-Claude Juncker war, war ein großer Schritt in diese Richtung, der den Staats- und Regierungschefs überhaupt nicht gepasst hat. Doch nicht nur die Kommission hat dadurch an Ansehen gewonnen, sondern vor allem das Parlament – innerhalb der EU, aber auch weit darüber hinaus.

In Straßburg ist in all den Jahrzehnten ein Parlamentariertypus entstanden, den man bisher nur aus den USA kannte: So erinnert die Gestalt des außenpolitischen Experten Elmar Brok an mächtige unabhängige Senatoren in den Vereinigten Staaten, die weltweit ihr Gewicht in die Waagschale werfen. Dies kann zumindest vorübergehend manches Defizit ausgleichen, das es gerade bei den Außenbeziehungen der EU noch gibt.

Neben den großen Strategen und Aktivisten des Außenpolitischen Ausschusses, die insbesondere auf dem Balkan, aber auch an vielen nichteuropäischen Krisenherden sehr präsent und gefragt sind, kristallisieren sich im Straßburger Vielvölkerparlament, das sich insgesamt als Motor der Einigung versteht, zwei Grundtypen heraus: „Gesetzgeber" und „Staatsgründer". Erstere sehen ihren Schwerpunkt darin, im Interesse der Bürger eine möglichst gute legislative Arbeit zu machen – ohne dabei den institutionellen Status Quo in Frage zu stellen. Letztere versuchen – ebenfalls mit viel Kraft und Detailkenntnis – das immer mehr zusammenwachsende Europa der Staaten in eine echte Europäische Föderation zu verwandeln. Natürlich ist mancher beides, und beides wird auch gebraucht – denn das Europaparlament ist sowohl demokratischer Kontrolleur und Legislator, wie andere Parlamente, als auch darüber hinaus die treibende Kraft für die Schaffung einer Europäischen Union, die diesen Namen wirklich verdient.

Sehr vielfältig sind im Straßburger Haus die Mehrheitsbildungen. Während die meisten Personalentscheidungen und manche schwierigen Gesetzgebungsprojekte von einer Großen Koalition oder gar von einer Absprache fast aller demokratischen Fraktionen getragen werden, sind Kampfabstimmungen bei anderen Fragen keineswegs so selten, wie ein Gutteil der Publizistik behauptet. Anders als in nationalen Volksvertretungen weiß man im Europaparlament oft erst nach einer Abstimmung, wie die Mehrheitsverhältnisse für diese spezielle Vorlage gewesen sind. Lange Zeit vertraten Beobachter die Ansicht, wenn das Parlament einmal mehr Rechte habe, werde diese Unberechenbarkeit aufhören. Heute macht es fast alle europäischen Gesetze und Verträge, kennt aber weiterhin nicht von vorneherein kalkulierbare Mehrheiten quer durch die Fraktionen und Nationen, weil der einzelne Abgeordnete wesentlich unabhängiger ist als auf nationaler Ebene.

Da außer den außenpolitischen Dringlichkeiten fast alle Entscheidungen des Plenums gründlich in Ausschüssen und Fraktionen vorbereitet werden, ergeben sich, je nachdem, wer als Berichterstatter oder Schattenberichterstatter die Verantwortung trägt, die verschiedensten Konstellationen. Von der christdemokratischen EVP als stärkster Fraktion wird bei institutionellen Fragen meist der Schulterschluss mit den Sozialdemokraten gesucht, bei wirtschaftlichen mit den Liberalen, bei Bioethik und Menschenrechten am ehesten mit den Grünen – wobei auch die klassische Konfrontation zwischen einem Block auf der Rechten und einem Block auf der Linken nicht auszuschließen ist. Besonders heftig polarisierend wirken ideologische Auseinandersetzungen bei gesellschaftspolitischen Themen, für die das Parlament zwar meist nicht zuständig ist, die aber vor allem von der Linken zur europaweiten Bewusstseinsbildung im Sinn eines „soft law" eingesetzt werden.

Anders als es dem öffentlichen Bild entspricht, befassen sich die Abgeordneten durchaus immer wieder mit Grundsatzfragen – nicht nur im Plenum, sondern auch in vielen interfraktionellen und fraktionellen Arbeitsgruppen. Zu den aktivsten unter diesen gehört die jahrzehntelang von dem Belgier Julien Vanderbeeken betreute Paneuropa-Parlamentariergruppe, die Otto von Habsburg gemeinsam mit einem luxemburgischen Vizepräsidenten des Europaparlamentes, Nicolas Estgen, ins Leben gerufen hatte. Ihr Vorsitzender war dann der ehemalige belgische Premierminister Leo Tindemans, gefolgt von dem Franken Ingo Friedrich sowie den Österreichern Paul Rübig und Lukas Mandl. Andere Arbeitsgruppen widmen sich zum Beispiel dem interreligiösen Dialog, der Religionsfreiheit, der Familie, dem Lebensschutz für Menschen, dem Tierschutz oder den Volksgruppen- und Minderheitenrechten.

Fester Bestandteil des Straßburger Parlamentsalltags sind in jeder Plenarwoche auch ein ökumenisches Gebetsfrühstück und ein katholischer Gottesdienst im so genannten Meditiationsraum. Diese Messe geht auf eine sehr unregelmäßige Initiative des Italieners Roberto Mezzaroma zurück, die Otto von Habsburg als Alterspräsidenten dazu animierte, den Kardinalstaatssekretär Angelo Sodano in Rom um die regelmäßige Entsendung eines Priesters ins Plenargebäude zu bitten. Diesen Dienst versahen zuerst der französische Pfarrer Jean Bouttier, später der heutige Erzbischof von Dijon, Roland Minnerath, und schließlich der Prior der Straßburger Dominikaner, Bernard Senelle. Da in einem laizistischen Parlament auch die ehrwürdige Diözese Straßburg nichts veranstalten darf, oblag die Organisation der Messe zuerst dem Mitarbeiter Otto von Habsburgs, Stephan Baier, der diese Aufgabe später an meine Assistentin, Stephanie Waldburg-Zeil, weitergab.

Die Assistenten spielen im Europaparlament eine noch wichtigere Rolle als in der nationalen Politik. Von ihrer Arbeit hängt ganz wesentlich die Unabhängigkeit der Abgeordneten und damit ihre Stellung gegenüber der Bürokratie ab. Ein Teil der Mitarbeiter ist in Brüssel oder auch Straßburg angesiedelt, ein Teil hat darüber hinaus die Verwurzelung im Wahlkreis, die eine bessere Bürgernähe garantiert. Wenn Stephanie Waldburg mit mir vom „Wahlkreis" München zum Plenum nach Straßburg kommt, hat sie eine Fülle extrem unterschiedlicher Aufgaben zu bewältigen: Die Sitzungswoche wird in einem Plan, der jeden Tag von früh morgens bis gegen Mitternacht reicht, streng durchgetaktet, denn außer dem Plenum mit seinen Debatten und Abstimmungen finden zahllose Ausschuss-, Inter- und Arbeitsgruppen- sowie Fraktionssitzungen statt. Hinzu kommen busweise Besucher aus der Heimat, Gespräche mit Diplomaten und einander bekämpfenden Interessenvertretern, Verhandlungen mit den Kollegen über letzte Veränderungen an den zu verabschiedenden Texten, Interviews und reichlich Büroarbeit. In diesem Hexenkessel muss ein Abgeordneter trotz größten Einsatzes scheitern, wennn ihn nicht eine tüchtige Assistentin, wie ich sie Gott sei Dank seit Jahrzehnten habe, oder ein tüchtiger Assistent durch das übervolle Programm lotst, selbst einen Teil der Termine wahrnimmt und die Papierflut aus Hunderten von Änderungsanträgen pro Abstimmungsstunde vorbereitend bearbeitet.

Fernsehzuschauer und Besuchergruppen kritisieren oftmals, dass die Abgeordnetenbänke bei den Debatten nicht gerade voll sind, was sich aber aus den geschilderten und unvermeidlichen Paralleltätigkeiten erklärt, die permanent stattfinden. Die Plenardebatten bestreiten jene, die mit dem gerade diskutierten Thema befasst sind, wobei das Ganze in allen Amtssprachen in die Büros der Kollegen übertragen wird, die so wissen, was gerade läuft und wann sie dran sind. Vor den Abstimmungsstunden klingelt es, wie in der Schule oder im Theater, und der größte Plenarsaal auf unserem Kontinent ist plötzlich voll bis zum Rand.

Nur etwa die Hälfte der Abgeordnetentätigkeit erfolgt während der Plenarwochen in Straßburg oder während der weiteren Ausschuss- und Fraktionssitzungen in Brüssel – entscheidend ist auch der Einsatz zuhause im Wahlkreis. Parlamentarier müssen, anders als Beamte, unter ihren Wählern leben, damit sie deren Anliegen und Interessen vertreten können. Sitzungsfreie Werktage und die Wochenenden sind bis zum Rand gefüllt mit Sprechstunden, Versammlungen, Partei- und Verbandsterminen sowie der Arbeit im Wahlkreisbüro.

Da in den meisten EU-Mitgliedstaaten Europawahlen nach dem Listenwahlrecht erfolgen, besteht die Gefahr, dass sich Volksvertreter von Tag zu Tag stärker von ihrem Volk entfernen, indem sie nur noch auf Termine an den Sitzungsorten achten. Deshalb haben erfolgreiche Volksparteien das Gebiet, in dem sie antreten – also etwa die CSU in Bayern – in gefühlte Wahlbezirke unterteilt, wie München, die Oberpfalz oder Schwaben, für die jeweils ein Mandatar verantwortlich ist. Besser wäre jedoch, vom Listensystem zu echten Direktwahlkreisen überzugehen.

Schon in den Gründungstagen der Paneuropa-Jugend erzählte uns der damalige Präsident der Paneuropa-Union Deutschland, der alte Adenauer-Minister Hans-Joachim von Merkatz, eine Anekdote aus den fünfziger Jahren, als er sowohl im Bundestag als auch in der noch nicht direkt gewählten Europaversammlung saß. Nach seiner ersten Plenarwoche in Straßburg sei er zuhause in Niedersachsen in sein Stammwirtshaus gekommen. Dort habe ein alter Bauer auf Platt zu den anderen gesagt: „He snackt nich mehr mit üs, he snackt nur noch mit Churchill." Dies habe er sich zu Herzen genommen und stets engen Kontakt zu seiner Basis gehalten. Sir Tom Normanton riet mir, dem jungen Assistenten, Anfang der achtziger Jahre: „Wenn du einmal Parlamentarier werden solltest, wirst du kaum noch Zeit zum Einkaufen haben. Geh trotzdem in deinem Heimatort in möglichst viele kleine Geschäfte, damit die Leute dir dort erzählen können, was sie ärgert." Wenn das Europaparlament in Gestalt seiner vielen Mitglieder wirklich in den Landstrichen und Regionen verwurzelt ist, kann es auch in Straßburg und Brüssel seine ganze Kraft als Motor der Einigung entfalten.

Vor allen Dingen müssen wir Europa lieben … Das wird freilich nicht eher möglich sein, als bis die Europäer aufhören, das uralte Kriegsgeschrei ihrer Stämme auszustoßen, von nationalistischen Historikern mit dem Feigenblatt wissenschaftlicher Geschichtsschreibung notdürftig bekleidet. Europa muss seine Geschichte neu überdenken und neu nacherleben als das, was sie wirklich ist, als europäische Geschichte.

Salvador de Madariaga, 1952

MEHR ALS EIN MARKT

Der Mythos vom Reich

Am Ende des Ersten Weltkrieges stürzten in Europa und an seinen Rändern gleich vier Kaiserthrone: der österreichische der Habsburger, der kleindeutsche der Hohenzollern, der russische der Romanows und der türkische des Hauses Osman. Dabei hätte es nach der ursprünglichen Idee eines über alle anderen Herrscher herausgehobenen Nachfolgers von Gaius Julius Caesar eigentlich nur einen einzigen Imperator geben dürfen. Doch schon im noch ungeteilten Römerreich hatten in verschiedenen Übergangs- und Verfallsphasen mehrere Kaiser mit- und zuweilen gegeneinander regiert, ohne formell die Reichseinheit zu beseitigen. Schließlich kam es zur staatlichen Teilung zwischen Ost- und Westrom, bis das westliche 476 in den Stürmen der Völkerwanderung unterging.

Von da an nahm die römische Reichstradition sehr unterschiedliche Wege. Konstantinopel, das sein Namensgeber Konstantin der Große ursprünglich nur als besonders prachtvolle Residenz ausbauen wollte und nicht als Alternative zur Ewigen Stadt, verwandelte sich schließlich doch in ein „zweites Rom". Der Moskauer Großfürst Iwan III. knüpfte daran an, als er nach der Eroberung der christlichen Metropole des byzantinischen Reiches durch die Türken 1453 seine Hauptstadt an der Moskwa zum „dritten Rom" erklärte – ein Erbe, das von den Zaren bis 1917 weitergetragen wurde. Zugleich beanspruchten auch die osmanischen Sultane, die sich in den Besitz Konstantinopels gesetzt hatten und es später Istanbul nannten, für sich, die Nachfolge der (Ost-)römischen Kaiser angetreten zu haben.

Ferdinand Seibt schrieb in seinem Werk „Die Begründung Europas – ein Zwischenbericht über die letzten tausend Jahre", Macht sei von vorneherein immer auch mit ihrer jeweils eigenen Legitimierung durch Tradition verbunden gewesen, die man nicht durch Argumente erstreiten konnte: „Im mittelalterlichen Europa, im westlichen lateinischen wie im östlichen griechisch-slawischen, ging alle Rechtfertigung vom alten Rom aus." Dies wurde am deutlichsten bei jener historischen Begegnung, die 799 den fränkischen König Karl den Großen und den aus Rom geflohenen Papst Leo III. im damals „sächsischen" und heute westfälischen Paderborn zusammengeführt hatte. Der Karolinger ließ zwar ebenfalls seine Lieblingspfalz Aachen als „neues Rom" preisen, doch suchte er leidenschaftlich und zielstrebig den Rückhalt in der ursprünglichen Hauptstadt des Imperium Romanum am Tiber, den ihm der bedrängte Papst gewährte.

Die frühmittelalterlichen Bemühungen zur Erneuerung des untergegangenen Reiches fasst der Historiker Bernd Schneidmüller wie folgt zusammen: „Über viele Jahre wurde mit Ideen, Formen und Orten experimentiert. Endlich stiftete die Kaiserkrönung Karls des Großen durch den Papst im Jahr 800 im römischen Petersdom Legitimation wie Tradition zugleich. Der Initialakt griff auf das antike Kaisertum der Römer zurück, setzte sich selbstbewusst mit der christlichen Kaiserherrschaft im griechischen Konstantinopel/Byzanz auseinander und schuf dem lateinischen Mittelalter eine neue Hierarchie. An ihr arbeitete sich Europa über ein Jahrtausend mehr oder minder heftig ab."

Otto von Habsburg befasste sich in fast allen seinen Büchern, insbesondere in seiner Biographie über Kaiser Karl V. und in seinem Essayband „Die Reichsidee", mit der Bedeutung des reichischen Mythos für die europäische Einigung. Dabei verwies er auf zwei wesentliche Charakteristika dieser von Karl dem Großen für das Abendland erneuerten Konzeption: die Schaffung und Weiterentwicklung einer übernationalen Rechtsgemeinschaft sowie die Rolle des Kaisers als „arbiter mundi", als Schiedsrichter der Welt, dessen Aufgabe eher vermittelnd als exekutiv sei.

Am stärksten war diese Vorstellung bei dem vor 500 Jahren regierenden Habsburgerkaiser Karl V. verankert, der zu Beginn der Neuzeit noch einmal die mittelalterliche Idee eines universalen Reiches zu verwirklichen suchte. Die Glaubensspaltung durch Martin Luthers Reformation und die selbstbewusste Opposition entstehender Nationalstaaten – allen voran Frankreichs unter seinem Renaissancekönig Franz I. – verhinderten diesen Plan, Europa unter einem obersten Schiedsrichter, als den sich der Kaiser verstand, zusammenzufassen. Immerhin schuf er ein in die Neue Welt ausgreifendes „Reich, in dem die Sonne nicht unterging" und in dessen Schoß sich erste Ansätze einer modernen Weltordnung herausbildeten, an der wir heute noch arbeiten. Der Dominikanermönch Francisco de Vitoria entwickelte die Vision eines für alle Nationen gültigen Völkerrechts, sein Ordensbruder Bartolomé de Las Casas kämpfte dafür, dass auch die Indios in Südamerika Freiheit sowie soziale und Menschenrechte genießen sollten.

Der rote Faden einer übernational-föderativen und keinesfalls machtstaatlich-zentralistischen Ordnung zieht sich teils als Mythos, teils als Wirklichkeit vom Karolingerreich über das von den Ottonen begründete Heilige Römische

Reich bis hin zum 1804 aus dessen Konkursmasse geschaffenen Kaisertum Österreichs. Diese im Imperium Romanum wurzelnde Konzeption fasste – wie heute die Europäische Union – die verschiedenen Völker auf der Basis gemeinsamer Rechtsprinzipien zusammen. Allerdings war das Amt des Römischen Kaisers und Königs, der eine Art symbolische Oberhoheit über alle anderen Monarchen beanspruchte, an das des deutschen Königs – der über lange Phasen der Geschichte immerhin zugleich die burgundische, langobardische, böhmische beziehungsweise ungarische Krone trug – gekoppelt.

So sehr große Geister des Abendlandes wie Dante Alighieri oder Walther von der Vogelweide, der den Kaiser von den „armen Küngen" der Einzelstaaten unterschied, den universalen Charakter des Sacrum Imperium betonten – es gelang ihnen nicht, die Akzeptanzprobleme dieser Institution etwa bei den Franzosen zu überwinden, die sich am mehrheitlich deutschen Charakter dieses aus dem Ostfrankenreich entstandenen Gebildes stießen. Das hinderte die französischen Monarchen zwar nicht daran, sich ebenfalls – wenn auch vergeblich – um dessen Thron zu bewerben, bildete aber neben dem Streit um das burgundische Erbe eine wesentliche Ursache für den jahrhundertelangen deutsch-französischen Gegensatz.

Dieser mündete schließlich darin, dass Napoleon einerseits den Kaisertitel usurpierte, aber gleichzeitig dem Heiligen Römischen Reich den Todesstoß versetzte und direkt wie auch indirekt das Um-sich-Greifen des Nationalstaatsgedankens beflügelte, den die Französische Revolution sowie die deutschen Befreiungskriege radikalisierten und popularisierten. Im 19. wie auch in der ersten Hälfte des 20. Jahrhunderts setzte sich dann zwar innerstaatlich der Gedanke einer allgemeingültigen Rechtsordnung durch – allerdings gegen brutale autoritäre und totalitäre Herausforderungen –, jedoch zwischenstaatlich herrschte weitgehend das Recht des Stärkeren.

Eine derart anarchistische Vorstellung von staatlicher Souveränität führte die europäischen Mächte in den Ersten Weltkrieg, der das alte Europa der Monarchen, wie es mutatis mutandis seit Karl dem Großen bestanden hatte, endgültig zerstörte. Doch schon während des großen Völkerringens begannen vorausschauende Geister auf allen Seiten der Front darüber nachzudenken, wie künftig das Zusammenleben der Mitteleuropäer oder sogar der Europäer insgesamt geregelt werden könnte.

Es war der letzte Erbe Karls des Großen, der 1916 auf den Thron gekommene Kaiser Karl von Österreich, der aufgrund seiner Zusammenarbeit mit der von seinem 1914 in Sarajewo ermordeten Onkel Franz Ferdinand gegründeten Reformwerkstatt und beraten durch den pazifistischen Rechtsgelehrten Heinrich Lammasch den Vorschlag einer demokratischen Verwirklichung der alten Reichsidee machte. Er sprach sich für einen Nationalitäten-Bundesstaat aus, in dem die Völker ihre Staatsform frei wählen können und das Selbstbestimmungsrecht nicht nationalistisch gegeneinander, sondern föderativ miteinander ausüben sollten.

Damit wollte er Grenz- und Volksgruppenkonflikte vermeiden, die im gemischt besiedelten Mitteleuropa bei einer radikal nationalstaatlichen Verwirklichung dieses vom US-Präsidenten Woodrow Wilson in seinen berühmten 14 Punkten proklamierten Prinzips fast zwangsläufig waren.

Von seiner Deportation ins Ausland 1919 bis zu seinem frühen Tod 1922 versuchte der junge Exil-Monarch verzweifelt, das Bewusstsein der westlichen Siegermächte dafür zu wecken, dass ein Vakuum im Donauraum zuerst durch Deutschland und dann durch Russland ausgefüllt zu werden drohe. Diese Furcht des 2004 von Papst Johannes Paul II. Seliggesprochenen war nur zu berechtigt, wie später Nationalsozialisten und Sowjetkommunisten bewiesen.

Es ist eine interessante Fügung, dass ausgerechnet im Sterbejahr Karls der Paneuropa-Gründer Richard Coudenhove-Kalergi die Idee eines von den Völkern gemeinsam ausgeübten Selbstbestimmungsrechtes vom Donauraum auf den ganzen Kontinent ausdehnte, indem er ein demokratisches Pan-Europa forderte. Dafür kämpfte dann in Coudenhoves Nachfolge als Präsident der Paneuropa-Union Otto von Habsburg, der älteste Sohn Karls I.. Er sprach gerne davon, dass die Verwirklichung des modernen Europa-Gedankens so etwas wie eine zeitgemäße Form der „Translatio imperii" sei – also der Übertragung der römischen Reichstradition auf eine der jeweiligen Zeit entsprechende übernationale Gemeinschaft.

Sicherlich ist die Reichsidee heute nicht mehr geeignet, maßgeblicher Gründungsmythos der EU zu sein, wie dies teilweise nach dem Zweiten Weltkrieg der Fall war, vor allem in jener Ära, in der die Sechsergemeinschaft der Montanunion und der EWG im wesentlichen die Umrisse des Herrschaftsgebietes Karls des Großen hatte. Konsequenterweise widmete damals die Stadt Aachen ihren 1950 ins Leben gerufenen internationalen Karlspreis, die höchste europäische Auszeichnung, diesem Erneuerer der römischen Kaiserwürde. Heute gibt es viele Triebkräfte zur Schaffung eines geeinten Europa, die aktueller erscheinen. Doch die Reichsidee eignet sich in besonderer Weise, um deutlich zu machen, dass der zentralistische Nationalstaat nicht, wie von vielen behauptet, die eigentliche Urform eines Gemeinwesens in Europa ist, sondern eine sehr späte Erfindung mit verheerenden Folgen, und dass es dazu durchaus die Alternative einer völkerverbindenden Rechtsgemeinschaft gibt.

Republikanische Inspirationen

Selbstverständlich hat die europäische Idee neben reichischen auch starke republikanische Wurzeln, wobei der Begriff „Republik" im Verlauf seiner langen Geschichte noch ausgeprägteren Bedeutungsänderungen unterworfen war als das Wort „Reich". Gemeinsam ist beiden die Verankerung in der römischen Konzeption einer übernationalen Staats- und Rechtsordnung, wie sie nicht nur Caesar und seine kaiserlichen Nachfolger verkörperten, sondern in besonderer Weise der große republikanische Gegenspieler des römischen Alleinherrschers, nämlich Marcus Tullius Cicero. In seinem zentralen Werk „De re publica" geht es dem römischen Staatsmann und -denker allerdings weniger um konkrete Formen eines Gemeinwesens als um dessen Qualität, was die rechtlichen und sittlichen Grundlagen betrifft. In seinem Republikbegriff wirken Monarchie, Aristokratie und Demokratie zusammen, wobei er der ersteren die Fürsorge für die Untertanen (caritas) zugesteht, der zweiteren Einsicht und weisen Rat der Besten (consilium) und letzteren die Freiheit des Volkes (libertas).

Trotz dieser sehr weiten Auffassung von Res publica bezieht sich Ulrike Guérot in ihrer politischen Utopie „Warum Europa eine Republik werden muss" aus dem Jahr 2016 ausdrücklich auf Cicero, der tatsächlich eine für die europäische Einigung sehr bedeutsame Formulierung hinterlassen hat, die die Republik ganz im Sinn der Reichstradition jedem völkischen Nationsbegriff entgegenstellt: „Es ist also das Gemeinwesen die Sache des Volkes. Volk ist aber nicht jede Vereinigung von Menschen, die auf irgendeine Weise zusammengewürfelt wurde, sondern die Vereinigung einer Menge, die sich aufgrund einer Übereinstimmung des Rechts und einer Gemeinsamkeit bezüglich des Nutzens verbunden hat." Guérot kommentiert dies mit den Worten: „Die Übereinstimmung des Rechts (iuris consensus) … ist das zentrale Element des Begriffs. Nichts an dieser Definition lässt darauf schließen, dass diese Menschen … nur aus … einer Ethnie kommen müssen und dass diese Vereinigung nicht genauso gut transnational funktionieren kann."

Interessant ist übrigens, dass die Karolinger, die den Reichsbegriff Roms restaurierten, auch Ciceros Vorstellungen einer Republik für sich in Anspruch nahmen, indem sie ihre Herrschaft als einen Personenverbandsstaat betrachteten, den sie mit dem Etikett „res publica" bedachten.

Im Mittelalter und in der frühen Neuzeit waren es aristokratische und kaufmännische Republiken, die in verschiedenen Großräumen Europas völkerverbindende Funktionen ausübten. Eines der prominentesten Beispiele ist die Hanse, die als grenzüberschreitende Kooperation von Kaufleuten mit der Erneuerung Lübecks durch Heinrich den Löwen 1158 entstand und dann in eine „Städtehanse" verwandelt wurde, in der viele Gemeinwesen eine Föderation bildeten, ohne ihre jeweilige staatliche Zugehörigkeit zu verändern. Erster Hauptort war das schwedische Visby, das in der Folgezeit von Lübeck abgelöst wurde. Ferdinand Seibt fasst die Internationalität der Hanse, zu der auch baltische Ostseemetropolen wie Riga und Reval zählten, wie folgt zusammen: „Stockholm wurde im Lauf des 13. Jahrhunderts von Hansekaufleuten gegründet, ein Städte- und Hafensystem an der Ostseeküste wurde entwickelt und die Landverbindung über acht schiffbare Flüsse von Brügge nach Nowgorod geschlagen, Kontore in Bergen, London, Brügge und Nowgorod errichtet."

Weit über die Hanse und das Heilige Römische Reich hinaus spielte der Export des so genannten Stadtrechts eine bedeutsame Rolle, das auf römische und italienische Vorbilder zurückgeht und mit dem heutigen Beitrag der EU und ihrer Mitgliedstaaten beim Aufbau von Demokratie und Rechtsstaatlichkeit sowie beim „nation building" vergleichbar ist. Das Magdeburger Recht etwa ordnete die kommunalen Verhältnisse auch von Städten in Böhmen, Polen, Litauen und Oberungarn, also der heutigen Slowakei. Carl Jacob Burckhardt schilderte in „Gestalten und Mächte" die Vielfalt der selbstverwalteten Metropolen des Abendlandes, arbeitete aber auch ihre Gemeinsamkeiten heraus: „In den Städten war das republikanische Prinzip entscheidend. Der republikanische Geist innerhalb der Städte, der nie im Gegensatz zu einer zusammenfassenden Krone, einer hohen Reichsmonarchie stand, war doch dem Territorialfürstentum gegenüber unbedingt gegensätzlich."

Der große Schweizer Europäer Burckhardt war es übrigens auch, der den antiken Wurzeln der für den ganzen Erdteil impulsgebenden italienischen Städtelandschaft nachspürte: „Bei den alten Völkern war die Stadt in ihren Ursprüngen ein religiöser Bund der Familien und Stämme, das Heiligtum und die umfriedete Wohnstätte dieses Bundes. Für die Griechen wie für die Römer mussten Ort und Raum künftiger Städte durch göttliche Weisung bezeichnet werden. Herodot noch schaudert vor dem Frevel, den ein Spartaner beging, als er eine Stadt ohne Anrufung der Götter gründete."

Dieses Erbe erklärt auch das Selbstbewusstsein der großen italienischen Stadtrepubliken wie Florenz und Mailand, Venedig und Genua, wobei letztere auch militärisch eine weit ausgreifende Politik betrieben neben Handel und Kulturaustausch.

Eine Synthese zwischen Monarchien und Republiken in einer von ihm so genannten „Christlichen Republik von Europa" versuchte in der ersten Hälfte des 17. Jahrhunderts der engste Mitarbeiter König Heinrichs IV. von Frankreich, Herzog Maximilien von Sully. Dieser Sohn eines in den Hugenottenkriegen verarmten protestantischen Adeligen versuchte eine den Interessen Frankreichs entsprechende multipolare Konföderation aus fünf Wahlmonarchien – dem Heiligen Römischen Reich, dem Kirchenstaat, Polen, Ungarn und Böhmen –, sechs erblichen Monarchien – Frankreich, Spanien, England, Dänemark, Schweden und der Lombardei – sowie vier souveränen Republiken – Venedig, Italien, Schweiz und Belgien – zu errichten. Diese sollten durch einen „Europarat" koordiniert werden, der aus sechs provinzialen Räten und einem Allgemeinen Rat gebildet worden wäre. Carl Jacob Burckhardt beschreibt den – allerdings nie verwirklichten – Plan in „Gestalten und Mächte" bis ins Detail: „Die Provinzialen Räte haben ihren Sitz in Danzig für die nordöstlichen Reiche, in Nürnberg für Deutschland, in Wien für Osteuropa, in Bologna für die italienischen Länder, in Konstanz für die Schweiz, die Lombardei usw.; in einer noch zu bezeichnenden Stadt im Westen für Frankreich, Spanien, England und Belgien. Der Allgemeine Rat (Conseil General) soll seinen Sitz in einer Stadt in Mitteleuropa haben, die jedes Jahr zu wählen ist unter den folgenden Städten: Metz, Luxemburg, Nancy, Köln, Mainz, Trier, Frankfurt, Würzburg, Heidelberg, Speier, Worms, Straßburg, Basel und Besancon ... Der Rat soll aus Abgeordneten jeder Regierung der christlichen Republik bestehen, aus vierzig kundigen Männern, von denen die großen Staaten je vier, die kleineren je zwei abordnen. Diesen Räten soll die Macht verliehen werden, alle Streitigkeiten zwischen dem Souverän und seinem Volk als auch zwischen den Staaten untereinander zu schlichten. ... Die Beschlüsse des Rates müssen von allen Staaten als maßgebend und endgültig betrachtet werden ... Als Grundlage für die europäische Republik verlangt Sully Handelsfreiheit, ja Aufhebung der Zollgrenzen."

In der Folgezeit wurden immer wieder Konzepte einer europäischen oder gar weltweiten Republik entworfen, zum Beispiel durch den Abbé von Saint-Pierre 1712 bis 1717 in seinem „Plan eines ewigen Friedens in Europa", Immanuel Kant 1795 in seiner Schrift „Zum ewigen Frieden. Ein philosophischer Entwurf" oder Victor Hugo 1849 in seiner berühmten Eröffnungsrede zum

Pariser Friedenskongress. Hugos Kernsatz lautete: „Ein Tag wird kommen, wo die Kugeln und Bomben durch Stimmzettel ersetzt werden, durch das allgemeine Wahlrecht der Völker, durch die Entscheidungen eines großen souveränen Senates, der für Europa das sein wird, was das Parlament für England und die Nationalversammlung für Franrkeich ist. ... Ein Tag wird kommen, wo zwei immense Gruppen, die Vereinigten Staaten von Amerika und die Vereinigten Staaten von Europa, ... sich die Hand über das Meer reichen."

Zwischen diesen republikanischen Traditionen und denen des übernationalen Reiches war Richard Coudenhove-Kalergi hin- und hergerissen, als er nach dem Ersten Weltkrieg über sein Paneuropa nachdachte. Einerseits sprach er zeitlebens davon, dass er mit der übernationalen Habsburgermonarchie sein Vaterland verloren habe und dieses nunmehr das künftige Europa sei, suchte aber für die Zukunft Anlehnung an Modelle republikanischer Föderationen wie der Schweiz oder den USA. Er selbst schilderte seine damalige Gemütslage fünfzig Jahre später in seinen Memoiren „Ein Leben für Europa" so: „In diesen Tagen entschwand die Welt, in der ich aufgewachsen war ... Die neue Welt war demokratisch, republikanisch, sozialistisch und pazifistisch. Ich begrüßte diesen Wandel. Mein Herz und mein Geist waren mit der Zukunft ... Für diese neue Welt wollte ich nun arbeiten und kämpfen ... ich fühlte mich als Bürger einer neuen und größeren Gemeinschaft, einer neuen Welt; Bürger des aufgehenden Völkerbundes."

In seinem 1922 erschienenen ersten Aufruf zur Einigung Europas setzte sich Coudenhove noch intensiv mit der Frage Monarchie oder Republik auseinander: „Ob die republikanische oder die monarchische Staatsform die bessere ist, lässt sich nicht allgemeingültig entscheiden. ... Anders liegt der Fall in Europa: Hier bedroht jede Teilmonarchie den Frieden und die Eintracht des Erdteiles ... Ein einiges Europa könnte theoretisch entweder einen gemeinsamen Monarchen haben oder keinen ... Ein europäischer Monarch wäre aber immer Exponent der Nation, der er angehört und die durch ihn eine Vormachtstellung erstreben würde. Die Verfassung des föderierten Europa müßte republikanisch sein, wie die der Vereinigten Staaten oder der Schweiz ... So muss, unabhängig von seiner Gefühlseinstellung, jeder konsequente Paneuropäer Republikaner sein." Zwölf Jahre später, in seinem 1934 erschienenen Buch „Europa erwacht!" sah dies Coudenhove bereits viel entspannter, zumal er angesichts der totalitären Systeme in Deutschland und Italien von ganz anderen Sorgen geplagt war. Nicht der Unterschied zwischen Republiken und Monarchien sei ein Problem für die Einigung Europas, sondern der Gegensatz zwischen demokratischen und diktatorischen Staaten beziehungsweise Verfassungen.

151

Mit dieser Ansicht stimmte Coudenhove übrigens weitgehend mit seinem späteren Nachfolger als Paneuropa-Präsident, dem Kaisersohn Otto von Habsburg, überein. Dieser betonte stets, dass es bei einer Staatsform auf den Ort und die geschichtliche Phase ankomme, in die sie jeweils eingebunden sei: „Eine Monarchie in der Schweiz wäre genauso unsinnig wie eine Republik in Großbritannien." Entscheidend sei die Legitimität eines Staates, die sich aus dem Naturrecht sowie den Grund- und Menschenrechten ableite, aber auch sein Staatsinhalt. Je nach geschichtlichen Verhältnissen könnten eine Monarchie oder eine Republik besser geeignet sein, den – für ihn völlig unabdingbaren – demokratischen Rechtsstaat zu sichern. Für Europa vertrat der Habsburger zeitweise die Idee, aus den Reihen der Staatsoberhäupter der Mitgliedstaaten jeweils für fünf Jahre ein europäisches Oberhaupt zu wählen – entsprechend der malaysischen Verfassung. Heute gibt es zwar einen auf ähnliche Weise gekürten Präsidenten des Europäischen Rates, der aber mehr in seiner Arbeitsfunktion und nicht als Repräsentant wahrgenommen wird.

Von der mühsamen Integrationsgeschichte der verschiedenen Staaten Nordamerikas unter der Federführung des Continental Congress und der Föderalisten unter den US-Gründervätern im 18. Jahrhundert lässt sich für den europäischen Einigungsprozess zweifellos viel lernen. Diese vollzog sich mindestens so langwierig und mühsam wie die europäische. So wurde die Zentralbank der USA, die Federal Reserve Bank, erst 1913 gegründet. Wenn man bedenkt, dass die Unabhängigkeitserklärung der Vereinigten Staaten am 4. Juli 1776 erfolgte und noch 1832 Präsident Andrew Jackson durch sein Veto das Weiterbestehen der damaligen ersten Nationalbank verhinderte, da diese aufgrund ihrer Monopolstellung verfassungswidrig sei, sieht man, wie lang und steinig der Weg zu einer funktionierenden Währungsunion sein kann.

1860, also 84 Jahre nach Gründung der Föderation, zerfiel diese in Nord- und Südstaaten, indem South Carolina, Mississippi, Florida, Alabama, Georgia, Louisiana und Texas unter Berufung auf ihre „staatliche Souveränität" ihren Austritt erklärten. Ein mehr als vierjähriger blutiger Bürgerkrieg war die Folge.

Dieser historische Blick über den Atlantik macht deutlich, wie einzigartig der Erfolg der Europäischen Einigung seit Ende des Zweiten Weltkrieges ist. Unsere EU hat in Richtung Integration vergleichsweise eine viel größere Wegstrecke zurückgelegt als die USA in den ersten 60 Jahren ihres Bestehens. Dies geschah zudem harmonischer, ohne allzu schwere Rückschläge, friedlich sowie für wesentlich mehr Menschen und Völker.

Obwohl im Fall der USA nicht alte, gewachsene Staatsgebilde, sondern recht neue, fast ausschließlich von Einwanderern bewohnte Exkolonien zusammengeführt werden mussten, sind die Auseinandersetzungen, was Washington und was die einzelnen Länder regeln sollen, auch nach Jahrhunderten noch nicht abgeebbt. Die USA des 21. Jahrhunderts sind keinesfalls so einheitlich wie immer wieder behauptet. Ein Teil der Bundesstaaten hat bis heute die Todesstrafe in der Rechtsordnung, andere haben sie beseitigt. In die EU hingegen könnte kein Land beitreten, das diese abscheuliche Form des Strafrechts noch kennt. Auch die unterschiedlichen Mehrwertssteuersätze innerhalb der USA sowie die Gegensätze zwischen armen und reichen Regionen sind wesentlich krasser als innerhalb der noch nicht vereinigten Staaten von Europa.

Dennoch können sich die Europäer in vielem am amerikanischen Vorbild ausrichten. Supranationale Institutionen in existentiellen Politikbereichen wie der äußeren Sicherheit fehlen der EU vorläufig ebenso wie ein funktionierender Schutz der gemeinsamen Außengrenzen. Die lokalen und regionalen Patriotismen, die jenseits des Atlantik nach wie vor genauso wie bei uns existieren, werden von einem kontinentalen ergänzt und zusammengefasst – auch für Europa ein notwendiger Schritt.

Coudenhove-Kalergi und andere europäische Gründerväter benützten von Anfang an gerne das Wort von den Vereinigten Staaten von Europa, das bis heute als Ermutigung und Leitbild dient. Doch in manchen Phasen seines Wirkens mied der Vordenker Paneuropas diese Metapher, was er in seinen Memoiren so begründete: „Panamerika' von A. H. Fried war (1919) das erste Buch, das ich im Zusammenhang mit Paneuropa las. Mit Bewunderung folgte ich der Geschichte der panamerikanischen Union, die das Vorbild für Paneuropa werden sollte. Unter dem Eindruck dieses Vorbildes sprach ich in der Folge lieber von ‚Paneuropa' als von ‚Vereinigten Staaten von Europa'. Denn das Vorbild der Vereinigten Staaten von Amerika mit ihrer starken Zentralregierung hätte damals alle europäischen Regierungen abgeschreckt."

Bei der Vorbereitung von Sir Winston Churchills Zürcher Rede von 1946 wählten dieser und sein Berater Coudenhove einen anderen Weg: Der britische Staatsmann rief die Jugend Europas dazu auf, „so etwas wie" die Vereinigten Staaten von Europa zu schaffen – also eine starke, demokratische, kontinentale Föderation, aber mit Strukturen, die den spezifischen europäischen Traditionen entsprechen.

Gefördert haben die USA die Schaffung eines geeinten Europa vor allem ab 1947 und während der gesamten Zeit der Teilung unseres Kontinentes durch die Sowjetunion und ihre Satellitenregime. Schon während des Zweiten Weltkrieges war es Coudenhove im US-amerikanischen Exil gelungen, durch einen Paneuropa-Kongress an der New Yorker Universität – die ihm, der vor Hitler geflohen war, eine Professur eingerichtet hatte – sowie mittels eines Bestsellers, „Crusade for Paneurope", breite Unterstützung für seine Idee in der amerikanischen Politik und Öffentlichkeit zu mobilisieren, der sich aber das Weiße Haus aus Rücksicht auf Stalin vorläufig nicht anschloss. Seine engsten Mitstreiter bei der Werbung für Paneuropa waren zwei europabegeisterte Emigranten, wie sie unterschiedlicher nicht hätten sein können: der ehemalige Minister der rotspanischen Republikaner Fernando de los Rios mit seinen guten Beziehungen zur äußersten Linken und Otto von Habsburg, der seine erstklassigen Kontakte zu US-Präsident Franklin D. Roosevelt sowie Großbritanniens Kriegspremier Winston Churchill einbrachte. 1947 verfasste Coudenhove mit Hilfe amerikanischer Freunde einen „Appell an die Bürger der Vereinigten Staaten von Amerika zugunsten der Vereinigten Staaten von Europa". Senator J. William Fulbright und einige seiner Kollegen im Abgeordnetenhaus brachten in beiden parlamentarischen Kammern der USA folgende kurze und klare Resolution ein: „Der Kongress befürwortet die Schaffung der Vereinigten Staaten von Europa im Rahmen der Vereinten Nationen." Dieser Beschluss hatte weitreichende Folgen für die Zukunft. Die Marshallplan-Hilfe für den Wiederaufbau des zerstörten europäischen Kontinentes wurde mit der Bereitschaft gekoppelt, am Einigungswerk mitzuwirken. Bis heute können junge Europäer aus den verschiedenen Ländern Stipendien für Studienaufenthalte in den USA erlangen, während junge Amerikaner auf unseren Erdteil eingeladen werden. So bleibt der amerikanische Proeuropäer Fulbright ein Synonym für gute transatlantische Beziehungen.

Deren Höhepunkt war die Ära des republikanischen Paneuropäers im Weißen Haus, Ronald Reagan, der deshalb später mit dem Coudenhove-Kalergi-Preis, der höchsten Auszeichnung der Paneuropa-Bewegung, geehrt wurde. Er ging mit seinem legendären Berliner Ausruf „Herr Gorbatschow, reißen Sie die Mauer ab!" und der konsequenten Verfolgung dieses Zieles in die Weltgeschichte ein. Seine eindrucksvolle Grundsatzrede, mit der er all dies einleitete, durfte ich selbst am 8. Mai 1985 im Straßburger Plenarsaal erleben. Die Sowjetunion hatte Reagan aus Anlass des 40. Jahrestages des Endes des Zweiten Weltkrieges zu einer gemeinsamen Siegesfeier nach Moskau eingeladen. Dies lehnte er ab mit der Begründung, er wolle lieber in Straßburg, dem Herzen der freien Welt, für die Freiheit aller Europäer eintreten.

Mit seiner Ansprache vor dem Europaparlament, für die er damals von vermeintlichen Realisten verlacht wurde, stellte er sich dann bewusst in die Reihe der europäischen Visionäre: „Es ist meine Hoffnung, dass im 21. Jahrhundert … alle Europäer von Moskau bis Lissabon in der Lage sein werden, ohne Pass zu reisen, und dass der freie Fluss von Menschen und Gedanken auch die andere Hälfte Europas einschließen wird. Es ist mein sehnlichster Wunsch, dass es im nächsten Jahrhundert ein ganzes, ein freies Europa geben wird ... Europa, geliebtes Europa, du bist größer als du glaubst! Du bist der jahrhundertealte Hort westlicher Ideen und westlicher Kultur, du bist der Ursprung der westlichen Ideale und der Quell des westlichen Glaubens."

Der US-Präsident erinnerte daran, dass der französische Schöpfer der New Yorker Freiheitsstatue, Frédéric-Auguste Bartholdi, dieser das Gesicht seiner Mutter gegeben habe, „das starke, gütige Gesicht einer Frau aus dem Elsaß." Die Einwanderer hätten, wenn sie sich dem Hafen von New York näherten, das Antlitz dieser Frau besonders intensiv gemustert, „als ob dieses ihnen etwas über ihre neue Welt sagen könnte."

Die anstehenden Aufgaben der Europäer beschrieb Reagan anhand der Entstehungsgeschichte des Straßburger Münsters: „Vor uns liegt viel Arbeit – eine Arbeit, die dem Bau einer großen Kathedrale gleicht. Diese Arbeit wird langsam vorangehen, kompliziert und mühsam sein. Jede Generation wird sie mit Stolz an die nächste weitergeben. Nicht nur die Führungen, sondern auch die Völker selbst müssen daran arbeiten. Die Kathedrale wächst Stein um Stein, und jede Generation bringt ihre eigenen Vorstellungen ein – aber ursprüngliche Ideale bleiben bestehen, und der Glaube, der die Vision vorantreibt, überdauert. Das Ergebnis wird nur langsam erkennbar, aber unsere Kinder und Kindeskinder werden im Himmel die Konturen der Bögen und der Türme zeichnen und etwas von dem Glauben, der Hingabe und der Liebe verspüren, mit der sie entworfen wurden." Diese strahlende Kathedrale sei Europa.

Demokratie und Führung

Die gemeinsame Wurzel von Demokratie und Populismus im Begriff „Volk" verleitet dazu, beide als verwandt zu betrachten und nicht als die krassen Gegensätze, die sie sind.

Die wahre Aufgabe von Demokratie ist es, Freiheit zu sichern, obwohl ihr bedeutende Kritiker von der Antike bis zu den Altliberalen des 19. und 20. Jahrhunderts genau diese Fähigkeit abgesprochen haben. Schon in den Debatten um die griechische Polis der Antike, das erste hochentwickelte, wenn auch kleinräumige Modell einer Demokratie, fürchteten die besten Staatsphilosophen dieser Ära nichts so sehr wie die Unumschränktheit von Herrschaft und Macht. Diese gelte es zu begrenzen – durch Moral, durch Ethik, aber auch institutionell. Selbstverständlich traf dies in erster Linie auf Monarchie und Aristokratie zu, von denen man befürchtete und aufgrund geschichtlicher Erfahrungen wusste, dass sie leicht zu Tyrannis und Oligarchie entarteten. Weniger gern wurden die Mahner gehört, die auch auf die Gefahren einer unbeschränkten Volksherrschaft hinwiesen, die stets totalitäre Versuchungen in sich trage.

Viele Überlegungen und Modelle wurden entwickelt, um zu verhindern, dass die reine Demokratie in die reine Tyrannei kippt: Die Balance zwischen Monarch und Parlament, die Montesquieu'sche Gewaltenteilung, die angelsächsischen „checks and balances", die moderne Menschenrechtsidee, die parlamentarisch-repräsentative Demokratie und der Föderalismus.

Jene Persönlichkeiten – Christdemokraten, Christlich-Soziale, Konservative, Liberale und Sozialdemokraten –, die der Bundesrepublik Deutschland das Grundgesetz schenkten, waren sich aufgrund der Geschichte der Weimarer Republik und der nationalsozialistischen totalitären Barbarei darüber im Klaren, dass sie eine zutiefst freiheitliche Demokratie wollten, und gestalteten diese eben deshalb nicht unumschränkt. Aus diesem Grund nimmt die heute noch gültige deutsche Verfassung – von linken Gegnern deshalb mit den Worten geschmäht, sie sei „im Schatten des Kölner Domes entstanden" – in ihrer Präambel die „Verantwortung vor Gott und den Menschen" zum Ausgangspunkt: Eine Autorität jenseits diesseitiger Willkür wurde als unverzichtbar erachtet. Kardinal Marx fasste das in dem Satz zusammen: „Der Mensch ist nicht Gott!" So ist der Kern der Grundrechte dem Mehrheitswillen entzogen und das unabhängige Verfassungsgericht, die Rechtsstaatlichkeit, der Föderalismus und der Parlamentarismus gegenüber Weimar gestärkt worden. Auf plebiszitäre Elemente wie auf jakobinischen Zentralismus verzichtete man bewusst.

Heute wird ein immer stärkeres Murren gegenüber den damaligen Festlegungen vernehmbar. Selbst Spitzenpolitiker bemängeln, wenn während einer Legislaturperiode jemand vom Parlament zum Regierungschef gewählt wird, der bei der Bundestags- oder Landtagswahl noch gar nicht kandidierte. Im Spiegel der Mediendemokratie, die uns ein präsidentielles System wie in den USA suggeriert, ist das Bewusstsein geschwunden, dass man seine Stimme für einen freien Abgeordneten abgibt, der dann vier oder fünf Jahre lang den Auftrag zur Gesetzgebung wie zur Bildung oder zum Sturz einer Regierung hat.

Das Grundgesetz vermied aufgrund der Missstände von Weimar bewusst, dass der Bundestag während der Legislaturperiode aufgelöst werden kann, außer in gewissen Extremfällen. Dennoch tun manche Kommentatoren so, als sei die Ausrufung von vorzeitigen Neuwahlen in Deutschland wieder ein Regelverfahren. Demokratische Legitimierung erfolgt bei uns zu Recht mittels eines nunmehr seit Generationen bewährten und gegen die Fehlentwicklungen von Weimar stabilisierten Parlamentarismus. Daran sollte niemand leichtfertig rütteln.

Zum Tafelsilber der Bundesrepublik gehört auch die Relativierung des Nationalstaates durch die europäische Einigung und den Staatscharakter der Bundesländer. Beides ist ebenso wie die repräsentative Demokratie durch einen pseudodemokratischen Populismus gefährdet, der angeblich per Referendum die wahre Volksherrschaft wieder herstellen will, in Wirklichkeit aber in eine durch gewisse Medien wie die „sozialen Netzwerke" gesteuerte Hysteriegesellschaft münden würde. Europäische Einigung und parlamentarische Demokratie brauchen zwar eine grundlegende Erneuerung, aber nicht eine Kur, die zu ihrer Auflösung führt und unseren Völkern unter Missbrauch des Namens Demokratie den freiheitlichen Rechtsstaat raubt.

In der aktuellen Diskussion um die Demokratie auf EU-Ebene geht es vor allem um die Grundsatzfrage, ob und wie sich in einer kontinentalen Föderation ein Maximum an Freiheit mit möglichst viel Sicherheit vereinbaren lässt. Diese Thematik beherrschte bereits die als „Federalist Papers" bekannten wegweisenden Essays der Gründer der USA wie John Jay, James Madison und Alexander Hamilton, denen klar war, dass ohne Stabilität und Kontinuität an der Spitze der von ihnen zusammengeführten Vereinigten Staaten von Amerika diese entweder gar nicht zustande kommen oder eine Episode bleiben würden. Sie orientierten sich in ihren Auseinandersetzungen am griechischen Historiker Polybios, der im zweiten Jahrhundert vor Christi Geburt in 40 Büchern eine Universalgeschichte verfasst hatte, in der er die – unter anderem im Verfassungssystem liegenden – Gründe für den Aufstieg Roms zur führenden Macht darzustellen versuchte. Dazu passt das berühmte Werk von Edward Gibbon „Vom Aufstieg und Fall des Römerreiches", das an Polybios anknüpft und 1776, also im Jahr der amerikanischen Unabhängigkeitserklärung, erschien.

Doch nicht nur um Selbstbehauptung in einer gefährlichen Welt ging es der US-amerikanischen Gründergeneration im 18. und ihren europäischen Nachfolgern in der zweiten Hälfte des 20. Jahrhunderts, sondern auch um Bürgerfreiheit im notwendigerweise als Macht konstruierten Kontinentalstaat. Außer der griechisch, jüdisch, römisch und christlich fundierten Menschenwürde, der Idee des Föderalismus und der kommunalen Selbstverwaltung sowie dem im Naturrecht verankerten rechtsstaatlichen Prinzip sollte dies eine zeitgemäße Rückbesinnung auf die gemischte Staatsform gewährleisten. Von Polybios und Cicero in der Antike über Thomas von Aquin im Mittelalter bis zum klassischen Liberalismus der Neuzeit hatte die von Plato und Aristoteles entwickelte Lehre vom Kreislauf der Verfassungen die wichtigsten abendländischen Staatstheoretiker geprägt. Der große irisch-britische Politiker und Staatsphilosoph Edmund Burke, der die amerikanische und europäische Verfassungsdebatte Ende des 18. und Anfang des 19. Jahrhunderts besonders stark inspirierte, ließ diese Überlegungen in seine berühmten „Reflexionen über die Französische Revolution" einfließen. Sie alle kannten die seit dem Altertum gültige Warnung, dass eine Monarchie zur Tyrannis, eine Aristokratie zur Funktionärsherrschaft und eine Demokratie zur Machtergreifung der Straße führen kann.

Die Antwort darauf war die Idee einer Verfassung, in der sich alle drei Grundelemente – nämlich eine Kontinuität gewährleistende Spitze, eine verantwortungsbewusste Elite und eine starke Stimme des Volkes – in einer die Freiheit sichernden Weise die Waage halten. So begründete sich die konstitutionelle Monarchie und im republikanischen Kontext auch die Verfassung der Vereinigten Staaten von Amerika.

Das Konzept der repräsentativen Demokratie stand in scharfem Gegensatz zum schrankenlosen Populismus der Französischen Revolution, deren Verlauf nicht nur Kenner der klassischen Staatslehre auf gespenstische Weise daran erinnert, dass es auch so etwas wie eine totalitäre Demokratie geben kann. Eine der wichtigsten Sicherungen gegen die Schwankungen und Willkürlichkeiten des schließlich sehr grausamen Jakobinismus war die Abschaffung des Imperativen Mandats, das Abgeordnete dazu verurteilt hatte, während ihrer zeitlich begrenzten Amtsperiode nicht unabhängig dem eigenen Gewissen, sondern der ständig wechselnden Stimmung in ihrem Wahlkreis zu folgen. Heute klingen solche Tendenzen wieder an, wenn gesagt oder geschrieben wird, die Entscheidung einer frei gewählten Volksvertretung entspreche nicht dem – durch Selbstdefinition oder Meinungsumfrage festgelegten – „Volkswillen". Selbstverständlich kennt Demokratie auch im heutigen Europa sehr unterschiedliche Formen. Diese reichen von der konstitutionellen Monarchie nach spanischem Vorbild, die im entscheidenden Moment des Militärputsches die Freiheit der Spanier geschützt hat, bis hin zum parlamentarischen, machtlosen, aber symbolisch starken Königtum Großbritanniens oder Skandinaviens, vom Präsidialsystem Frankreichs mit einem schwachen Premierminister bis hin zur deutschen Kanzlerdemokratie mit einem formal nicht sehr mächtigen, aber als Korrektiv wirksamen Bundespräsidenten, vom rein repräsentativen Parlamentarismus, den die Adenauersche Republik als Antwort auf das Scheitern von Weimar entwickelte, bis hin zu konkreten Einzelfallentscheidungen durch Volksabstimmungen, wie in Bayern üblich.

Keinem dieser durch verschiedene Traditionen bestimmten Verfassungskonzepte sollte per se der freiheitssichernde Charakter abgesprochen werden, solange Bürger- und Menschenrechte, Parteien- und Medienpluralismus sowie regelmäßige Wahlen zu den jeweiligen politischen Ebenen gewährleistet sind. Heute macht sich aber eine Tendenz breit, die im repräsentativen System lediglich eine gegenüber der so genannten „direkten" Demokratie minderwertige Form der Volksherrschaft sieht: Wenn der „Souverän" unmittelbar etwas beschließe, sei dies legitimer, als wenn dies durch die von ihm gewählten Parlamentarier geschehe.

Dieser ideologisierte Ansatz ist durchaus geeignet, die Freiheit und die Balance verschiedener Elemente im Staat – die man heute mit Montesquieu „Gewaltenteilung" und „Föderalismus" nennt – zu beschädigen. Unabhängig davon, ob man prinzipiell für oder gegen mehr Referenden eintritt, gilt es, einige wesentliche Grundsätze festzulegen: Frei gewählte Parlamentarier verkörpern, ebenso wie eine von ihnen getragene stabile Regierung, die gerade in einer Demokratie besonders notwendige Kontinuität und die damit verbundene, wenn auch zeitlich beschränkte Verantwortung. Rein stimmungsbezogene Entscheidungen aus dem Moment heraus führen hingegen in eine hysterische und daher instabile Betroffenheitskultur, die leicht totalitäre Züge annehmen kann. Selbst wer Volksabstimmungen in einem gewissen Ausmaß befürwortet, muss dafür sorgen, dass die Gewählten nicht nur populäre Beschlüsse fassen und alles Unbequeme in die Anonymität eines Referendums abschieben. Alexander Hamilton, der wohl bedeutendste unter den Gründern der USA, drückte dies so aus: „Es sollte in der Regierung ein Prinzip geben, das den Modeströmungen widersteht." Der spanische Philosoph José Ortega y Gasset sprach gar von einem „Grundrecht auf Dauerhaftigkeit".

Während einer Legislaturperiode sollte sich Gesetzgebung mit sachkundigem Mut in öffentlichen Sitzungen und Debatten von Volksvertretungen vollziehen. Das, was in diesen vier bis fünf Jahren getan oder nicht getan wurde, ist dann dem Volk als Gesamtbilanz zu präsentieren, das bei der nächsten Wahl den Daumen hebt oder senkt.

Gerade Europas Freiheit liegt in den für unseren Kontinent kennzeichnenden Mischungen – zwischen den positiven Seiten der traditionellen Staatsformen in demokratischer Gestalt, zwischen sozialer Gerechtigkeit und funktionierendem Wettbewerb, wie sie die Soziale Marktwirtschaft ausmacht, zwischen persönlicher Freiheit und Sicherheit stiftender Kontinuität sowie zwischen den verschiedenen Volksgruppen und Regionen, die zusammen ein föderatives Gemeinwesen vom Dorf bis zur europäischen Ebene bilden.

Eine Konzentration auf den zentralistischen Nationalstaat gepaart mit einem Populismus, der fälschlicherweise als reinste und beste Form der Demokratie ausgegeben wird, wäre brennend gefährlich und zutiefst uneuropäisch.

Wurzelgeflecht der Zukunft

Für Millionen von aktuellen und ehemaligen Jugendlichen heißt das Zauberwort, mit dem sie Europa kennenlernen, „Interrail". Darunter versteht man derzeit vor allem den Interrail Global Pass, der für Bahnunternehmen in 32 europäischen Ländern gilt. Der besondere Reiz besteht im grenzüberschreitenden Charakter – Fahrten im Wohnsitzland sind nicht inbegriffen – mit beliebig vielen Zwischenstopps sowie der Möglichkeit, immer wieder spontan die Route zu ändern, etwa wenn man unterwegs interessante Leute trifft.

Auf diese Weise wurde mir als Neunzehnjährigem gemeinsam mit meinem sechzehnjährigen Bruder Martin und zwei Schulfreundinnen die Gelegenheit zuteil, zum nicht nur überzeugten, sondern auch länderkundigen Europäer zu werden. Dabei hatte das Ganze nicht eben glorreich begonnen. An der ersten Station, in der gastronomischen Metropole Lyon, wollten wir mit unserem Schulfranzösisch, auf einer sonnigen Terrasse sitzend, eine Spezialität ausprobieren. Das billigste Gericht auf der Karte führte den klangvollen Namen „Chantilly". Als der äußerst würdige Kellner uns dieses mit feierlicher Miene und je einem Glas Wasser servierte, bemerkten wir, dass es sich um ganz gewöhnlichen Schlagobers (Sahne) handelte – die wir aber ebenso würdig, als hätten wir nur das gewollt und nichts anderes, verzehrten. Wenige Tage und viele hundert Kilometer später waren wir schon viel professioneller und konnten auf Französisch, Spanisch und Italienisch die herrlichsten Speisen ordern.

Obwohl wir uns, aus Zeitgründen und weil der Eiserne Vorhang noch längst nicht gefallen war, auf einige wenige Länder beschränken mussten, erlebten wir doch den Zauber Südfrankreichs, ein Versteckspiel gegenüber der spanischen Guardia Civil, weil wir verbotenerweise im Freien übernachtet hatten, den letzten Auftritt General Francos bei einem Stierkampf, den mit einem Hubschrauber aus Castel Gandolfo auf den Petersplatz einschwebenden Papst Paul VI. (es war das Heilige Jahr 1975), eine sehr abenteuerliche Nacht in einem abgehängten Waggon auf einem Abstellgleis in einer Vorstadt von Marseille und vieles mehr. Höhepunkt war ein hochsommerlicher Vollmondabend auf den Stufen des seit Jahrhunderten verlassenen Papstpalastes im französischen Avignon, wo ich auf einer mitgeschleppten Reiseschreibmaschine das Gründungsmanifest der Paneuropa-Jugend Deutschland verfasste.

Dass die EU-Kommission den Vorschlag des Europaparlamentes und insbesondere des bayerischen Paneuropäers an der Spitze der EVP-Fraktion, Manfred Weber, jedem europäischen Jugendlichen künftig zum 18. Geburtstag ein solches Interrail-Ticket zu schenken oder mitzufinanzieren, im Jahr 2017 für vorläufig nicht bezahlbar erklärte, sei ihr verziehen, zumal sie zwölf Monate später zumindest einen Schritt in die richtige Richtung machte. Dass sie das Projekt aber starr und bürokratisch anging, zeigt, dass die zuständige Dienststelle den eigentlichen Interrail-Gedanken eindeutig nicht verstanden hat – wobei zu hoffen ist, dass es ihr mit der Europa-Idee an sich nicht genauso geht.

Auf jeden Fall gilt es weiter in die Vision eines europäischen Wurzelgeflechts für die Zukunft zu investieren. Dazu gehören die verschiedenen Programme für Jugendaustausch und grenzüberschreitendes lebenslanges Lernen, für kulturelle Zusammenarbeit und für Forschungsverbünde, für Digitalisierung und für transeuropäische Netze. Vermieden werden muss allerdings der Fehler, derartige Nationen verbindende Aktivitäten nur auf Jugendliche oder gar nur auf Studierende zu beschränken. Schon im Mittelalter kannte das Handwerk die Walz, die gerade auch jenen einen europäischen Horizont vermittelte, die praktische und nicht nur akademische Berufe erlernten. Was Völkerverständigung betrifft, sollten angesichts der demographischen Pyramide auch die vielen Älteren aktiviert werden, vor allem dort, wo sie aufgrund des Kommunismus keine Gelegenheit zur freien Diskussion mit den Nachbarn hatten. Gerade sie werden von Nationalpopulisten gerne für ihre Zwecke missbraucht – und könnten dabei aufgrund ihrer Lebenserfahrung mit Krieg und Diktatur einen besonders wertvollen Beitrag für die europäische Einigung leisten.

In den Zeiten unseres Interrail-Lebens mussten wir uns noch sehr intensiv bemühen, uns in andere Sprachen hineinzuhören, weil kaum jemand Englisch konnte. Heute ist die Verständigung leichter, doch droht dadurch auch eine Verarmung. Goethes berühmter Satz „Wie viele Sprachen du sprichst, sooft mal bist du Mensch" gilt unverändert. Dass dies kein Privileg gebildeter und wohlhabender Schichten sein muss, beweist eine Geschichte, die mir mein sudetendeutscher Großvater erzählte. Als Dorfkind aus dem Isergebirge hatte er im habsburgischen Nordböhmen wie selbstverständlich die Möglichkeit, jeden Sommer bei einer wenige Kilometer entfernt lebenden tschechischen Bauernfamilie deren Sprache zu erlernen, während umgekehrt deren Sprößlinge bei meinen Urgroßeltern spielerisch ihr Deutsch vervollkommneten. Dieser „Handel" oder „Wechsel" war auf privater Ebene üblich, wurde aber auch von Staat und Kirche gern gesehen und, wo möglich und nötig, unterstützt. Für einen wirklichen Europäer der Zukunft wäre es durchaus sinnvoll, sich an solchen Traditionen zu orientieren, um außer der Muttersprache und dem Englischen zumindest die Sprache der Nachbarn einigermaßen zu beherrschen.

Die Kultur und Mentalität der europäischen Völker sowie das gemeinsame christliche Erbe lassen sich gut auf den sehr alten, jetzt geradezu zu Modeerscheinungen gewordenen europäischen Pilgerwegen erspüren. Deren Spannweite reicht vom mittelalterlichen, in den letzten Jahrzehnten auch von Showgrößen wie dem Komiker Hape Kerkeling wiederbelebten Jakobsweg nach Santiago de Compostela über die „Via sacra" des Europarates bis hin zum Hedwigsweg, den die Paneuropa-Union vom Geburtsort dieser Heiligen im oberbayerischen Kloster Andechs nach Trebnitz in Schlesien, wo sie begraben liegt, entwickelt hat. In säkularisierter Form greifen das Motiv die vielen transkontinentalen Weitwander- und Fahrradwege auf, deren alpinistischer Urvater, der steirische „Südweg-Hermann", den klassischen Leitsatz formulierte: „Der Weg ist das Ziel."

Am Kreuzungspunkt mehrerer Pilgerpfade mit dem weltlichen Nord-Süd-Weitwanderweg liegt das österreichische Mariazell, das sich mit anderen großen Marienwallfahrtsorten wie Altötting in Bayern, Tschenstochau in Polen, Loreto in Italien, Einsiedeln in der Schweiz, Lourdes in Frankreich und Fatima in Portugal zum europäischen Netzwerk „Shrines of Europe" zusammengeschlossen hat.

Besonders tiefgehend sind auch Projekte, die die Geschichtsbewältigung und die politische Bildung von unten her miteinander vernüpfen. So konnte ich als Sprecher der Sudetendeutschen Volksgruppe an einem Kulturabkommen mitwirken, das Bayerns langjähriger Kultusminister Ludwig Spaenle, ein geschichtspolitisch sehr bewanderter Historiker, mit seinem tschechischen Kollegen Daniel Herman schloss, der zu den Vorreitern der deutsch-tschechischen Versöhnung gehört. Bei der Kooperation von Gedenkstätten, bei der gemeinsamen Lehrerbildung und beim Jugendaustausch werden seitdem weder die NS-Verbrechen noch die Vertreibungsproblematik ausgeklammert. Inzwischen hat Bayern, das auch ein so genanntes „Memorandum of Understanding" mit Israel initiierte, auf unsere Veranlassung eine ähnliche Vereinbarung mit dem Europaparlament in Straßburg und dem Department Unterelsaß unterzeichnet. Jugendliche und Multiplikatoren, allen voran Pädagogen, sollen neben der europäischen Volksvertretung zugleich die KZ-Gedenkstätte Struthof in den Vogesen und das benachbarte Elsaß-Memorial in Schirmeck besuchen, in dem das wechselvolle Verhältnis von Franzosen und Deutschen in dieser Region eindrucksvoll dokumentiert wird. Spaenle kommentierte dieses Konzept – das sein zuständiger Mitarbeiter Werner Karg ebenso wie das tschechische gemeinsam mit Stephanie Waldburg entwickelt hatte – mit den Worten: „Wer dies alles und dann auch noch das Straßburger Münster an einem Tag gesehen hat, hat Europa verstanden."

Unverzichtbar für das innere Zusammenwachsen der Europäischen Union sind die grenzüberschreitenden Euregios und Europaregionen, die freundschaftlichen Kontakte zwischen ihnen sowie die Vernetzung der Städte und Gemeinden, die dem allen voranging. Mit den deutsch-französischen Partnerschaften von Kommunen nach dem Zweiten Weltkrieg hatte diese Form eines Europa von unten begonnen, ebenso mit den regionalen Zusammenschlüssen diesseits und jenseits des Rheines von den Niederlanden bis Basel. Sie haben sich bewährt, sind aber manchmal von der Austrocknung durch Routine oder von der Degeneration zum Funktionärsreisebetrieb bedroht. Besser ist es, wenn eine Gemeinde solche Verbindungen nicht wie Federn sammelt, die man sich möglichst zahlreich an den Hut steckt, sondern einige wenige in die Tiefe und Breite gehend wirklich pflegt. Gerade in Krisenzeiten muss der Dialog intensiviert und ganz an der gefährdeten Integration Europas ausgerichtet werden. Dies bedeutet auch, solche Freundschaftsbündnisse nicht nur mit dem alten Westen, sondern besonders aktiv mit Kommunen im ehemaligen Ostblock zu betreiben.

Visionär war wie so oft Franz Josef Strauß, als er bereits zwei Jahre vor dem Fall des Eisernen Vorhanges empfahl, dass Heimatorts- und -kreisgemeinschaften von vertriebenen Sudetendeutschen gemeinsam mit ihren deutschen Patenstädten und ihren heute tschechischen Herkunftsorten Dreiecksverhältnisse der Zusammenarbeit schaffen sollten, sobald eine Öffnung der Grenzen die Möglichkeit dazu biete. Zugleich betonte er, dass Leid und Unrecht, das beide Seiten einander zugefügt haben, dabei nicht vergessen oder verdrängt werden dürften. Heute zeichnen sich Euregios und Städtepartnerschaften dadurch aus, dass sie diesen Kriterien entsprechen, vielfach von Vertriebenen gestiftet wurden und entscheidend dazu beitragen, dass im ganz praktischen Alltagsleben des Grenzlandes zusammenwächst, was zusammengehört.

Wie jedes Großreich bedarf die EU zudem eines alle seine Teile zusammenfügenden, effizienten Verkehrssystems, das in unserer Zeit aus ökologischen Gründen vor allem in einem Netz von grenzüberschreitenden Schnellbahnen bestehen muss. Von Helmut Kohl und seinem französischen Kollegen François Mitterrand in den achtziger Jahren beschlossen, führt es immer noch ein klägliches Schattendasein.

Karl Kraus, der böhmisch-jüdische Altmeister der Polemik, pflegte darüber zu klagen, dass es kaum noch möglich sei, Satiren zu schreiben, da sie regelmäßig von der Wirklichkeit überholt würden. Daran musste ich vor einiger Zeit auf der Autobahn unweit der böhmischen Bierstadt Pilsen denken, auf der ich wie so oft mit dem Bundesgeschäftsführer der Paneuropa-Union Deutschland, Hans Kijas, unterwegs war. Vor uns steckte im Stau ein als Intercity-Express angestrichener, stinkender Omnibus der deutschen Bahn von Nürnberg nach Prag, der im Einsatz ist, weil es Jahrzehnte nach der Wende immer noch nicht gelang, zwischen diesen beiden Lieblingsstädten Kaiser Karls IV. eine Schnellbahnverbindung zu errichten. Um die Absurdität auf die Spitze zu treiben, ertönte zugleich über den Hörfunksender B 5 Aktuell eine Nachricht, die eines Herzmanovsky-Orlando würdig gewesen wäre: Die Deutsche Bahn sei als „weltweites Logistikunternehmen" dabei, eine Expressstrecke von Mekka nach Medina zu bauen.

Auf diese Weise wirkt sich bis heute der radikale Privatisierungswahn der Ära Schröder und Mehdorn verheerend auf die Deutsche Bahn aus, die alles mögliche tut, außer ihre eigentlichen Aufgaben zu erfüllen. Immer noch ist von einer völligen Entstaatlichung der Infrastruktur die Rede. Letztere wurde jedoch von weitblickenden Wirtschaftspolitikern, Ingenieuren und Regenten in der ersten Hälfte des 19. Jahrhunderts als Generationenprojekt geschaffen und ist dies weiterhin, wie sowohl die langfristige Notwendigkeit als auch die hohen Kosten von Vorhaben wie dem fälschlicherweise „Stuttgart 21" genannten beweisen. Es geht dabei nämlich nicht um die württembergische Hauptstadt, sondern um die Schnellbahn-"Magistrale für Europa" von Paris über Augsburg und München nach Budapest, die gemeinsam mit der Linie Berlin-Rom das Grundgerüst des modernen europäischen Eisenbahnnetzes für das 21. und 22. Jahrhundert bilden soll. Mein bayerisch-schwäbischer Kollege Markus Ferber und ich haben schon vor Jahrzehnten begonnen, dafür zu kämpfen.

Parallelen drängen sich auf zwischen diesem Projekt des sudetendeutschen Verkehrswissenschaftlers Prof. Gerhard Heimerl und den genialen Plänen des herausragendsten mitteleuropäischen Wirtschaftstheoretikers des 19. Jahrhunderts, des Württembergers Friedrich List. Dieser war nicht nur der Vordenker des deutschen Zollvereins, sondern er wollte darüber hinaus den Deutschen Bund und die Donaumonarchie ökonomisch und verkehrstechnisch integrieren – mit Öffnungsmöglichkeiten dieses Konzepts hin zu einer Art Europäischer Einigung. In der Nationalstaatsbildung sah er nur einen Schritt auf dem Weg zu einem kontinentaleuropäischen Verbund unter Einschluss Frankreichs, der Frieden und Wohlstand gewährleisten sollte. Als zentrales, pragmatisches Instrument dazu schlug er den Bau grenzüberschreitender Eisenbahnen vor. Auch wenn seine Vision die damals Herrschenden politisch überforderte, wurde er immerhin zum Vater des deutschen wie des österreichisch-ungarischen Eisenbahnsystems mit Verbindungen hin zu den Nachbarn. Ähnlich wegweisende Vorstellungen beflügelten die europäischen Staats- und Regierungschefs in der Ära Kohl, die EU-Kommission unter Jacques Delors und vor allem das Europäische Parlament als Motor der Integration. Konkreter Niederschlag dessen waren Beschlussfassungen über die Transeuropäischen Netze auf den Gebieten Schiene, Straße, Wasserwege, Digitalisierung und Energie. Manches wurde durch grenzüberschreitende Kraftanstrengung erreicht, aber der Großteil der Vorhaben blieb aufgrund mangelnder finanzieller Ausstattung und nationaler Egoismen liegen. Die Schnellbahn-Magistrale Paris-Budapest ist inzwischen dank des früheren EU-Kommissars Jacques Barrot und der langjährigen Straßburger Bürgermeisterin Fabienne Keller zumindest in Frankreich fast fertig – der Hochgeschwindigkeitszug TGV braucht für die 500 Kilometer von der Seine nach Straßburg nur noch eine Stunde und vierzig Minuten. Auch in Österreich macht die Eisenbahn-Transversale große Fortschritte, doch der deutsche Teil wird noch lange Stückwerk bleiben, und in Richtung Ungarn geschieht fast gar nichts. Dasselbe gilt für querende Magistralen wie Brüssel-Mailand, Berlin-Rom oder Prag-Straßburg. Sich mit Feuereifer und dem Willen zum langfristigen, nachhaltigen Gestalten in die verkehrspolitische Schlacht zu werfen, stünde in den nächsten Jahren sowohl den europäischen Institutionen als auch den nationalen Regierungen besser an, als sich immer weiter in Privatisierungs-Irrwege für ein dazu besonders wenig geeignetes Objekt, nämlich die Infrastruktur der Eisenbahn, zu verrennen. Eine gewisse Flexibilisierung und die Mobilisierung privater Mittel können hier und da zweifellos helfen. Der Aufbau eines europäischen Schienennetzes, das keinen kurzfristigen Profit verspricht, aber langfristiger Investitionen bedarf, bleibt hingegen eine zentrale Aufgabe der staatlichen Ebene. Ein in den ICE-Farben leuchtender Bus von München oder Nürnberg in die Goldene Stadt sollte möglichst bald als das erkannt werden, was er eigentlich sein müßte: blanke Satire.

Wer auf der Via Appia Rom verlässt, kann heute noch etwas von der völkerumspannenden Kraft des alten Imperiums spüren. Pfeilgerade Heeresstraßen führten von der Ewigen Stadt in alle Himmelsrichtungen. In der Neuzeit ließ sich noch Kaiser Josef II., der vorvorletzte Habsburger auf dem Thron des Heiligen Römischen Reiches, davon inspirieren, was man etwa auf den alten

Streckenabschnitten der berühmten Brünner Straße von Wien in die mährische Landeshauptstadt nachempfinden kann, wenn man nicht zu viel von dem dort wachsenden wohlschmeckenden Rebensaft genossen hat.

Auch seine späteren Nachfolger, die österreichischen Kaiser Ferdinand und Franz Joseph, erschlossen und festigten ihr immer wieder vom Zerfall bedrohtes mitteleuropäisches Reich durch den zeitweise geradezu stürmischen Ausbau von Eisenbahnverbindungen bis hin nach Galizien und über den Balkan in die Türkei.

Erst die Zerschlagung der großen politischen Einheiten nach dem Ersten Weltkrieg im Zeichen des Nationalismus setzte dieser völkerübergreifenden Verkehrsplanung ein Ende. Der Eiserne Vorhang, mit schwer überwindlichen Grenzen auch zwischen den sowjetischen Satellitenstaaten, tat dreißig Jahre später ein übriges.

Gemessen an den historischen Vorbildern, vom Feldherrn Caesar bis zum Nationalökonomen List, macht die EU-Verkehrspolitik heute einen eher schwächlichen Eindruck. Dabei liegen auf diesem Gebiet wie auf dem der Energieversorgung die größten Potenziale für eine Staatswerdung Europas durch geglückte Vernetzung.

Europa als Bauchgefühl

Es gehört zu den Charakteristika unseres Erdteiles, dass viele Völker und Menschen auf sehr engem Raum zusammenleben und sich gegenseitig kulturell befruchten – gerade auch auf kulinarischem Sektor. Die Bevölkerungsdichte und die starken klimatischen Schwankungen – sowohl saisonal als auch von Jahr zu Jahr – machten es für Europa stets zu einer großen Herausforderung, genügend Nahrung für seine Bewohner zu finden oder zu erzeugen. Die vielgescholtene Überproduktion der EWG auf dem Gemeinsamen Agrarmarkt war die natürliche Reaktion der Nachkriegszeit auf den Mangel und die Hungersnot vorher.

Eine Folge der Regionalität und nationalen Verzahntheit der Europäer ist die einzigartige „Vielfalt in der Einheit" ihrer Küchenlandschaft. Diese wird bei aller reizvollen Unterschiedlichkeit von drei großen Gemeinsamkeiten geprägt. Die eine ist das Essen mit Messer, Gabel und Löffel – eine Sitte, die sich von Byzanz kommend über das Italien der Spätrenaissance auch auf das bürgerliche Europa des 18. und 19. Jahrhunderts ausbreitete. Die zweite besteht in der Tradition, mehrere Gänge hintereinander zu servieren, von Suppen und Vorspeisen bis hin zu Hauptgerichten und Desserts. Die französische Haute Cuisine hat dieses Kulturerbe der Mehrgängigkeit zur Perfektion entwickelt, während in vielen Teilen Asiens alles gleichzeitig aufgetischt und die Suppe dann zum Abschluss kredenzt wird.

Die wichtigste Grundlage der europäischen Küche ist aber zum dritten die schier unendliche Vielfalt der Produkte und Kombinationen, die entstand, als wir uns durch Entdeckertum und Handel die ganze Welt erschlossen. Weder ein niederländisches Pfeffersteak noch italienische Spaghetti mit Tomatensauce, weder eine Wiener Melange noch ein spanisches Frühstück mit dickflüssiger heißer Schokolade wären ohne die Beiträge anderer Kontinente denkbar. Der Kaffee kam aus Afrika zu uns, die Schokolade wie die Tomate aus Südamerika und der Pfeffer aus Asien.

Im Zusammenhang mit der europäischen Einigung wird ständig vor einem „Einheitsbrei" gewarnt. Dem muss ein urzeitlicher Kulturschock zugrunde liegen, denn unsere Ahnen zwischen der französischen Atlantikküste und der polnischen Tiefebene lebten bis ins Mittelalter hinein genau davon. Variationen gab es allenfalls, wenn man statt Hirse, dem einzigen Getreide, das man nicht mahlen musste und das daher in den Kochtöpfen vorherrschte, Erbsen oder Bohnen zu Brei verarbeitete. Jahrtausendealte Hochkulturen wie die chinesische warteten zu diesem Zeitpunkt schon mit den raffiniertesten Speisen auf.

Heute bedeutet Europäer zu sein auch ein kulinarisches Bauch- und Wohlgefühl. Das hängt nicht in erster Linie mit der politischen Einigungsgeschichte unseres Kontinents zusammen, aber auch. In den siebziger Jahren begann man spöttisch vom „Europe des banquets", vom „Europa der Bankette" zu sprechen. Nicht ganz zu Recht: An den Hauptorten der europäischen Institutionen, Straßburg, Luxemburg und Brüssel, die stark französisch geprägt sind, wird, anders als von vielen vermutet, sehr hart gearbeitet. In den Büros dort brennt oft sehr spät noch das Licht, sogar freitags, wenn in Deutschlands Behörden kaum noch jemand an seinem Schreibtisch sitzt. Dafür gehört es aber zumindest für die ältere Generation der dort tätigen Europa-Pioniere wie selbstverständlich zu ihrer Funktion, dass sie in mehrstündigen und wohlschmeckenden Essen, die mit dem von Angelsachsen und Deutschen bevorzugten Wort „Arbeitsessen" zu bezeichnen eine Kulturschande wäre, versuchen, unterschiedliche Standpunkte der verschiedenen Gruppierungen und Nationalitäten einander anzunähern.

Auch über die Mitgliedstaaten und Regionen verstreut sind solche Begegnungen unverzichtbar, bei denen die Aktiven einander die Spezialitäten ihrer Heimat präsentieren und so zu einer grenzüberschreitenden Gemeinschaft zusammenwachsen, die im Ernstfall auch krisenfest ist. Die Tatsache, dass man europäische Gipfel immer mehr auf kurze Treffen bei nur einigen Sandwichen zusammenstreicht – wobei der legendäre Earl of Sandwich zutiefst beleidigt wäre, wenn er sehen würde, was man aus der wunderbaren Erfindung seines Kochs gemacht hat –, trägt nicht unbedingt zur Qualität der Entscheidungen bei. Staatsbesuche von wenigen Stunden ohne ausgiebiges Gastmahl und zumindest eine Nacht auf fremdem Boden führen dazu, dass Vernetzungen, die heute wichtiger sind denn je, immer technischer und immer weniger menschlich werden.

Mit dem „Europe des banquets" spielten deren Veranstalter in den europäischen Gründerjahren allerdings auch auf eine französische Tradition von 1848 an, die damals den Sturz der Juli-Monarchie nach sich zog. Weil öffentliche Kundgebungen in dieser Phase der Bourbonen-Herrschaft verboten waren, trafen sich die Revolutionäre zu Banketten, bei denen geistvolle Reden und strategische Entscheidungen im Mittelpunkt standen. Dass man sich von diesem historischen Vorbild, was die europäische Einigung betrifft, inzwischen abgewandt hat, um häufiger auf die Straße und zu Diskussionen mit Bürgern zu gehen, hat durchaus seinen Sinn. Aber auch hier gilt es, nicht das Kind mit dem Bad auszuschütten. Europa als Bauchgefühl wirft die Frage auf, ob es so etwas wie eine „europäische Küche" überhaupt gibt. Die in Europas Steh-Imbissen verbreitete abenteuerliche Mischung zwischen Pseudo-Döner, der mit türkischer Kochkunst nur sehr wenig zu tun hat, Pseudo-Pizza, die ihre Herkunft von köstlichen neapolitanischen Fladen nicht mehr erkennen lässt, und einer undefinierbaren Fusionsküche, die behauptet, italienische und asiatische Wurzeln zu besitzen, verbindet genauso wenig mit europäischer Esskultur wie das weithin gesprochene Globalisierungs-Pidgin mit dem Englisch Shakespeares.

Dabei können auch Selbstbedienungsbuden Inseln menschlichen Austausches und kulinarischer Qualität sein. Ein leuchtendes Beispiel dafür ist der klassische Wiener Würstelstand. Dort treffen sich nicht nur 24 Stunden am Tag Dirigenten und Müllmänner, Professoren und Handwerker, Mittelständler und mittellose Lebenskünstler zu tiefen alltagsphilosophischen Debatten, sondern es wird auch eine reiche Palette von Spezialitäten der alten habsburgischen Vielvölkermonarchie geboten. Die Würste heißen dementsprechend „Debreciner" und „Waldviertler", „Pusztawürstl" und „Krainer", „Bosna" und „Polnische", nicht zu vergessen die – von einem in Frankfurt ausgebildeten Wiener Fleischermeister mit fränkischen Wurzeln erfundene – Kreation, die am Main „Wiener" und an der österreichischen Donau „Frankfurter" heißt. Hinzu kommen mehrere Sorten Brot und Senf, Gurken nach Znaimer oder Breslauer, Prager oder französischem Rezept, eingelegte Zwiebeln und Pfefferoni, verschiedene Varianten vom Leberkäs, Kren (Meerrettich), ordentliche Weine und Biere sowie starker, aromatischer Kaffee.

Entstanden ist dieses Kulinarium für Reich und Arm durch zwei bedeutsame Ereignisse der europäischen Geschichte: Den Wiener Kongress von 1814/15, als es plötzlich galt, unzählige Konferenzteilnehmer und ihre Mitarbeiter zu verköstigen, für die es nicht genügend Gasthäuser gab, sowie die Industrialisierung, die es notwendig machte, zehntausende mehrheitlich aus den Böhmischen Ländern herbeigeströmte Arbeiter mit günstigem und wohlschmeckendem Essen zu versorgen.

Europa hat drei Hoch- und Hofküchen hervorgebracht – die italienische, die französische und die der Habsburgermonarchie –, vor allem aber eine einzigartige Fülle von regionalen Spezialitäten der Hausmannskost, die immer dann besonders gut waren und sind, wenn man sich mit dem Nachbarn austauschte und gleichzeitig seine Originalität bewahrte. Der Strudel zum Beispiel wanderte aus Marokko, wo er heute noch eine Delikatesse ist, mit den arabischen Eroberern über Spanien nach Frankreich, wo er sich in nicht besonders überragender Form an der überreichen Konkurrenz der dortigen Köstlichkeiten festbiss, um dann auf anderem Weg von der Türkei in den Donauraum zu gelangen und von dort als ein Lieblingsgebäck wieder zu den Franzosen.

Palatschinken, Crêpes und Pfannkuchen mit ihrer verwirrenden Vielfalt an Gaumenfreuden entstammen der fladenförmigen Urform des Brotes, das ein noch recht schlichtes Grundnahrungsmittel war. Zu den Verfeinerungen unserer Zeit gehören auch die echte Pizza und der elsässische Flammkuchen.

Gulyás ist das alte ungarische Wort für „Rinderhirte" und beschrieb ein sehr urtümliches Eintopfgericht aus Fleisch und Zwiebeln, das erst mit dem Import der Paprika aus Amerika seinen feurigen und für die Magyaren identitätsstiftenden Charakter erhielt. Diese wollten ihre Lieblingsspeise zwar eigentlich in patriotischer Weise für sich behalten, wurden dabei aber durch das Prager Kochbuch von 1819 unterlaufen. So gibt es nicht nur das suppenförmige Hirtengulyás, das Pörkölt und den Paprikás aus Ungarn, sondern darüber hinaus die Karlsbader Spielart aus Böhmen, das Saft- und das Fiakergulasch aus Österreich, das Znaimer Gurkengulasch aus Mähren und viele andere wunderbare Varianten, aber anderenorts auch schaurige Plagiate wie eine Art Pfefferragout aus Fleischresten mit fader Sauce, die in nichts mehr an den Ursprung erinnern.

Zu den Grundelementen europäischen Essens gehört – neben einer großen Zahl von duftenden Brotsorten – die Suppe, von der die Wiener Kochbuchautorin Anna Dorn 1827 meinte, sie sei „das älteste und wichtigste Gericht, seit es Feuer gibt." Sie beweist, dass gute Nahrung keineswegs teuer sein muss. Hier gilt das alte Sprichwort, dass man von den Reichen das Sparen lernen solle, von den Armen jedoch das Kochen.

Mein guter Freund Milan Horáček aus Mähren, der für die Grünen im Deutschen Bundestag und im Europäischen Parlament saß, führt einen verdienstvollen Kampf gegen Bestrebungen, das europäische Kulturgut Suppe von den Tafeln zu verbannen. Die Barbarisierung hat auf diesem Gebiet schon solche Fortschritte gemacht, dass ich immer wieder von Kellnern gefragt werde, ob ich diese appetitanregende Delikatesse vor, mit oder nach der Hauptspeise möchte.

Bei einer deutsch-tschechischen Dialogveranstaltung im Berliner Außenministerium – sie fand zu einer Zeit statt, als das Verhältnis zwischen Tschechen und Sudetendeutschen noch sehr gespannt war – kritisierten Milan und ich die dort herrschende Suppenlosigkeit so vernehmlich, dass die deutsch- und tschechischsprachigen Nachfahren der böhmischen Wenzelskrone alle Politik vergaßen und gemeinsam dafür plädierten, diese dampfende Delikatesse wieder auf den Speiseplan zu setzen. Der Prager Journalist Jaroslav Šonka schilderte dies als

Schlussabsatz in der offiziellen Kongressbroschüre, worauf er zwar niemals mehr gebeten wurde, eine solche zu verfassen, es aber bei allen folgenden Veranstaltungen des Deutsch-Tschechischen Dialogforums Suppe gab, mit dem Hinweis der Organisatoren, man wisse nun, dass diese für beide Sprachgruppen der Böhmischen Länder ein gemeinsames Kulturerbe sei.

Viele europäische Speisen wurden deshalb entwickelt, weil sie dazu beitrugen, unter den schwierigen klimatischen Bedingungen Europas Nahrung zu konservieren. Gepökeltes und Geräuchertes, Kompott und Marmelade, Käse und eingelegtes Gemüse verdanken dem ihre Erfindung. Auch die Wurst war ursprünglich eine Art Fleischkonserve.

Die Qualität ihrer kulinarischen Erzeugnisse gibt auch solchen Völkern und Landstrichen eine Chance, sicht- und spürbar zu werden, die man sonst gerne pauschal mit abwertenden Etiketten bepflastert oder in die Vergessenheit abdrängt. Der Begriff „Balkan" war im deutschen Sprachraum und im Westen Europas oft negativ belegt, bis in den sechziger Jahren „Balkanrestaurants" mit ihren ausgezeichneten Spezialitäten überall aus dem Boden schossen. Vor allem in Süddeutschland und Österreich waren es in erster Linie Kroaten und Slowenen, die nicht nur die Grillbegeisterten anlockten, sondern den ganzen Kosmos ihrer reichen heimatlichen Küche präsentierten, in der sich auf relativ engem Raum alpine, pannonische, mediterrane und südosteuropäische Einflüsse miteinander verbunden haben. Dies wirkte sich zu Beginn des jugoslawischen Angriffskrieges gegen Slowenien und Kroatien 1991 ganz konkret politisch aus, denn besonders in Bayern – wo Kirche und Wirtshaus das Leben auf sehr typische Weise bestimmen – kannte fast jeder einen kroatischen Pfarrer und einen kroatischen Wirt, mit denen er sich solidarisch fühlte.

Mittlerweile genießen auch die Produkte des jenseits von Kroatien liegenden übrigen Balkans bei Kennern eine immer größere Bekanntheit und Wertschätzung. Als Gärtner von feinstem Obst und Gemüse, dessen unvergleichliche Aromen einen deutlichen Unterschied zur Massenware aus nordeuropäischen Gewächshäusern markieren, als Züchter endemischer Forellenarten, als Erzeuger von würzigen Ziegen- und Schafskäsen sowie althergebrachten Joghurtsorten und nicht zuletzt als Winzer von sehr charakteristischen Eigengewächsen bieten Bulgaren, Rumänen, Mazedonier, Kosovaren, Albaner, Montenegriner, Serben, Bosnier und Herzegowiner Spezialitäten von höchstem Geschmacksniveau und Bio-Qualität an.

Typisch europäisch, wenn auch nicht exklusiv, ist der Genuss von Wein. Dessen Anbau hat über die Römer und anschließend aufgrund der liturgischen Bedürfnisse der Kirche nahezu jeden Quadratmeter unseres Kontinents erreicht, der dafür klimatisch auch nur halbwegs geeignet ist. Begonnen hat die Kulturge-schichte des Weines offenbar im Kaukasus. Armenier und Georgier pflegen ihr – trotz äußerster Randlage auf unserem Kontinent – tief verwurzeltes Europäer-tum damit zu begründen, dass sie als Erste Rebensaft gekeltert hätten und später unter den ersten Christen gewesen seien.

Von General de Gaulle, einem der Väter der europäischen Einigung, ist das Bonmot überliefert: „Wie wollen Sie ein Land regieren, wo es 258 Käsesorten gibt?" Abgesehen davon, dass der große Präsident im Elysée-Palast maßlos unter-trieb – Frankreich verfügt über mehr als 400 Arten Käse –, macht die kulturelle Vielfalt, die sich auch in der Küche ausdrückt, Europa nicht unregierbar, son-dern führt es in einem gemeinsamen Lebensgefühl zusammen. Man kann Eu-ropa nicht nur bereisen, historisch erforschen, politisch gestalten, musikalisch und literarisch erleben, sondern auch erschmecken.

Kaum jemand wusste dies so sehr wie der große Europäer Helmut Kohl, der von deutschen Feuilletonisten dafür verlacht wurde, dass er seine internationa-len Gäste stets in seine pfälzische Heimat einlud und mit ihnen nach einem Besuch des Speyerer Domes im „Deidesheimer Hof" einen Saumagen aß. Fran-zösische Spitzenpolitiker schwärmen heute noch von dieser regionalen Speziali-tät, die ihren Gaumen mehr kitzelte als ein „internationales" Standardgericht. Wenn sich Kohl und der französische Staatspräsident Jacques Chirac in Straß-burg trafen, gingen sie gemeinsam in die nur einen Steinwurf von der Kathe-drale entfernte Weinstube „Chez Yvonne", die damals Yvonne Haller, der Witwe eines Rennfahrers, gehörte. Der Deutsche Kohl bestellte Wein, der Franzose Chirac Bier, und beide verzehrten mit Genuss eine elsässische Sauerkrautplatte voller Geräuchertem und duftenden Würsten.

Was kann es Schöneres und Europäischeres geben als eine schier unüber-schaubare Zahl von lokalen Delikatessen, die sich im Sinn eines europäischen Bauchgefühls gegenseitig anregen und ergänzen? Was gibt es Europäischeres als die Wertschätzung einer guten Hausmannskost – auch über die Jahrhunderte hinweg? In Wien existiert manches, was einzigartig ist, darunter auch eine Ge-denktafel für einen längst verstorbenen, aus Polen stammenden und offenbar sehr fähigen Wirt: „An dieser Stelle stand das privilegierte Gasthaus zum Roten Apfel, um dessen Führung sich der Sohn des 1683 Kgl. Sobieskischen Ritter-kommandanten Andrzej Taczanowski – Leopold Dassanowsky – besonders verdient machte." Der Vater hatte daran mitgewirkt, die Türken vor Wien ab-zuwehren; der Sohn sorgte von 1698 bis 1781 sehr friedlich für das Wohlbefin-den seiner Zeitgenossen – was heute in guter europäischer Weise nach wie vor in Ehren gehalten wird.

Das europäische Lebensmodell

Während seiner erfolgreichen EU-Ratspräsidentschaft in der ersten Hälfte 2006, die in vielen Bereichen Maßstäbe gesetzt hat, verfocht Österreichs damaliger Bundeskanzler Wolfgang Schüssel sehr energisch seine Forderung nach einer Stärkung des „Europäischen Lebensmodells". Dieses sei durch Globalisierung und antieuropäische Kräfte in der Welt gefährdet, weshalb es dringend notwendig sei, seine innere Stabilität und seine Konkurrenzfähigkeit zu verbessern. Auch deshalb müsse die europäische Einigung weiter vorangetrieben werden, im Sinn eines „Europa, das schützt und nützt". So wie die US-Amerikaner mit Stolz von ihrem „American Way of Life" redeten, so müssten dies die Europäer tun, was ihre einzigartige Mischung von persönlicher Freiheit und sozialer Gerechtigkeit betrifft.

Diese wurzelt tief in der Ideen- und Gesellschaftsgeschichte unseres Kontinents, hat jedoch im industriellen wie im postindustriellen Zeitalter noch an Präzisierung und Brisanz gewonnen. Insbesondere die Bankenkrise und das wachsende menschliche Schutzbedürfnis, die vom Raubtierkapitalismus geprägten Fehlentwicklungen des „Global Village" und das Erstarken neomarxistischer Denkweisen haben mit Beginn des 21. Jahrhunderts zu einer neuen Debatte über Soziale Marktwirtschaft und Christliche Soziallehre geführt. Ausdruck dessen ist auch ein Buch des Münchener Erzbischofs Reinhard Marx, das bewusst den Titel des Hauptwerkes seines kommunistischen Namensvetters, Karl Marx, trägt: „Das Kapital".

Kardinal Marx beginnt seine 2008 erschienene Streitschrift mit einem fiktiven Brief an seinen Widerpart aus dem 19. Jahrhundert: „Sie waren noch nicht einmal geboren, da haben bereits sozial engagierte Christen wie Franz von Baader (1785–1824) und Adam Heinrich Müller (1779–1829) den im 18. Jahrhundert aufkommenden Kapitalismus scharf kritisiert und auf die Not der in den neuartigen Fabriken schuftenden Arbeiter aufmerksam gemacht. 1848 haben Sie mit Friedrich Engels das ‚Manifest der Kommunistischen Partei' veröffentlicht. Sie schreiben dort, man könne das kommunistische Programm ‚in dem einen Ausdruck: Aufhebung des Privateigentums, zusammenfassen'. Im selben Jahr hat der katholische Priester und Abgeordnete des Paulskirchenparlaments, Wilhelm Emmanuel von Ketteler, in seinen berühmten Adventspredigten im Mainzer Dom ebenfalls die damals herrschende Eigentumsauffassung angegriffen, den Egoismus vieler Besitzender und deren Kaltherzigkeit gegenüber der Not der Armen, insbesondere der Arbeiterschaft, gegeißelt. Aber anders als Sie wollte Ketteler das Eigentum nicht abschaffen, sondern er betonte schon damals, was hundert Jahre später in das deutsche Grundgesetz geschrieben wurde: Eigentum verpflichtet. Sein Gebrauch soll zugleich dem Wohle der Allgemeinheit dienen."

Lebte der Trierer Philosoph noch, seine Reaktionen auf die Aussagen seines heutigen Namensvetters im bischöflichen Dienst dürften sich kaum von dem unterscheiden, was er nach einer Fahrt durch das Rheinland im Jahr 1869 in einem Brief an seinen Partner und Förderer Engels ätzend so formulierte: Er sei davon überzeugt, „dass energisch, speziell in den katholischen Gegenden, gegen die Pfaffen losgegangen werden muss. Ich werde in diesem Sinne durch die Internationale wirken. Die Hunde kokettieren (zum Beispiel Bischof Ketteler in Mainz, die Pfaffen auf dem Düsseldorfer Kongress usw.), wo es passend scheint, mit der Arbeiterfrage."

Doch auch Karl Marx mitsamt seiner Internationalen konnte nicht verhindern, dass Christen immer wieder die soziale Thematik aufgriffen, wie dies dem Gebot der Nächstenliebe entspricht. Ganz im Geist Kettelers handelte schon in der zweiten Hälfte des 19. Jahrhunderts Fürst Karl von Löwenstein, der Präsident der General-Versammlung deutscher Katholiken, aus der die Deutschen Katholikentage hervorgegangen sind. Diese Laienvertretung erteilte ihm, ebenso wie der große Papst Leo XIII., den Auftrag, „über Wucher, Arbeitslohn und Grundentlastung" zu konferieren und Thesen zur Lösung der „Arbeiterfrage" zu entwickeln. Die 1883 am böhmischen Wohnsitz der Löwensteins von Professoren und Sozialpolitikern aus Wien, Prag und Deutschland ausgearbeiteten, bereits erwähnten „Thesen von Haid" bildeten die Grundlage der Sozialenzyklika „Rerum Novarum", die der „Arbeiterpapst" 1891 vorlegte. Gemeinsam mit den Sozialenzykliken der folgenden Päpste bis zur Gegenwart, der evangelischen Sozialethik und den Konzepten der sich vom Radikalliberalismus der Wiener Schule abwendenden Ordoliberalen des 20. Jahrhunderts ist sie bis heute die geistige Basis einer Sozialen Marktwirtschaft, die sich gleichermaßen als Alternative zum Kapitalismus wie zum Sozialismus anbietet.

Besondere Verdienste um die Verankerung dieses Gedankengutes in der europäischen Rechts- und Vertragsordnung hat Ingo Friedrich. Einerseits gehörte er ab 1979 als ganz junger Politiker zu jenen, die gemeinsam mit dem damaligen Vorsitzenden des CDU-Wirtschaftsrates, Philipp von Bismarck, den Begriff der Sozialen Marktwirtschaft überhaupt bei den Kollegen anderer Nationen im Europaparlament bekannt machten. Andererseits war er, wie Bismarck ein evangelischer Christ, nicht nur ein glaubwürdiger Vertreter des liberalen Wettbewerbsgedankens und der protestantischen Sozialethik, sondern als stellvertretender Parteivorsitzender der CSU so stark durch die Katholische Soziallehre geprägt, dass er die Inspirationen aus beiden Elementen einbrachte. Der Franke – Stimmführer der EVP-Fraktion im EU-Konvent zur Schaffung der europäischen Grundrechtecharta und später als Vizepräsident des Europaparlamentes auch mit der Vorbereitung des Lissabonner Vertrages befasst – setzte in Zusammenarbeit mit dem ehemaligen deutschen Bundespräsidenten, Roman Herzog, sowie dem Vorsitzenden der christlichen Arbeitnehmerschaft auf EU-Ebene, Elmar Brok, durch, dass die EU-Vertragsordnung nachhaltig auf die Förderung der Sozialen Marktwirtschaft ausgerichtet wurde. Artikel 17 der Grundrechtecharta beinhaltet eine derart klare Eigentumsgarantie, dass bei seiner Verabschiedung sogar von einem „Sozialismusverbot" die Rede war. Auf der anderen Seite wurde im selben Paragraphen auch das „Wohl der Allgemeinheit" im Sinn der Sozialpflichtigkeit geregelt. Artikel 3 des Vertrages von Lissabon nennt unter den zentralen Zielen der EU eine „in hohem Maße wettbewerbsfähige soziale Marktwirtschaft, die auf Vollbeschäftigung und sozialen Fortschritt abzielt, sowie ein hohes Maß an Umweltschutz und Verbesserung der Umweltqualität … Sie bekämpft soziale Ausgrenzung und Diskriminierungen und fördert soziale Gerechtigkeit und sozialen Schutz …". Aufgrund solcher Formulierungen könnte man nicht nur von einem Sozialismusverbot, sondern auch von einer klaren Absage an den nackten und schrankenlosen Kapitalismus sprechen.

Diese Erneuerung der christlichen Soziallehre wie der Sozialen Marktwirtschaft war dringend notwendig und darf keinesfalls auf dem Papier vergessen werden. Im Zug des übertriebenen Wirtschaftsliberalismus, der in ganz Europa nach dem Fall des Eisernen Vorhanges um sich griff und mittlerweile weltweit in eine existentielle Krise geraten ist, haben Denker und Parteien in Europa, darunter leider auch christdemokratische, einen folgenschweren Irrtum begangen: Sie rissen Teile der klug ausbalancierten Christlichen Soziallehre aus dem Zusammenhang, um sie einseitig überzubetonen. Den Personalismus, also die Idee, dass der Mensch als Ebenbild Gottes gleichermaßen Einzelner wie auch Gemeinschaftswesen ist, reduzierten sie auf einen modischen Individualismus, und das auf Eigenverantwortung beruhende Subsidiaritätsprinzip hoben sie in einer liberalistischen Fehlinterpretation unverhältnismäßig hervor, zu Lasten des Prinzips der Solidarität wie auch der Verpflichtung zum Gemeinwohl, die genauso zentrale Bestandteile dieser Konzeption sind.

Heute setzt eine Rückbesinnung auf die wahren Fundamente und Proportionen dieses Gedankengebäudes ein, das Pius XI. erstmalig mit dem Namen „Soziallehre" belegte. Ausgangspunkt ist die unantastbare Menschenwürde jedes Einzelnen als einer unverwechselbaren, vom Schöpfer selbst mit elementaren Rechten und Pflichten ausgestatteten, frei entscheidenden und eigenverantwortlich handelnden Person. Dementsprechend ist Europa ein Kontinent der Freiheit, wie dies auch die EU-Grundrechtecharta festhält. Der gleichmacherische Kollektivismus ist seinem Wesen nach zutiefst uneuropäisch, auch wenn ihn der in Europa entstandene Kommunismus jahrzehntelang mit diktatorischen Mitteln auf unserem Kontinent ausgebreitet hat.

Unsere Kultur ist aber genauso wenig die eines extremen Individualismus, sondern betont die Eingebundenheit der Person in natürliche Gemeinschaften. Deren kleinste und wichtigste ist seit den Anfängen der Menschheitsgeschichte die Familie. Die Enzyklika „Rerum novarum" stellt klar: „Die Familie ist älter als jedes andere Gemeinwesen, und deshalb besitzt sie unabhängig vom Staat ihre innewohnenden Rechte und Pflichten." Staat und Gesellschaft sind für die Familie da und nicht umgekehrt; sie müssen sie daher respektieren, fördern und schützen, dürfen aber nicht „nach Gutdünken in das Innere der Familie ... eindringen."

Der Wiener Kardinal Christoph Schönborn hat in seinem Buch „Die Menschen, die Kirche und das Land" nicht nur den „Vorrang der menschlichen Person" zur Quintessenz der Soziallehre erklärt, sondern unterstreicht darüber hinaus: „Vorrang kommt der Förderung der Familie zu. Sie ist der erste Lernort für jene Tugenden, ohne die eine Gesellschaft nicht gedeihen kann: Sinn für Solidarität, für die elementaren menschlichen Tugenden des Zusammenlebens wie Fleiß, Rücksicht, Ausdauer, Fähigkeit zur Kooperation, zur gegenseitigen Geduld, zum Miteinander der Generationen, zur Rücksichtnahme für Schwächere." Eine Wirtschaftspolitik, die familienfeindlich sei, untergrabe „ihre eigenen Fundamente!"

Prof. Ferdinand Kinsky stellt in seiner Studie „Solidarität statt Egoismus – Lebensmodell Europa" den Zusammenhang zwischen diesen Tatsachen und dem Funktionieren des Subsidiaritätsprinzips her. Dieses solle „kleinen Gemeinschaften, insbesondere der Familie, eine ausreichende Autonomie und Freiheit zur Wahrung ihrer eigentlichen Aufgabe" garantieren.

Das Subsidiaritätsprinzip legt bekanntlich fest, dass sich die größere Einheit auf die Zuständigkeiten beschränken soll, die die kleinere nicht eigenständig bewältigen kann. Es beinhaltet allerdings auch – anders als seine liberalistischen Fehldeutungen – die Verpflichtung der höheren Ebene, wenn nötig helfend einzugreifen, und ist eng gekoppelt mit seinem Schwesterprinzip, der Solidarität. Letztere ist nicht nur zentrale, in der Nächstenliebe wurzelnde Menschenpflicht für jeden Einzelnen, sondern unverzichtbare Grundlage einer möglichst gerechten Gemeinschaft, wenn diese nicht zur von hemmungslosem Egoismus geprägten Räuberbande verkommen soll, vor der schon der Heilige Augustinus gewarnt hat. Die Verantwortung für das Gemeinwohl wiederum gilt ebenfalls nicht nur für den Einzelnen, sondern auch für die natürlichen Gemeinschaften sowie für die verschiedenen staatlichen Ebenen. Sie ist neben der Wahrung des Rechts, der Sicherheit und des Friedens eine wesentliche Daseinsberechtigung der politischen Autorität.

Zu den Kernelementen christlich-sozialer Politik im überparteilichen Sinn gehört es, durch eine verantwortungsvolle Sozialpartnerschaft die Spaltung der Gesellschaft zu überwinden, die ihre Ursache in egoistischem Gewinnstreben und Ausbeutung auf der einen sowie im Klassenkampf auf der anderen Seite hat. Der Gegensatz zwischen Arbeit und Kapital wird aufgelöst, indem die Arbeit dem Kapital übergeordnet und von einer „Würde der Arbeit" gesprochen wird. In diesem Sinn ist die Marktwirtschaft kein Selbstzweck. „Zweck an sich ist nur der Mensch mit seiner Personenwürde, der Markt aber ist ein Mittel im Dienst des Menschen," schreibt Reinhard Marx. Der Ordoliberale Alexander Rüstow, einer der großen ökonomischen Denker des 20. Jahrhunderts, bezeichnete dementsprechend die Wirtschaft als „Dienerin der Menschlichkeit". Während Ludwig Erhard und Walter Eucken, bei allen ihren großen Verdiensten, eher die Meinung vertraten, dass der Markt aus sich heraus sozial sei, forderte der eigentliche geistige Vater der Sozialen Marktwirtschaft, Alfred Müller-Armack, „das Prinzip der Freiheit auf dem Markte mit dem des sozialen Ausgleichs zu verbinden" – was nicht nur notwendig macht, dass der Staat klare Rahmenbedingungen setzt, sondern zuweilen auch sein Eingreifen erfordert. Sein kongenialer Mitstreiter Wilhelm Röpke legte ganz in diesem Sinne dar, dass es die Aufgabe der Sozial-, Wirtschafts- und Finanzpolitik sei, „jenseits des Marktes" Schwache zu schützen, Interessen auszugleichen, Spielregeln zu setzen und Macht zu begrenzen. Röpke verließ übrigens in den sechziger Jahren gemeinsam mit anderen wie Otto von Habsburg, die liberale Mont-Pelerin-Gesellschaft, deren Gründungsmitglied und zeitweiliger Präsident er war, aufgrund einer Auseinandersetzung mit dem radikalliberalen Friedrich August von Hayek – unter anderem, weil Röpke und der Habsburger die Meinung vertraten, man müsse Soziale Marktwirtschaft „mit einem großen S schreiben", also bei Marktversagen aktiv eingreifen. Die Grundlage für dieses menschenrechtsorientierte, vom „ökonomischen Humanismus" geprägte Denken findet sich in Röpkes zentralem Werk „Jenseits von Angebot und Nachfrage".

Die Soziale Marktwirtschaft als erfolgreiche Alternative zur sozialistischen Planwirtschaft wie zum „ungebändigten Kapitalismus, der den Markt vergötzt" – so Johannes Paul II. in „Centesimus Annus" – hat angesichts der jüngsten weltweiten Entwicklungen erneut an Bedeutung und Strahlkraft gewonnen. Dem polnischen Papst ging es stets darum, beide Materialismen, den östlichen und den westlichen, gleichermaßen zu bekämpfen und den personalistischen Geist der Katholischen Soziallehre zur Grundlage des europäischen Lebensmodells zu machen. Sein Nachfolger, Papst Benedikt XVI., definierte letzteres bei einer Ansprache in der Wiener Hofburg am 7. September 2007 so: „Damit ist eine Gesellschaftsordnung gemeint, die wirtschaftliche Effizienz mit sozialer Gerechtigkeit, politische Pluralität mit Toleranz, Liberalität und Offenheit verbindet, aber auch das Festhalten an Werten bedeutet, die diesem Kontinent seine besondere Stellung geben."

Ferdinand Kinsky weist in „Solidarität statt Egoismus" darauf hin, dass dieses Gedankengut zwar „christlich inspiriert" sei, aber allen Europäern gleichermaßen offenstehe: „Gläubige anderer Religionen oder Ungläubige sollen genauso respektiert werden wie Christen … Jede menschliche Person hat ihre eigene Identität mit eigenen Anschauungen und Werten, die aus verschiedenen Quellen stammen … So unterschiedlich die Ergebnisse … dann sein können, so darf und sollte dennoch die Frage nach mehr Solidarität und weniger Egoismus immer gestellt werden."

Selbstverständlich umfasst das europäische Lebensmodell mehr als nur den erfolgreichen – nicht „dritten", sondern eigenständigen – Weg zwischen freiheitstötendem Kollektivismus und jenem kalten Individualismus, den der frühere tschechische Präsident Václav Klaus als „Marktwirtschaft ohne Attribute" preist. Zu unserem „way of life" gehören auch die Trennung von Staat und Kirche – gepaart mit einer Partnerschaft beider, die dem Gemeinwohl dient, die unbedingte Überordnung des Rechts über die Macht, die permanente Verständigung zwischen Glaube und Vernunft sowie die typisch abendländische Kombination von Innovation und Nachhaltigkeit.

Müller-Armack versuchte dementsprechend in „Religion und Wirtschaft", die verschiedenen großen geistigen Strömungen Europas zusammenzuführen. Seiner Idee einer Sozialen Marktwirtschaft legt er „außer volkswirtschaftlichen Erkenntnissen" mehrere „Weltanschauungsgruppen" zugrunde: die Katholische Soziallehre („sie ist das festeste Fundament"), die evangelische Sozialethik, die sozialistische Theorie und die liberale Sozialtheorie. Der Staatssekretär Ludwig Erhards berief sich auf das „sittliche Wollen des Sozialismus, den Ordo-Gedanken des Katholizismus, die Beseelung der Berufsidee und die brüderliche Hilfsbereitschaft der Protestantismen sowie die Einsicht in neue Organisationsprinzipien im Liberalismus". Gemeinsam könnten diese viel bewirken: „Erst auf dem Boden einer solchen übergreifenden Sozialidee kann eine wahrhaft europäische Sozialordnung erwachsen."

Zuspruch von sozialdemokratischer Seite fanden Müller-Armacks Überlegungen etwa in dem 1985 erschienenen „Manifest für eine Europäische Linke" des damaligen Vordenkers und Bundesgeschäftsführers der SPD Peter Glotz, eines Egerländers, der sich in seinem Werk ausdrücklich auf Coudenhove-Kalergi und die Paneuropa-Union berief. Europa, „seine Geschichte im Rücken, kann nur dann von einem geographischen zu einem politischen Begriff werden, wenn die Europäer die unabweisbaren Minima Moralia respektieren: Soziale Gerechtigkeit." Dies begründet er scharf und barsch: „Auf neuer Armut und gebrochenen Gesellschaftsverträgen lässt sich kein europäischer Lebenswille gründen." So veraltet die Thesen von Glotz in manchen Punkten sind, etwa was die deutsche und europäische Teilung betrifft, so zutreffend ist diese Aussage angesichts der gegenwärtigen Krise der EU, die auch eine soziale ist. Seine Analyse der europäischen Politik liest sich ähnlich überspitzt, ist aber keinesfalls unaktuell: „Europa ist derzeit der hilflose und schweigende Kontinent, ohne soziale Vision und ohne historische Mission. Ein schlafender Riese; aber einer, der beim Schlafen schrumpft". Eindeutig wandte sich der bayerische Sozialdemokrat gegen jeden Nationalegoismus und Protektionismus: „Beim Versuch, eine Wagenburg zu bauen, werden wir uns gegenseitig umbringen; die Verteilungskämpfe in der Wagenburg wären mörderisch."

Doch Glotz kritisierte nicht nur, sondern entwickelte Alternativen, die in diesem Punkt den Ideen Müller-Armacks ähneln. Europa müsse, um nicht „auszurinnen", eine „neue, die alten Lager und die nationalen Grenzen überspringende, historisch operierende Führungsschicht bilden", wolle es nicht „im Ekel vor der Selbsterhaltung, sensibel und demoralisiert, bestenfalls in satirischer Résistance" enden. Der „alte Kontinent" solle „als Ideenlieferant ... aufnehmen, zusammenfassen, zum Leben bringen, was in den letzten vierhundert Jahren, seit Hume und Locke, Kepler, Galilei, Descartes und Kant auf dem Humus einer dreitausendjährigen Geschichte unter schrecklichen Opfern herausentwickelt worden ist. Das aber heißt: dem Geist des rationalistischen Individualismus gerade jetzt, am Beginn einer neuen, elektronischen, die Arbeit revolutionierenden Phase der Zivilisation nicht davonzulaufen, sondern das

Projekt der Moderne weiterzutreiben." Den Kapitalismus, den Glotz ein „Produkt des abendländischen Rationalismus" nannte, zur sozialen Demokratie weiterzuentwickeln, greife auf, „was historisch in Europa durchaus entfaltet ist: ein auf wissenschaftlich-experimentellem Geist aufgebautes, aufklärerisches, antiheroisches, unkriegerisches Programm."

Einen wichtigen Beitrag zu den geistigen Grundlagen eines europäischen Lebensmodells hat auch der klassische Liberalismus geleistet, dessen bedeutendster Theoretiker in der Mitte des 19. Jahrhunderts Alexis de Tocqueville war. Einer aristokratischen Familie aus der Normandie entstammend, reflektierte er äußerst kritisch sowohl das Ancien Regime, dessen Teil seine Vorfahren gewesen waren, als auch die Französische Revolution, nach deren Abklingen er geboren wurde. Sein Hauptwerk „De la Democratie en Amérique", das er nach einer rund neunmonatigen Reise durch die USA verfasste, sollte Impulse für eine Neuordnung Europas geben, ohne dass er die Unterschiedlichkeiten der beiden Kontinente aus den Augen verlor. Das eigentliche Thema des großen Liberalen war dabei das Verhältnis zwischen Demokratie und Religion. Eine liberale Ordnung hielt er nur auf dem Fundament des Christentums für realisierbar. Prägnant fasste er zusammen: „Der Despotismus kommt ohne Glauben aus, die Freiheit nicht." Nur mit Blick auf das Jenseits wisse der Mensch, dass es Wichtigeres gebe als „die allzu heftige und ausschließliche Neigung zum Wohlergehen."

Dabei wehrt sich Tocqueville sowohl gegen eine Staatsreligion, wie sie das feudalistische Frankreich kannte, als auch gegen die Ersetzung des Christentums durch die Normen einer laizistischen „Zivilreligion", wie sie Jean-Jacques Rousseau ein Jahrhundert früher gefordert und die Französische Revolution umgesetzt hatte.

Gegen eine Staatsreligion wandte Tocqueville ein, dass das Bündnis zwischen Thron und Altar zur fortschreitenden Entchristlichung der Gesellschaft und schließlich dazu geführt habe, dass mit dem Thron auch der Altar gestürzt wurde. In der Tat: Die Kirchenfeindlichkeit verschiedener Aufklärer und auch Revolutionäre hing nur zum Teil mit ihrer Religionskritik zusammen, aufgrund derer sie – mit katastrophalen Folgen, wie sie in der Französischen Revolution und erst recht in den totalitären Systemen des 20. Jahrhunderts sichtbar wurden – die Emanzipation des Subjekts von der göttlichen Ordnung vorantrieben. Brüche und Konflikte waren vor allem auch dadurch entstanden, dass viele Kritiker des Ancien Regime die Kirche in erster Linie als Zensuranstalt, politische Institution der Mächtigen oder Teil der wirtschaftlichen Oberschicht wahrgenommen hatten. Die Befreiung der Religion aus den Fesseln des Staates war tatsächlich, wie Tocqueville am Beispiel der USA prophezeit hatte, die Voraussetzung ihrer Wiedergeburt als starke geistige Kraft in einer freien Gesellschaft.

Dass diese notwendig sei, hatte der Staatsphilosoph angesichts der totalitären Versuchungen einer Demokratie ohne religiöse und ethische Grundlagen betont. Politik lässt sich, wie er feststellte, nicht von Moral und Moral dauerhaft nicht von Religion trennen. Ganz in diesem Sinn formulierte in unserer Zeit der deutsche Verfassungsjurist Ernst Wolfgang Böckenförde seine berühmte These, dass der Staat, zumal der demokratische und säkulare, von Voraussetzungen lebe, die er selbst nicht garantieren könne. Eine laizistische Zivilreligion, wie sie heute vor allem von Linksliberalen und Spätachtundsechzigern anstelle des Christentums propagiert wird, oft auch noch unter dem Schlagwort „europäische Werte", lehnt Tocqueville mit der richtigen Begründung ab, dass ein solcher „politischer Glaube" noch mehr als eine Staatsreligion das liberale Laizismusgebot verletze. Außerdem könne eine solche Pseudoreligion, die statt an der Wahrheit an der Nützlichkeit orientiert wäre, weder als Korrektiv eines demokratiegefährdenden Egoismus dienen noch einem drohenden Totalitarismus Einhalt gebieten.

Vom Liberalismus als einer „Religion der Freiheit", die ihrerseits Gefolgschaft beansprucht, sprach Benedetto Croce 1935 in seiner „Geschichte Europas im 19. Jahrhundert". Zwar erkläre diese machtvolle Geistesströmung, so Croce, jede Religion zur Privatsache, wer aber behaupte, „dass die Gesellschaft als Ganzes den Gesetzen Gottes unterworfen sei, der wird vom Liberalismus in den Bann getan."

Problematisch sind auch andere Aspekte des ansonsten für Europas Entwicklung sehr verdienten liberalen Gedankengebäudes. So bemängelte Albert Maria Weiß 1904 in seiner „Apologie des Christentums", dass der Liberalismus „das Recht vollständig von der Pflicht trennt". Einer der Vordenker der Katholischen Soziallehre im 19. Jahrhundert, der österreichische Baron mecklenburgischer Herkunft Carl Vogelsang, wandte sich gegen die liberale Idee vom „Nachtwächterstaat", dem er vorwarf, dass seine einzelnen Organe „ohne Übereinstimmung mit dem Zweck des Ganzen, ohne Solidaritätsgefühl egoistisch funktionieren." Croce zeigte sich von solcher Kritik an der liberalen Denkart gänzlich unbeeindruckt, indem er letztere als eine definiert, „die den Sinn des Lebens im Leben selbst erblickt." In diesem materialistischen Ansatz ist der radikale Liberalismus sogar mit dem ihm auf vielen Gebieten entgegengesetzten Sozialismus geistesverwandt.

Die Grundfragen, die Tocqueville bereits 1835 aufgeworfen hat, stellen sich in den europäischen Nationalstaaten wie auch in der EU heute brennender denn je. Gegen Tocquevilles Thesen wird allerdings eingewandt, dass sein Satz, wonach „keine Gesellschaft ohne gleiche Glaubenslehren gedeihen kann", mit der multireligiösen und -kulturellen Realität des modernen Europa unvereinbar sei. Vor diesem Befund kann man entweder kapitulieren, sich auf einen reinen Verfassungspatriotismus beziehen, wonach nur das jeweilige Grundgesetz als Leitkultur genüge – oder um eine ehrliche Antwort auf die Frage nach den gemeinsamen europäischen Werten ringen.

Diese lässt sich am ehesten dadurch finden, dass sich die letzten Endes doch christlich geprägte Mehrheit der Europäer sowohl ihrer Wurzeln entsinnt als auch Interesse am Glauben und an der Identität anderer entwickelt. Dies entspräche dem christlichen Verständnis des Wortes Toleranz, wie es jetzt Manfred Lütz in seiner „Geheimen Geschichte des Christentums" herausgearbeitet hat, die unter dem Titel „Der Skandal der Skandale" erschien: „Toleranz ist eine christliche Erfindung. Während ‚tolerantia' im klassischen Latein das Ertragen von körperlichen Lasten und Mühen bedeutete, von Unrecht, Folter und Gewalt, niemals aber das Ertragen anderer Meinungen oder Menschen", hätten die Christen im Altertum dafür gesorgt, „dass sich die Bedeutung dieses Wortes änderte. Von nun an versteht man darunter den liebevollen Respekt vor anderen Menschen, die Duldsamkeit gegenüber Andersdenkenden."

Wenn es also darum geht, sich gegenseitig nicht nur zu er-tragen, sondern zu tragen, müssen gerade Christen ein besonderes Charisma entwickeln, um zu verstehen und einzubeziehen, was Juden, Muslime und andere auf unserem Kontinent umtreibt. Die daraus entstehende Zusammenarbeit zum Kitt unserer Gesellschaft zu machen, ist jedenfalls realistischer als ein Sich-Begnügen mit diffuser, voraussetzungsloser Vielfalt, nacktem und wertlosem Gewinnstreben oder dem irreführenden Ruf nach einer rein nationalen Leitkultur.

Christentum als Sauerteig

Dieses Kapitel schrieb ich an jenem Sonntag im Kirchenkalender, der „Laetare" – also „Freut euch! – heißt. Kern des Christentums ist der Glaube, dass Jesus Christus durch seinen Kreuzestod die Welt erlöst hat. Von der Freude über diese Erlösung möglichst viel in den Alltag Europas hineinzutragen, ist der eigentliche Auftrag der europäischen Christen aller Konfessionen. Wir alle werden daran gemessen, ob dieses Europa und unsere unmittelbare Umgebung durch unser Zutun ein besserer Ort geworden sind oder nicht. Deshalb ist es Christen ausdrücklich verboten, sich resigniert oder verstört in ein – selbstgewähltes oder von anderen bereitgestelltes – Ghetto zurückzuziehen.

Dies würde manchen Kräften durchaus passen. So erklärte der ehemalige belgische Premierminister Guy Verhofstadt als Fraktionsvorsitzender der Liberalen im Europäischen Parlament apodiktisch, Europa habe mit dem Christentum nichts zu tun, und dieses dürfe im öffentlichen Leben unseres Kontinents keine zentrale Rolle spielen. Andere billigen den Kirchen immerhin noch eine gewisse kulturelle oder soziale Funktion zu. Schlimmer als all das ist aber, wenn ausgerechnet Katholiken plötzlich ihr Heil im Nationalstaat oder gar im Nationalismus suchen.

In der Gründerphase der Europäischen Union waren vor allem die Angehörigen der weltweiten Katholischen Kirche Motoren eines übernationalen Zusammenschlusses. Viele evangelische Christen und viele Atheisten standen dem sich integrierenden Europa eher skeptisch gegenüber, denn es war ihnen zu „römisch" und zu universalistisch. So begründete die SPD im Deutschen Bundestag ihre Ablehnung des Beitritts zu Robert Schumans Kohle- und Stahlgemeinschaft, die abgekürzt EGKS genannt wurde, wie folgt: Diese sei „kapitalistisch, konservativ, klerikal und kartellistisch". Damals stand an der Spitze der SPD der sehr national denkende Kurt Schumacher, ein aufrechter Demokrat, der für seinen Widerstand gegen Hitler im KZ gesessen war, aber nun von der Westorientierung und den christlichen Gründervätern Europas befürchtete, dass diese eine deutsche Wiedervereinigung vereitelten. Erst mit dem Godesberger Programm von 1959 bekannten sich die Sozialdemokraten sowohl zu einem Abbau ihrer Frontstellung gegenüber den Kirchen als auch wieder zur europäischen Idee, der sie zunächst schon 1925 in ihrem Heidelberger Programm – mit der Forderung nach Vereinigten Staaten von Europa im Sinn der Paneuropa-Union – gehuldigt hatten. Unmittelbar nach dem Zweiten Weltkrieg war in ihren Reihen der bedeutendste Repräsentant eines kämpferischen Europäertums Carlo Schmid, der als einer der Väter des Grundgesetzes auch die „Verantwortung vor Gott und den Menschen" mitgetragen hatte. Heute käme in der SPD niemand mehr auf die Idee, die EU als „klerikales Kartell" zu bezeichnen.

Inzwischen gibt es jedoch Christen verschiedener parteipolitischer Orientierung, die sich aus der Gestaltung Europas zurückziehen. Ursache dafür sind außer begreiflichen Enttäuschungen über gesellschaftspolitische Fehlentwicklungen etwa auf den Gebieten Lebensschutz, Ehe und Familie zwei grundlegende Irrtümer, die in manchen kirchlichen Kreisen vorhanden waren oder sind. In den fünfziger bis siebziger Jahren dominierte oftmals die Vorstellung, Europa sei automatisch das christliche Abendland. Um die Entchristlichung in den verschiedenen Nationalstaaten abzuwehren, müsse man einfach einem Mehr an Europa zum Durchbruch verhelfen. Das aber war eine Illusion, denn das Ganze kann nicht christlicher sein als seine Teile, also als unsere Staaten, unsere Regionen, unsere Dörfer und Städte, unsere Familien und wir selbst.

Heute ist meist das andere Extrem zu hören: Die Angst vor der EU als einer großen Entchristlichungs-Maschinerie, einer gewaltigen anti-christlichen Verschwörung, gegen die es nur helfe, sich auf die Ebene der Nation zurückzuziehen und sich abzuschotten. Je weniger Europa, desto mehr Christentum lautet die falsche Devise, die diesen Teil der Christen zur politischen Beute von Rechtsextremisten wie AfD, FPÖ oder Rassemblement (bisher Front) National macht.

Trotz vieler problematischer Beschlüsse auch auf europäischer Ebene – den entchristlichenden Moloch Europa gibt es nicht. Wer wollte im Ernst behaupten, dass Berlin christlicher sei als Straßburg oder Brüssel? In den europäischen Institutionen ringen genauso wie in der Kommune, in der Region oder im Nationalstaat sehr unterschiedliche Kräfte miteinander: Nichtchristliche, christliche und auch solche, die den Begriff „christlich" sehr unterschiedlich interpretieren. Immerhin haben sich bei einer Umfrage der Europäischen Kommission mehr als 80 Prozent der EU-Bürger als Christen bezeichnet. Wenn nur ein Teil von ihnen sich gestaltend in den europäischen Einigungsprozess einbringt, kann dies unserer Demokratie viele positive und prägende christliche Inspirationen bescheren. An ihrer Präsenz innerhalb von Partei-

185

strukturen, in den Medien, in der Gesellschaft und in den Kirchen käme kein politisch Verantwortlicher vorbei.

Wenn auch immer noch die Mehrheit in der übernationalen Katholischen Kirche sich leichter mit übernationaler Politik tut als mancher andere, haben in den letzten Jahrzehnten die evangelischen Christen mit ihrem Engagement spürbar aufgeholt. Das Reformationsjubiläum der EKD im Lutherjahr 2017 wurde zum Beispiel sehr bewusst als europäisches Ereignis gestaltet, womit es sich vom nationalistischen Missbrauch der Reformation in der ersten Hälfte des 20. Jahrhunderts deutlich abhob. Auch im Deutsch-Tschechischen Gesprächsforum, das den bilateralen Versöhnungsprozess vorantreiben soll, haben die beiden evangelischen Vertreterinnen, Monika Žárská von der sehr kleinen Kirche der Böhmischen Brüder und die oberfränkische Regionalbischöfin Dorothea Greiner, gemeinsam Hervorragendes geleistet. In Straßburg wirkt ein aus dem Lutherischen Weltbund heraus gegründetes Institut für Ökumenische Forschung unter der Federführung von Prof. Theodor Dieter aktiv am evangelischen Beitrag zur europäischen Einigung mit.

Aufsehen erregte in den letzten Jahren ein regelmäßiges ökumenisches Europa-Treffen mit vielen tausend Teilnehmern, das unter dem Titel „Miteinander für Europa" steht. Dieses führt zahlreiche Bewegungen und Gemeinschaften aus dem katholischen, evangelischen, reformierten, anglikanischen, freikirchlichen und orthodoxen Bereich zusammen, die in ihrem Brüsseler Manifest von 2012 formulierten: „Angesichts der Krise unseres Kontinents spüren wir als Christen und Europäer, dass die Antwort nicht nationalistischer Rückzug, Gegnerschaft oder Lokalpatriotismus sein kann. Diese Krise darf nicht dazu führen, Zuflucht hinter neuen Mauern von politischem und wirtschaftlichem Egoismus zu suchen. Sie würden uns auf unserem Kontinent spalten und den Norden vom Süden der Welt trennen. Europa braucht mehr Einheit."

Die Einbeziehung orthodoxer Kirchen ist hier besonders wichtig, denn diese sind mehrheitlich aufgrund einer komplizierten Geschichte als Nationalkirchen miteinander zerstritten und verfügen außerdem nur in ersten Ansätzen über eine ausgearbeitete politisch-gesellschaftliche Ethik oder gar eine Soziallehre. Bei deren Entwicklung zu helfen, hat sich der katholische Erzbischof von Belgrad, der Paneuropäer slowenischer Herkunft Stanislav Hočevar, zum Ziel gesetzt, der intensiv mit aufgeschlossenen Kräften in der Orthodoxie zusammenarbeitet und ihnen ermöglicht, Studienaufenthalte in Ländern der Europäischen Union zu nehmen. Auch die Europäische Volkspartei als größte Fraktion im Europäischen Parlament bemüht sich bei ihrem regelmäßigen ökumenischen Dialog besonders um die Mitwirkung der vor allem in Rumänien,

Bulgarien, Zypern und Griechenland sowie in mehreren Kandidatenländern sehr starken orthodoxen Kirchen.

In seiner Dankesrede bei der Verleihung des Aachener Karlspreises in Rom ermutigte Papst Franziskus zu solchen Initiativen: „Am Wiederaufblühen eines zwar müden, aber immer noch an Energien und Kapazitäten reichen Europa kann und soll die Kirche mitwirken. Ihre Aufgabe fällt mit ihrer Mission zusammen, der Verkündigung des Evangeliums." Vor diesem Hintergrund lohnt es sich, darüber nachzudenken, was die Kernbotschaften des Alten und des Neuen Testamentes für den europäischen Einigungsprozess sind.

Die erste findet sich in der Schöpfungsgeschichte: „Gott schuf den Menschen als sein Abbild, als Abbild Gottes schuf er ihn. Als Mann und Frau schuf er sie." Darin liegt begründet, was von Franziskus I. so in die Europapolitik transferiert wurde: „Ich träume von einem neuen europäischen Humanismus … von einem Europa, das die Rechte des Einzelnen fördert und schützt, ohne die Verpflichtungen gegenüber der Gemeinschaft außer Acht zu lassen. Ich träume von einem Europa, von dem man nicht sagen kann, dass sein Einsatz für die Menschenrechte an letzter Stelle seiner Visionen stand."

Die zweite Kernforderung, die die Bibel zur Identität Europas beisteuert, ist das Gebot der Nächstenliebe. Kardinal Ratzinger meinte dazu bei seiner Europa-Predigt am 13. September 1980 in Krakau, also inmitten der sozialistisch-materialistischen Lieblosigkeit: „Die christliche Kultur hat nicht nur die Kathedralen zur Ehre Gottes gebaut, sondern sie hat ebenso die Spitäler für die Kranken und die Alten errichtet, auch dies zur Ehre Gottes, den sie im leidenden Menschen ehrte." Dies bedeutet im Klartext: Europa ist nur dann Europa, wenn es sich auch der Schwächsten, nämlich der armen, alten, ungeborenen, behinderten und kranken Menschen annimmt.

Ein drittes wichtiges Element der christlichen Prägung Europas ist die Trennung von weltlicher und geistlicher Autorität nach Matthäus 22,21: „So gebt dem Kaiser, was dem Kaiser gehört, und Gott, was Gott gehört!" Ganz in diesem Sinn nannte August Maria Knoll in seiner Gesellschaftslehre „jedes Staatskirchen- und Kirchenstaatstum" schlichtweg „unkatholisch". Auch wenn dies in der Kirchengeschichte nicht immer so gesehen wurde, hat sich Leo XIII., der sich noch für die Wiederherstellung des Kirchenstaates einsetzte, in seinem Rundschreiben „Immortale dei" von 1885 sehr klar ausgedrückt: „Gott hat die Verwaltung des Menschengeschlechtes auf zwei Gewalten verteilt: Auf die kirchliche und auf die staatliche. Jede der beiden Gewalten ist in ihrem Bereiche die höchste, jede hat ihre durch Natur und Zweck beider Bereiche gezogenen Grenzen." Zu diesem Thema hatte der Heilige Thomas von Aquin bereits im Hochmittelalter in seinem Sentenzenkommentar geschrieben: „In Dingen, die das Heil der Seelen betreffen, muss man mehr der geistlichen als der weltlichen Gewalt gehorchen. In jenen Dingen aber, die die bürgerliche Wohlfahrt betreffen, muss man nach Matthäus 22,21 mehr der weltlichen als der geistlichen Gewalt gehorchen."

Die vierte unter den entscheidenden biblischen Aussagen, die den europäischen Geist geformt haben, lautet: „Darum gehet hin und lehret alle Völker". Auch wenn diese Maxime zuweilen kolonialistisch missbraucht wurde, hat sie maßgeblich zur weltweiten Vernetzung der Europäer und zur Schaffung gemeinsamer geistiger Grundlagen für eine menschenwürdige globale Ordnung der Zukunft beigetragen. Papst Franziskus lieferte in seiner Karlspreis-Rede die Instrumente für einen partnerschaftlichen Ansatz zwischen Europa und den anderen Kontinenten, wenn es um den Aufbau eines gemeinsamen Wertegerüsts geht: „Wenn es ein Wort gibt, das wir bis zur Erschöpfung wiederholen müssen, dann lautet es Dialog. ... Die Kultur des Dialoges beinhaltet einen echten Lernprozess sowie eine Askese, die uns hilft, den Anderen als ebenbürtigen Gesprächspartner anzuerkennen, und die uns erlaubt, den Fremden ... als Subjekt zu betrachten, dem man als anerkanntem und geschätztem Gegenüber zuhört." Auf diese Weise, so Franziskus an einer anderen Stelle seiner Ausführungen, „wird die Gemeinschaft der europäischen Völker die Versuchung überwinden können, sich auf einseitige Paradigmen zurückzuziehen und sich auf ‚ideologische Kolonialisierungen' einzulassen. So wird sie vielmehr die Größe der europäischen Seele wiederentdecken, die aus der Begegnung von Zivilisationen und Völkern entstanden ist".

Interessant ist, welche Begründung das rein weltliche und aus Persönlichkeiten sehr verschiedener politischer Richtungen und Weltanschauungen bestehende Karlspreiskuratorium für seine Entscheidung zur Ehrung des Heiligen Vaters fand: „In einer Zeit, in der die Europäische Union vor der bislang größten Herausforderung des 21. Jahrhunderts steht, ist es der Papst ‚vom anderen Ende der Welt', der Millionen Europäern Orientierung dafür gibt, was die EU im Innersten zusammmenhält: das für uns gültige Wertesystem, die Achtung vor Menschenwürde und Freiheitsrechten, vor der Einzigartigkeit des Menschen, ganz gleich welcher ethnischen, religiösen oder kulturellen Herkunft er ist, und die Achtung vor unseren natürlichen Lebensgrundlagen."

Bei dem Festakt in Rom beschrieb der amtierende Präsident des Europäischen Rates, der ehemalige polnische Premierminister Donald Tusk, seine Vision von der Rolle der Kirche in Europa: „Ich bin überzeugt, dass ... alle Gläubigen und Nichtgläubigen eine Kirche brauchen, die niemanden ausschließt, sondern vielmehr alle einschließt ... Eine Kirche, die den Menschen und ihrer Freiheit eher vertraut als der Allmacht und dem Allwissen von Institutionen; eine Kirche, die den Menschen, deren Leben zerrüttet ist, Hoffnung und nicht Verdammung bringt."

Sein Vorgänger, Herman van Rompuy, der als erster dieses durch den Lissabonner Vertrag geschaffene europäische Spitzenamt bekleidete, das dem eines EU-Staatsoberhauptes gleichkommt, hat sich in einem eigenen Buch „Christentum und Moderne" bereits 1990 mit der religiösen Substanz Europas auseinandergesetzt: „Eine Welt ohne Gott ist eine Welt ohne Hoffnung. Verzweiflung blockiert die Vernunft ... Der Tod Gottes könnte durchaus den Tod des Menschen einläuten." Ein geistliches Defizit hindere „die Gesellschaft oft daran, etwas Großes in Angriff zu nehmen. Wer von einer fundamentalen Hoffnung getragen wird, ist im Alltag aktiver und flüchtet sich nicht in Gedankenkonstrukte. Glaube schenkt Optimismus. Der Christ weiß, dass alles, was er hier unternimmt, eines Tages an anderem Ort vollendet werden wird", so der belgische Christdemokrat, der von manchen zu Unrecht als blasser Technokrat eingeschätzt wurde.

Viele Christen leiden trotz dieser Zeugnisse christlicher Politiker, die es auch in der Gegenwart gibt, darunter, dass sie sich zunehmend als isolierte Minderheit empfinden. Und in der Tat: Trotz der oben erwähnten 80 Prozent, die sich zumindest mit einem gewissen Kulturchristentum identifizieren, ist die fortschreitende Säkularisierung unseres Erdteils nicht zu leugnen.

Damit hat sich in einer Vorlesung vor der Sudetendeutschen Akademie der Wissenschaften und Künste der Regensburger Bischof Rudolf Voderholzer auseinandergesetzt: „Wird es Europa gelingen, sich dem Islam als adäquater Gesprächspartner zu präsentieren? Als eine geistige Größe nämlich, die sich zu Gott bekennt und der dasjenige heilig ist, von dem her und auf das hin die gesamte Wirklichkeit geschaffen ist. So wie sich Europa gegenwärtig präsentiert, ist es in den Augen der Muslime nur eine Frage der Zeit, wann der prächtige Baum umfällt, weil seine Wurzeln abgestorben und der innere Gehalt ausgetrocknet ist." Der österreichische Schriftsteller Erik von Kuehnelt-Leddihn wies schon vor Jahrzehnten darauf hin, dass es unmöglich ist, vom „Geruch der leeren Flasche" zu leben, wobei er seine Angst vor einer Verdunstung des Christentums weniger mit Blick auf die Muslime begründete, sondern mit der Bedrohung durch einen immer radikaleren Atheismus.

Das Denken in den Kategorien von Mehrheit und Minderheit ist weder für Voderholzer noch für Kuehnelt-Leddihn zielführend, denn es hat nichts mit dem biblischen Auftrag zu tun. In der Heiligen Schrift findet sich weder eine

Aufforderung, eine christliche Mehrheitsgesellschaft herzustellen, noch der Vorschlag, sich als heiliger Rest irgendwo zurückzuziehen und das Ende der Zeiten abzuwarten. Sauerteig sollen wir Christen sein und das Salz der Erde. Sauerteig und Salz sind unverzichtbar zum Backen von Brot und zum Würzen von Speisen, sie sind aber niemals die Mehrheit unserer Nahrung. Es geht um jede einzelne Seele und um Triebkräfte für eine humanere Gesellschaft, für die selbst kleinere Gruppen, wenn sie sich entsprechend einsetzen, Entscheidendes bewirken können.

Voderholzer beschrieb diese Herausforderung in seinem Vortrag über „Die Wurzeln Europas nach Papst Benedikt XVI." so: „Der Geschichtsphilosoph Arnold Joseph Toynbee (1889–1975) spricht davon, dass das Schicksal einer Gesellschaft immer wieder von schöpferischen Minderheiten abhängt. Große Bewegungen sind in der Geschichte immer von Wenigen ausgegangen, die die anderen mitgenommen, mitgerissen haben. Joseph Ratzinger gibt Toynbee in diesem Punkt Recht: ‚Die gläubigen Christen sollten sich als eine solche schöpferische Minderheit verstehen und dazu beitragen, dass Europa das Beste seines Erbes neu gewinnt und damit der ganzen Menschheit dient.'"

Dass Christen bei diesem Wirken zuweilen anecken, vor allem bei kontroversen Themen wie dem Schutz ungeborenen menschlichen Lebens oder der Verteidigung der Ehe von Mann und Frau als Grundlage eines normativen Familienbegriffs, ist wohl nicht zu vermeiden. In der Heiligen Schrift ist mehrfach davon die Rede, dass Christen für ihren Glauben auch immer wieder Hohn, Spott oder gar Verfolgung erleiden müssen. Dennoch sollten sie sich nicht voreilig selbst zu Märtyrern erklären oder umgekehrt versuchen, den dafür ungeeigneten und unzuständigen Staatsapparat zum Büttel ihrer Glaubensvorstellungen zu machen. Christen sind weder zur Weltherrschaft berufen noch eine Randgruppe, sondern gehören in die Mitte von Politik und Gesellschaft. Sie sollten dankbar und schöpferisch die Möglichkeiten annehmen, die ihnen eine freiheitliche Demokratie bietet, die ohne Christentum niemals entstanden wäre. Der nichtchristliche Philosoph Jürgen Habermas fasste dies in seinem berühmten Streitgespräch mit Joseph Ratzinger in der Katholischen Akademie in München wie folgt zusammen: „Die weltanschauliche Neutralität der Staatsgewalt, die gleiche ethische Freiheiten für jeden Bürger garantiert, ist unvereinbar mit der politischen Verallgemeinerung einer säkularistischen Weltsicht. Säkularisierte Bürger dürfen, soweit sie in ihrer Rolle als Staatsbürger auftreten, weder religiösen Weltbildern grundsätzlich ein Wahrheitspotential absprechen, noch den gläubigen Mitbürgern das Recht bestreiten, in religiöser Sprache Beiträge zu öffentlichen Diskussionen zu machen. Eine liberale politische Kultur kann sogar von den säkularisierten Bürgern erwarten, dass sie sich an Anstrengungen beteiligen, relevante Beiträge aus der religiösen in eine öffentlich zugängliche Sprache zu übersetzen."

In seinem tiefschürfenden Werk über „Die Seele Europas" hat der Paneuropäer Stephan Baier unter dem Titel „Nicht nur Wurzel, sondern Blüte" eine Bilanz des christlichen Einsatzes in Europa gezogen und Perspektiven dafür entwickelt: „Der französische Laizismus, der Religionsfreiheit als Freiheit von der Religion versteht, hat sich in der Europäischen Union nicht durchgesetzt. Die EU von heute ist weder anti-religiös noch areligiös: Sie setzt sich weltweit für die Achtung der Religionsfreiheit ein, protestiert gegen die Misshandlung religiöser Minderheiten, weiß darum, dass Glaubens- und Gewissensfreiheit zu den Menschenrechten gehören … Niemand wünscht eine Wiederauflage des Investiturstreits, eine Rückkehr zum ‚cuius regio, eius religio'-Prinzip oder einen EU-weiten Kirchenstaat. Die Frage, ob Europas Leitkultur die christliche sein könnte, ist bedeutend attraktiver. Statt sich wie ein krisengeschüttelter Pubertierender immer neu gegen die eigenen Eltern zu stemmen, sollten wir Europäer das christliche Erbe des Abendlandes dankbar annehmen. Was Generationen vor uns gedacht, geforscht und geglaubt haben, ist nicht alles überholt und nutzlos, sondern kann heute reflektiert und fruchtbar gemacht werden. Die Idee, sich immer neu und voraussetzungslos erfinden zu wollen, ist eines denkenden Menschen unwürdig."

Wir erleben jetzt und in nächster Zukunft
den Entscheidungskampf zwischen einem geeinten,
brüderlichen Europa und einem Europa eigensinniger
Nationen.

Stefan Zweig, 1913

EIN BAUPLAN FÜR EUROPA

Bleibt die EU minderheitenblind?

In einem seiner gesellschaftskritischen Kommentare aus den sechziger Jahren stellte Otto von Habsburg die Ansicht infrage, Demokratie sei in erster Linie die Herrschaft der Majorität: „In Wirklichkeit bemüht sich jede Regierung, gleichgültig unter welchem System – Monarchie oder Republik, Demokratie oder Diktatur –, um die Zustimmung der Bevölkerung. Sie wird stets bestrebt sein, die Wünsche der Mehrheit zu erforschen und zu befriedigen, zumindest in den Grenzen, die ihr durch den Selbsterhaltungstrieb gesetzt sind." Der höchste Vorzug der Demokratie, der diese von anderen Systemen unterscheide, sei vielmehr, „dass sie neben der Herrschaft der legalen Mehrheit die legitimen Ansprüche der Minderheiten und die Sicherheit der Opposition gewährleistet ... Hört eine Demokratie auf, die Rechte der Minderheiten zu schützen, so verlässt sie den Boden des Rechtsstaates und verleugnet damit ihr Wesen."

Wenn sich diese Aussage auch in erster Linie auf politische und gesellschaftliche Minderheiten bezog, so gilt sie noch viel mehr für ethnische, besser Volksgruppen genannt.

Die meisten der konfliktträchtigen Nationalitätenprobleme, die Europa in den letzten gut 200 Jahren erschütterten, kamen im Gefolge der Französischen Revolution mit dem damals modernen, sehr homogenen Nations- und Demokratiebegriff auf. Zuvor war es den Machthabern in den Monarchien wie auch in den ständisch organisierten Republiken alten Typs völlig egal gewesen, welche Muttersprache jemand verwendete. Ludwig XIV. soll auf die Vorhaltungen eines seiner Minister am Hof von Versailles, die elsässischen Regimenter des Herrschers redeten Deutsch, nur achselzuckend geantwortet haben: „Auch das ist eine Sprache meines Reiches." Diese Haltung gab es also selbst im zentralistischen Frankreich, aber natürlich erst recht in Vielvölkerstaaten wie dem habsburgischen. Von Friedrich II. von Preußen, im 19. Jahrhundert von kleindeutschen Historikern zum heroischen Urvater des Nationalstaates uminterpretiert, ist wiederum bekannt, dass er sich, anders als seine Gegenspielerin Maria Theresia in Wien, fast nur auf Französisch ausdrückte.

Die Begriffe „Mehrheit" und „Minderheit" spielten im Verhältnis zwischen den Sprachgruppen eines Staates vor 1789 schon deshalb kaum eine Rolle, weil die Kopfstärke einer Gemeinschaft bis zu diesem Zeitpunkt nur wenig über deren Stellung oder Bedeutung in einem Gemeinwesen aussagte. Das heißt nicht, dass im Mittelalter besondere Schutzmechanismen für Sondergruppen mit speziellen Merkmalen unbekannt waren. Einer der ältesten davon war das Sobieslavsche Privileg, das ein böhmischer Herzog aus dem tschechischen Geschlecht der Přemysliden 1174 erließ, wobei er sich in diesem 24 Punkte umfassenden Freiheitsbrief auf Garantien berief, die bereits sein Großvater Vratislav II. erteilt hatte. Er sicherte den deutschen Kaufleuten unter der Prager Burg bestimmte Rechte zu: kulturelle, wirtschaftliche, aber auch schon politische, deren wichtigstes war, dass sie sich nicht nur selbst verwalten, sondern auch ihre eigene Rechtsordnung und ihre eigene Gerichtsbarkeit bewahren durften.

Diese Form eines Volksgruppenrechts ist so etwas wie der Anfang der sudetendeutschen Geschichte in den Böhmischen Ländern. Daher ist es sehr sinnfällig, dass im Foyer des Sudetendeutschen Hauses in München zwei Dokumente nebeneinander ausgestellt sind: Zum einen eine Kopie dieses Sobieslavschen Privilegs und zum anderen die berüchtigten Dekrete des Präsidenten Edvard Beneš, aufgrund derer die Deutschen in der Tschechoslowakei nach dem Zweiten Weltkrieg kollektiv entrechtet und vertrieben wurden. Hier wird deutlich, wie eine Geschichte ihren Anfang und ihr Ende durch zwei völlig verschiedene Akte genommen hat: zum einen die Gewährung eines Rechtes „auf ewig", wie es darin heißt, an eine bestimmte Gruppe, um diese zu schützen und zu sichern; auf der anderen Seite der brutale Versuch, sie auszulöschen.

Zu den mittelalterlichen Ursprüngen eines Minderheitenrechts in Europa gehören auch die von den ungarischen Königen garantierte Autonomie der ungarischsprachigen Szekler in Siebenbürgen und der „Königsboden", das von König Andreas II., dem Vater der Heiligen Elisabeth von Thüringen, im Jahr 1224 geschaffene rechtliche Fundament der Selbstverwaltung der Siebenbürgener Sachsen. Sie alle hängen mit jenem Begriff zusammen, den man zu dieser Zeit noch nicht negativ verstand: Privileg. Heute klingt das Wort nach angemaßter und ungerechtfertigter Besserstellung, damals entsprach es in etwa dem, was man inzwischen „positive Diskriminierung" nennt. Gemeint ist in beiden Fällen ein spezieller Schutz für eine Gemeinschaft, die ansonsten durch Machtstrukturen oder Mehrheiten in ihrer Existenz gefährdet wäre, deren Weiterbestand aber zum wirtschaftlichen oder kulturellen Reichtum des Landes beiträgt, in dem sie lebt.

Dies ist überhaupt der entscheidende Ansatz für das friedliche Zusammenleben mehrerer Volks- und Sprachgruppen in einem Raum: Es gilt, den anderen und die Verschiedenheit nicht als eine Bedrohung wahrzunehmen, sondern als eine Bereicherung. Diese Erkenntnis hat sich in vielen Teilen der Welt noch längst nicht durchgesetzt, wie die Tatsache beweist, dass es dem UN-Flüchtlingskommissar zufolge heute mehr Heimatvertriebene und unterdrückte ethnische Minderheiten gibt als jemals zuvor in der Geschichte.

Doch auch die Europäische Union tut sich nach wie vor schwer, die Fülle ihrer Volksgruppen angemessen in ihren politisch-rechtlichen Bauplan einzubeziehen. Zuerst war sie ausschließlich als Union der Staaten konstruiert. Auf Kritik stieß dies vor allem im 1979 erstmals direkt gewählten Europäischen Parlament, in dem nun auch die kleineren Gemeinschaften und nicht nur die so genannten Staatsvölker durch Abgeordnete repräsentiert waren. Unvergessen bleiben die ersten Basken aus den Jahren nach der EU-Süderweiterung von 1986 oder der schottische Parlamentarier, der damals im Kilt das Plenum betrat.

Unter den Abgeordneten aus der Paneuropa-Bewegung, die dem Parlament von 1979 angehörten, fanden sich auch Vorkämpfer für ein Europäisches Volksgruppenrecht, die selbst nicht ethnischen Minderheiten entstammten, allen voran der ehemalige bayerische Ministerpräsident Alfons Goppel. Er war es, der, inspiriert von führenden Sudetendeutschen, auf die Gefahren hinwies, die der Europäischen Gemeinschaft drohten, wenn es ihr – wie der Donaumonarchie – nicht gelingen sollte, ihre Nationalitätenprobleme zu lösen. Doch sein sorgfältig ausgearbeiteter Bericht, an dem ich als junger Assistent intensiv mitformulieren durfte, scheiterte im Rechtsausschuss am Widerstand der Nationalzentralisten aus den verschiedenen Mitgliedstaaten. Der liberale Oberbürgermeister von Triest, Manlio Cecovini, kommentierte dies seufzend mit den Worten: „Es ist die Tragödie dieser Union, dass sie aus dem multinationalen Geist Mitteleuropas heraus geboren wurde, dass sie aber dazu verurteilt ist, auf den monolithischen Nationalstaaten des Westens errichtet zu werden."

Da das mehrheitlich aus Juristen bestehende Gremium sich an der Problematik zerstritten hatte, wie eine Volksgruppe oder ethnische Minderheit zu definieren sei, wanderte das Ganze in den so genannten „Politischen Ausschuss", denn wir Paneuropäer in den verschiedenen Fraktionen wollten absolut nicht resignieren. Doch dort polarisierten sich die Geister schon an der Frage, ob dieses Thema überhaupt auf die Tagesordnung gesetzt werden dürfe. Auf der einen Seite stand Otto von Habsburg mit etlichen belgischen, luxemburgischen, lothringischen, norditalienischen und süddeutschen Mitstreitern, auf der anderen tummelten sich Pariser Gaullisten, mit denen der damalige Paneuropa-Präsident ansonsten eng befreundet war, und ihre jeweiligen nationalstaatlich gesinnten Verbündeten in den damals nur neun Mitgliedstaaten. Beim Verlassen des Sitzungssaales rief der geschichtsbewusste italienische Sozialdemokrat tschechischer Herkunft Jiří Pelikán dem österreichischen Kaisersohn zu: „Das war eine Schlacht zwischen Habsburgern und Bourbonen!" Gemeint war, dass die Fronten nicht parteipolitisch verliefen, sondern zwischen dem föderalistischen und an den Rechten von Volksgruppen orientiertem Staatsverständnis auf der einen sowie dem zentralistischen auf der anderen Seite.

Als auch Siegbert Alber aus Baden-Württemberg und Franz Ludwig Graf Stauffenberg aus Bayern mit ihren sachlich fundierten, aber von verhärteten Nationalstaatlern aller Art bekämpften Versuchen scheiterten, über den Rechtsausschuss des Europaparlamentes Fortschritte für die Volksgruppen zu erzielen, entschieden wir uns zunächst einmal, den Schutz der kulturellen Vielfalt in den Mittelpunkt zu stellen und nicht die juristische Problematik. Joachim Dalsass von der Südtiroler Volkspartei überredete seinen italienischen Kollegen, den französischsprachigen Sozialdemokraten Gaetano Arfé aus dem Aostatal, einen Bericht über Sprachminderheiten zu erstellen. Und siehe da: Dieser fand sowohl im Kulturausschuss als auch im Plenum eine Mehrheit.

Konkrete Auswirkungen der damals verabschiedeten Resolution waren die Gründung eines von der EU geförderten Büros für Minderheitensprachen (EBLUL) sowie die einer Interfraktionellen Arbeitsgruppe, die diesen Themenbereich systematisch bearbeitet und deren Vorsitz zwischen den verschiedenen politischen Richtungen rotiert. Die meisten Mitglieder dieses Gremiums hatten in ihren jeweiligen Fraktionen zwar eine Mehrheit gegen sich oder stießen zumindest bei vielen Kollegen auf Desinteresse, koordinierten sich aber gegenseitig, um in ihren verschiedenen politischen Familien die Befassung mit den ethnischen Minderheiten voranzutreiben. Der Nachfolger von Joachim Dalsass als Vertreter Südtirols, Michl Ebner, schreibt darüber in seinem Buch „Einheit in Vielfalt", es sei vor allem dieser „parlamentarischen Gruppe zu verdanken, wenn der Förderung der EU-Minderheitensprachen im Europäischen Parlament gesamteuropäische Bedeutung beigemessen wird."

Ebner, der in seinen 15 Jahren als Europaabgeordneter dem Minderheitenschutz mehr Impulse verlieh als irgend jemand anderer, schildert in seiner Bilanz einige „Meilensteine" auf dem langen Weg zu einem Europa der Volksgruppen, der beileibe nicht zu Ende ist. Der Durchbruch seien die beiden Arfé-Berichte aus den achtziger Jahren gewesen, denen nach langem Lobbyieren durch die Intergruppe zwei rechtsverbindliche Dokumente des Europarates folgten: die Europäische Charta der Regional- und Minderheitensprachen von 1992 sowie das Rahmenübereinkommen zum Schutz nationaler Minderheiten von 1995. Der Europarat gehört zwar nicht zur EU, sondern umfasst mit heute 47 Mitgliedstaaten einen größeren Raum, aber seine qualifizierte Arbeit auf dem Sektor Menschen- und Minderheitenrechte strahlt auf die EU zurück.

Außerdem gelang es Michl Ebner und mir – über die beiden Konvente zur Ausarbeitung der EU-Grundrechtecharta und des EU-Verfassungsvertrages –, im heutigen Lissabon-Vertrag zwei wichtige Elemente zu verankern: den Schutz der sprachlichen und kulturellen Vielfalt sowie das Prinzip der Nichtdiskriminierung für die Angehörigen von nationalen Minderheiten. Als das Straßburger Plenum am 4. April 2003 den Ebner-Bericht, der dem allem zugrunde liegt, mit 431 Stimmen dafür, 30 dagegen sowie 23 Enthaltungen beschloss, versuchte ich in meiner Rede die Bedeutung dieses Schritts für alle Europäer festzuhalten: „Gerade im Vorfeld der Osterweiterung war es notwendig, hier ein deutliches Signal zu setzen, denn es werden sehr viele Minderheiten und Volksgruppen zu uns kommen: die Ungarn in der Slowakei, die Deutschen und die Polen in der Tschechischen Republik, die Polen in Litauen, die Litauer in Polen usw.. Zusammen werden die Angehörigen der Minderheiten in der erweiterten EU nach Deutschland und vor Frankreich zahlenmäßig der zweitgrößte Mitgliedstaat sein. Das zeigt, wie wichtig das Thema rein quantitativ gesehen ist, und auch qualitativ hat das große Bedeutung, denn diese Minderheiten können zum Mörtel am Fundament der EU oder zum Sprengstoff werden. Wir wollen, dass sie zum Mörtel werden, der integriert."

Nun ist die Erweiterung schon lange erfolgt, und trotz fortbestehender alter Nationalitätenprobleme wie dem zwischen Katalanen und Kastiliern hat sich unser damaliger Optimismus zum Teil durchaus als berechtigt erwiesen. Die Interfraktionelle Arbeitsgruppe ist inhaltlich inzwischen weitergegangen und befasst sich nicht nur mit Sprachen, sondern mit aktivem Minderheitenschutz. Begonnen hatte dieser Prozess schon vor dem Beitritt der Mittel- und Osteuropäer, als ich, unterstützt von Stephanie Waldburg-Zeil als Geschäftsführerin, dieses Gremium leitete. Wir machten Anhörungen mit den Minderheitenvertretern aus allen Kandidatenländern und verließen die bisherige rein kulturelle Spur, unter der Devise, dass es ohne Minderheiten auch keine Minderheitensprachen gebe. Den nächsten Schritt tat dann der ungarische Sozialist Csaba Tabajdi mit der Umbenennung in „Intergruppe für Traditionelle nationale Minderheiten, konstitutionelle Regionen und Regionalsprachen". Auf ihn folgte die in Ungarn gewählte, aber der ungarischen Volksgruppe in Rumänien entstammende Kinga Gál von Viktor Orbáns Fidesz, die im ganzen Parlament hohes Ansehen erwarb. Pionierarbeit leisteten auch Prof. Christoph Pan und Dr. Beate Sibylle Pfeil vom Südtiroler Volksgruppeninstitut, die die entsprechenden Aktivitäten des Parlamentes und der Intergruppe seit Jahrzehnten wissenschaftlich untermauern, zuletzt mit dem mehrbändigen Standardwerk „Minderheitenrechte in Europa – Handbuch der europäischen Volksgruppen".

Während sich die Mitgliedstaaten, anders als das Europaparlament, bis vor kurzem kaum für die Europäisierung der Volksgruppenproblematik interessierten, hat sich dies inzwischen sogar in Frankreich gewandelt, das ursprünglich selbst den schwachen Konventionen der UNO nur unter der Bedingung beigetreten war, dass diese nicht für die Regierung in Paris gälten, denn in der französischen Republik lebten „keine Minderheiten, sondern nur Franzosen".

Es war daher wirklich eine kleine Revolution, als 2008 der französische Kongress, der aus Senat und Nationalversammlung besteht, an historischer Stätte, nämlich in Versailles, eine Reform der Verfassung der Fünften Republik beschloss und in Artikel 75–1. lapidar festhielt: „Die Regionalsprachen gehören zum Erbe Frankreichs." Der damalige Staatspräsident Nicolas Sarkozy hatte diese Veränderung schon vierzehn Tage vorher im Straßburger Europaparlament angekündigt, als er zur allgemeinen Überraschung Europas Reichtum an sprachlicher Vielfalt lobte und darin ausdrücklich „Regionalsprachen wie das Korsische" einbezog. Traditionelle zentralistische Kreise in der jakobinisch geprägten „République une et indivisible", der „einen und unteilbaren Republik", fanden dies skandalös, doch Bretonen, Basken, Okzitanier, Elsässer, Lothringer, französische Flamen und andere Volksgruppen atmeten auf.

Nach der missglückten Regionalreform seines Nachfolgers François Hollande, die die deutschsprachigen Elsässer und Lothringer zur Minderheit in einer übergroßen „Region Ost" machte, sind inzwischen wieder Fortschritte zu vermelden. So lässt die Stadt Straßburg nicht nur immer mehr zweisprachige Straßenschilder anbringen, sondern seit Juli 2017 auch Ortstafeln auf Französisch, Deutsch und Elsässisch mit der Aufschrift „Strasbourg – Straßburg – Strossburi", was nach Jahrhunderten des abwechselnd französischen und deutschen Nationalzentralismus geradezu einen Tabubruch darstellt.

Ähnlich erfreuliche Nachrichten kommen aus der ehemals kommunistischen Osthälfte Mitteleuropas, wo die sowjetische Besatzungsmacht nach dem Motto „Teile und herrsche" möglichst bestrebt war, Nationalitätenkonflikte nicht zu lösen, sondern am Leben zu erhalten – was sich heute noch auswirkt. In der Slowakei wurde noch vor einigen Jahren ein formell unvermindert gültiges Sprachgesetz verabschiedet, mit dem das dort von mehr als 600 000 Menschen gesprochene Ungarische durch Verbote, es in Medien, Schulen und auf der Straße zu benutzen, völlig aus dem öffentlichen Raum verdrängt worden wäre. Entgegen dieser skandalösen Diskriminierung, die zwar nicht mehr angewandt wird, aber unbedingt noch formell abgeschafft werden muss, sind seit einiger Zeit die Bahnhöfe im Süden des Landes, wo viele Menschen der magyarischen Volksgruppe leben, slowakisch und ungarisch beschriftet.

Auch Deutschland wird sich mittlerweile seiner Verantwortung auf diesem Gebiet bewusst. Bereits 1988 richtete die Regierung Kohl das Amt eines Aussiedlerbeauftragten ein, das der Parlamentarische Staatssekretär Horst Waffenschmidt ausübte. Er kümmerte sich zunächst um die mehr als 4,5 Millionen Menschen, die seit 1950 – quasi als Fortsetzung der Vertreibung von 12 Millionen Deutschen aus dem Osten – als Aussiedler und Spätaussiedler in die Bundesrepublik kamen. Bald weitete er sein Tätigkeitsfeld aus, indem er sich bemühte, in den östlichen Nachbarländern, die sich gerade vom Kommunismus befreiten, einen verbesserten Volksgruppenschutz und günstigere Lebensbedingungen für die noch in den Heimatgebieten der Vertriebenen verbliebenen Deutschen zu erreichen, um Aussiedlung zu vermeiden. Die Rolle dieser Minderheiten umschrieb zwanzig Jahre später einer seiner Nachfolger, der ehemalige Ministerpräsident von Sachsen-Anhalt Christoph Bergner, so: „Mit dem Fall des Eisernen Vorhanges und der Überwindung der staatskommunistischen Herrschaftssysteme nahmen die Menschen in den Staaten Mittelost- und Osteuropas neu errungene Freiheiten wahr, die auch Unabhängigkeitsbestrebungen und Emanzipationsansprüche von Völkern und Volksgruppen einschlossen. Diese Entwicklung erwies sich … als durchaus konfliktträchtig. Umso wichtiger wurde der Gedanke der Einbindung nationaler Minderheiten in staatliche Ordnungen durch Gewährung gesicherter kultureller Autonomierechte."

Dementsprechend hatte Berlin 2002 dem Aussiedlerbeauftragten nicht nur die Unterstützung deutscher Volksgruppen in der östlichen Nachbarschaft übertragen, sondern auch die Fürsorge für die vier anerkannten und beim Europarat registrierten nationalen Minderheiten, die in der Bundesrepublik leben: Dänen, Friesen, Sorben sowie Sinti und Roma.

Bergners Funktion übernahm auf eine sehr politische und öffentlichkeitswirksame Weise der aus einer oberschlesischen Familie stammende Paneuropäer Hartmut Koschyk. Als ehemaliger Generalsekretär des Bundes der Vertriebenen und CSU-Bundestagsabgeordneter war er schon bei der Überarbeitung des Grundgesetzes nach der Wiedervereinigung dafür eingetreten, dort die Volksgruppen und Minderheiten in einem eigenen Artikel zu verankern. Die SPD und das Land Brandenburg legten in der gemeinsamen Kommission von Bundestag und Bundesrat einen entsprechenden Text vor. Anders als in der Paulskirchen-Verfassung von 1848 und in der Weimarer Reichsverfassung scheiterte dieser Vorstoß jedoch. Der vorgesehene Satz „Der Staat achtet die Identität der ethnischen, kulturellen und sprachlichen Minderheiten" fand immerhin 1992 seine Entsprechung in den Landesverfassungen von Brandenburg (Artikel 20), Mecklenburg-Vorpommern (Artikel 18), Sachsen (Artikel 5 und 6) und Sachsen-Anhalt (Artikel 37). Schleswig-Holstein war diesen Weg schon 1990 mit Artikel 5 seiner revidierten Verfassung gegangen.

Am deutlichsten wird die unter Federführung des CDU-Landtagsabgeordneten Volker Schimpff, Präsidiumsmitglied der Paneuropa-Union Deutschland, formulierte Konstitution des Freistaates Sachsen: „In der Landes- und Kommunalplanung sind die Lebensbedürfnisse des sorbischen Volkes zu berücksichtigen. Der deutsch-sorbische Charakter des Siedlungsgebietes der sorbischen Volksgruppe ist zu erhalten."

Koschyk, dessen Erbe als Minderheitenbeauftragter 2018 der Siebenbürgener Sachse und Präsident des Bundes der Vertriebenen, Bernd Fabritius, antrat, legte am Ende seiner Amtsperiode unter dem Titel „Heimat, Identität, Glaube" ein 450 Seiten starkes Werk über den aktuellen Kampf um eine bessere Sicherung der Volksgruppen vor, in dem es heißt: „Neben den Bemühungen zur Fortentwicklung des Minderheitenschutzes durch OSZE, Europarat und Europäische Union zeigt gerade die Arbeit der Föderalistischen Union Europäischer Nationalitäten (FUEN) und in diesem Rahmen die der Arbeitsgemeinschaft deutscher Minderheiten (AGDM), welch bedeutenden Beitrag die deutschen und anderen nationalen Minderheiten dazu leisten, die Einigung Europas voranzutreiben, und nicht nur ihre Minderheitenrechte einfordern. Umgekehrt ist der Umgang der Nationalstaaten mit ihren nationalen Minderheiten der ‚Lackmus-Test' für die europäische Einigung. Ohne Respekt vor ihnen ist ein dauerhafter Frieden nicht vorstellbar. Zudem bieten die nationalen Minderheiten wichtige Bezugspunkte für eine gemeinsame europäische Identität."

Die von Koschyk genannte FUEN, die ich in der zweiten Hälfte der neunziger Jahre gegen erbitterte Widerstände rivalisierender Organisationen und linker Ideologen in die Arbeit der Intergruppe des Europäischen Parlamentes einbezog, hat mittlerweile einen nicht unwichtigen Erfolg errungen. Sie stieß mit ihrem der ungarischen Volksgruppe in Rumänien angehörenden Präsidenten Loránt Vincze und dem Südtiroler Europaabgeordneten Herbert Dorfmann an der Spitze eine „Europäische Bürgerinitiative" an. Diese ist ein Instrument der Bürgerbeteiligung, das durch den Lissabon-Vertrag geschaffen wurde, damit die europäischen Institutionen dazu gebracht werden können, sich legislativ mit bestimmten Themen auseinanderzusetzen. In diesem Fall hieß sie „Minority Safepack", überschritt mit 1,32 Millionen Unterschriften und der Erreichung des vorgeschriebenen Quorums in mehr als sieben Mitgliedstaaten die vom Vertrag festgelegte Schwelle. Auch wenn damit neue Bewegung in die Volksgruppen- und Minderheitenpolitik der EU kommen dürfte, verbleibt die nach wie vor drängende Frage, wie es gelingt, die ethnischen Gemeinschaften jenseits der sogenannten Staatsvölker zu mitentscheidenden Trägern einer künftigen Europäischen Verfassung zu machen. Dies soll im vorletzten Kapitel dieses Buches untersucht werden.

Auf ihrem Weg in die Zukunft kann sich die EU an Ungarns erstem König Stephan orientieren, der schon im 11. Jahrhundert in seinem berühmten Testament niederschrieb, dass ein Reich „mit nur einer Sprache und nur einer Sitte" ein schwaches und zerbrechliches Gebilde sei. Vielfalt bedeutet also Stärke. Eine Europäische Union, die auf dem Balkan die Einhaltung von Volksgruppen- und Minderheitenrechten vorschreibt, sie zur Voraussetzung für Assoziierungen und Beitritte macht, darf gleichzeitig im Inneren nicht minderheitenblind bleiben. Dies geht auch die sogenannten Mehrheitsvölker etwas an. Siegbert Alber wies im Europaparlament schon vor Jahrzehnten darauf hin, dass in Europa auch angeblich „große Nationen" wie Deutsche, Franzosen oder Italiener nur Minderheiten sind.

Heimat der Heimaten

Es gibt kaum einen Begriff, der so schwer zu übersetzen ist wie der Begriff „Heimat", den zum Beispiel das Englische oder Französische gar nicht kennt. Dennoch verbindet das, was er beinhaltet, uns Europäer mehr als vieles andere. Heimat ist für die meisten nicht die Kathedrale in einer weit entfernten Metropole, Heimat ist eher die Dorf- oder Stadtteilkirche, mit der viele nach wie vor ihre wichtigsten Lebensstationen wie Taufe, Hochzeit oder Beerdigung assoziieren. Diese Prägung wurde auch durch millionenfache Vertreibung nach dem Zweiten Weltkrieg und die Massenmobilität von heute nicht außer Kraft gesetzt.

Die tschechische Hymne beginnt mit der Frage „Kde domov můj?", also „Wo ist meine Heimat?", und benutzt nicht den politisch-historisch viel bedeutungsgeladeneren Ausdruck „vlast", der eher „Vaterland" heißt. Liegt es daran, dass Václav Havel, als Dichterpräsident ein Mann des sehr bewusst gewählten Wortes, vor dem Europaparlament in Straßburg die Vision eines Europa als „Heimat der Heimaten" entwarf, in Abgrenzung zum „Europa der Vaterländer"? Dieser Begriff stammt übrigens nicht von General de Gaulle, der, wenn überhaupt, von einem „Vaterland der Vaterländer" sprach, sondern von dessen dezidiert nationalem Flügelmann, Michel Debré.

In der alten Habsburger-Monarchie hatte das Wort Heimat über die gefühlsmäßige Dimension hinaus eine soziale. Jeder besaß in irgendeiner Gemeinde das Heimatrecht, das ihm mittels Heimatschein garantiert wurde. Wusste er sich – alt, krank oder gescheitert – nicht mehr selbst zu helfen, konnte er dort im Rathaus anklopfen, und die Ortsgemeinschaft musste die Verantwortung für ihn übernehmen, soweit es in ihren Kräften stand.

Heimat und Region sind nicht nur emotionale, kulturelle und soziale Kategorien, sie gewinnen gerade angesichts der Notwendigkeiten von Globalisierung und europäischer Einigung eine ganz neue Qualität. Ihren friedensstiftenden Charakter kann man nicht hoch genug einschätzen. Sichtbar wird das etwa an Südtirol, wo zuerst durch Schaffung der Autonomen Provinz Bozen der Nationalitätenkonflikt entschärft und dann eine Kooperation zwischen dem österreichischen Bundesland Tirol, Südtirol und dem mehrheitlich italienischsprachigen Trentino begonnen wurde, die in der Errichtung einer gemeinsamen Vertretung bei der EU in Brüssel gipfelte.

Es gibt also zwei Arten von Regionen, die gleichermaßen wichtig sind: Die innerstaatlichen, die ein nationalzentralistisches Gebilde auflockern, bis hin zum Föderalismus, sowie die grenzüberschreitenden Euregios oder Euroregionen. Erstere führen zu mehr Menschlichkeit und Vielfalt im Inneren, aber auch zu mehr Europaverträglichkeit nach außen. Letztere, wie die bayerischböhmische Euregio Egrensis, überbrücken die oftmals tiefen Gräben, die die Geschichte zwischen den Nationalstaaten aufgerissen hat.

Der große Oberschlesier Herbert Czaja sprach stets davon, dass Europa aus nationalen Kernen, aber vor allem auch aus zahlreichen Grenz- und Übergangsregionen mit gemischter Identität bestehe. Diese hätten die historische Aufgabe, das europäische Ganze zusammenzufügen. Ähnlich sieht dies Stephan Baier in seinem Buch „Die Seele Europas – von Sinn und Sendung des Abendlandes": „Es gibt in Europa viele Städte, wie Cluj (Klausenburg), Straßburg, Sarajevo, Bozen, Danzig, Lemberg, Prag oder Prishtina, die im Laufe des 20. Jahrhunderts wechselnde Herrschaften erlebten, von unterschiedlichen Nationalstaaten beansprucht und ideologisch interpretiert wurden." Der Geist jener Zeit „wollte nicht akzeptieren, dass – zumal in Europas Mitte – Nationen und Nationalitäten gemischt siedeln, dass es Städte und Kulturlandschaften gibt, die ihre Schönheit, Größe und Fruchtbarkeit der Vielsprachigkeit, der ethnischen Vielfalt und der Begegnung unterschiedlicher Kulturen verdanken." Dies habe zu wechselseitiger Borniertheit geführt: „Für den französischen Nationalismus durfte einst nichts am Elsaß deutsch sein, wie für den Deutschen hier nichts französisch sein durfte. ... Jedoch ist Straßburg nicht französisch wie Paris und nicht deutsch wie Berlin. Lemberg ist nicht ukrainisch wie Kiew und nicht polnisch wie Krakau. Sarajevo ist nicht muslimisch wie Konya, nicht orthodox wie Belgrad und nicht katholisch wie Split. Cluj (Klausenburg) ist nicht ungarisch wie Budapest, aber auch nicht rumänisch wie Bukarest."

Aus derselben Gedankenwelt heraus entwickelt der Wiener Autor Robert Menasse in seinem meisterhaft geschriebenen „Europäischen Landboten" seine politische Forderung nach einem antizentralistischen, aber geeinten Europa: „War uns das nicht versprochen? Ein nachnationales, subsidiäres Europa der Regionen? Mir als Wiener ist zum Beispiel Bratislava oder Sopron geografisch, aber auch mentalitätsmäßig viel näher als Bludenz oder gar Klagenfurt. Welche national-patriotischen Interessen sollte ich mit den Bludenzern oder den Klagenfurtern teilen? Wenn ich mit Bludenzern gemeinsame Interessen habe, dann hat das doch nichts mit Österreich zu tun, sondern damit, dass Wiener genauso wie Menschen in Bludenz oder in Darmstadt oder in Bozen oder in Coimbra oder sonstwo das Interesse an vernünftigen Rahmenbedingungen haben ... Warum sollen die Rahmenbedingungen bloß 55 Kilometer östlich von meinem Lebensort andere sein, nur weil sich dort eine nationale Grenze befindet, aber 650 Kilometer westlich, wohin es mich seltener verschlägt, darf ich mit denselben nationalen Rahmenbedingungen rechnen? Allerdings schon 15 Kilometer weiter doch wieder mit anderen?"

Der Ungeist des Nationalzentralismus lässt sich nicht einfach bekämpfen, indem man ihn auf die europäische Ebene überträgt. Diese braucht starke Gemeinschaftsorgane, aber auch jene uralten historischen Gliederungen, die der Nationalstaat einplaniert und zubetoniert hatte und die jetzt bei der Entstehung einer europäischen Föderation wieder unter der Decke hervorkommen. Dies geschieht meist harmonisch, in ehemals sehr zentralistischen Staaten aber auch unter Schmerzen.

Ulrike Guérot weist den kleinen Einheiten sogar die Rolle des Föderators zu und nähert sich damit dem Begriff eines Europa der Regionen, wie ihn die Landesverbände der ÖVP in den Alpenländern oder die bayerische CSU hochhalten. Die eher der politischen Linken zuzurechnende Schriftstellerin sieht die europäischen Regionen und Städte als „die eigentlichen Träger europäischer Identität. Sie sind die sprudelnde Quelle der europäischen Vielfalt und nicht die Nationen, deren Erzählungen meist nur von Kriegen und Siegen, Helden und Opfern handeln. Würden europäische Metropolen und Regionen zu den konstitutionellen Trägern einer europäischen Republik werden, müßte niemand seine Identität aufgeben. Europa würde in einer solchen Neuwerdung, die eben nicht Zentralisierung ist, nichts an Vielfalt einbüßen, sondern sogar Vielfalt dazugewinnen." Diese institutionelle Architektur müsse keineswegs Utopie bleiben, weil sie sich „doch gut mit den Interessen ganz vieler regionaler Akteure vereinbaren ließe. Deren Zahl ist weit größer als die nationalstaatlicher Akteure."

Es ist mit Recht gesagt worden, dass Zentralismus eine militärische oder Kampfformation ist, die entsteht, wenn sich jemand bedroht fühlt oder andere bedrohen möchte. Regionalismus und Föderalismus sind hingegen nur möglich, wenn Vertrauen und gegenseitige Annäherung zu Frieden und Entspanntheit führen. Ein interessantes Beispiel dafür ist Polen, das sich zunächst nach seiner Demokratisierung und sogar noch nach seinem EU-Beitritt weiterhin zentralistisch verkrampfte, weil ihm der Schock der polnischen Teilungen vor 150 Jahren noch in den Knochen steckte, heute aber sehr locker mit der Vielfalt seiner Regionen umgeht, auch wenn diese Namen tragen, die an die deutsche Zeit erinnern, wie Schlesien oder Pommern.

Der Regionalismus beziehungsweise Föderalismus ist im heutigen Europa zu einem der beliebtesten Exportartikel Deutschlands und Österreichs geworden. Selbst Frankreich und Italien haben aufgehört, sich dem zu entziehen, weil sie sehen, wie Vielfalt zur Blüte führt. Diese Lektion lernten die Franzosen schon als Besatzungsmacht in Südwestdeutschland nach dem Zweiten Weltkrieg. Sie hatten für ein föderalistisches Deutschland in erster Linie deshalb plädiert, weil sie sich davon eine Schwächung ihres östlichen Nachbarn versprachen, der sie mehrfach angegriffen hatte. Als die Fülle der politischen, kulturellen und wirtschaftlichen Zentren, Erbe des Heiligen Römischen Reiches, stattdessen einen Aufschwung auf allen diesen Gebieten nach sich zog, kam selbst mancher Erzzentralist zur Erkenntnis, dass mehr regionale Eigenständigkeit auch für sein Land besser sei.

Angesichts der jüngsten Krise in Spanien begann allerdings mancher die Schuld daran einem zu großzügigen Regionalismus zu geben. Das Gegenteil ist wahr: Jahrhunderte zentralistischer Fehlentwicklungen entladen sich jetzt zwischen Madrid und Barcelona. Iberien hatte seit alters her aus einer bunten Vielfalt von Königreichen mit eigenen Königen und Vizekönigen, Parlamenten und Volksgruppen bestanden. Selbst wenn mehrere dieser Throne in einer Hand zusammengeschlossen waren, etwa unter der Krone von Aragón oder später auch unter der Spaniens, durften diese ihre „fueros" genannten Sonderrechte behalten. Nur Kaiser Karl V. hatte zu Beginn seiner Regierungszeit versucht, diese durch Zentralisierung zu schwächen, doch legte er schließlich – wie alle seine habsburgischen Nachfahren bis zu Beginn des 18. Jahrhunderts – seinen Eid auf die jeweilige Regionalverfassung ab. Erst der aus Paris kommende Bourbone Philipp V. schaffte sie 1714 nach französischem Muster mit eiserner Faust ab, als er die Nachfolge der Habsburger antrat, und begann sofort mit der Auflösung der eigenständigen katalanischen Institutionen. Was diese alten Geschichten für das heutige Europa bedeuten, wird daran sichtbar, dass der 11. September, der Tag der Kapitulation von Barcelona 1714, seit 1980 als katalanischer „Nationalfeiertag" begangen wird.

Als König Juan Carlos I. nach dem Tod von General Franco im November 1975 mit dem Aufbau der spanischen Demokratie begann, verkörperte er, als Bourbone mit habsburgischen Vorfahren, die Synthese zwischen europäischer Orientierung, spanischer Einheit und erneuerter regionaler Eigenständigkeit. Der um die spanische Demokratie hochverdiente Monarch baute mit diesem Konzept historische Spannungen ab und führte sein Land in die Europäische Gemeinschaft. Wegen politischer Widerstände, die vor allem aus Kastilien kamen, blieb die Föderalisierung des Königreiches allerdings auf halbem Weg stecken. Es gibt nur recht unterschiedlich ausgeprägte Autonomien, sehr unzureichend mit eigenen regionalen Steuereinnahmen ausgestattet – was vor allem im reichen Katalonien seit einigen Jahren auf heftige Kritik stößt, die jetzt in eine maßlos übertriebene Unabhängigkeitsbewegung mündete, die ihrerseits höchst unsensible Reaktionen der Madrider Zentralregierung nach sich zog.

Schon vor einem Jahrzehnt standen die Verantwortlichen in Madrid und Barcelona vor einer zielführenden föderalistischen Lösung. Diese scheiterte jedoch an emotional aufgeheizten Details, insbesondere an der Frage, ob sich die Katalanen als „Nation" bezeichnen dürften oder nicht. Dabei hat sich mit dieser Frage schon einer der bedeutendsten Geschichtsphilosophen der Zwischenkriegszeit, José Ortega y Gasset, in seinem Bestseller „Der Aufstand der Massen" auseinandergesetzt: „Spanien ist heute nicht darum ein Nationalstaat, weil man dort überall Spanisch spricht, noch waren Katalonien und Aragonien Nationalstaaten, weil eines gewissen, willkürlich herausgegriffenen Tages die territorialen Grenzen ihrer Landeshoheit mit denen der katalanischen bzw. aragonesischen Sprache übereinstimmten. … Der heutige Franzose dankt sein Frankreich und der heutige Spanier sein Spanien einem Prinzip X, dessen Wirkungskraft gerade in der Überwindung der engen Bluts- und Sprachgemeinschaft bestand. … Für die Europäer bricht jetzt die Zeit an, da Europa zu einer Nationalidee werden kann. Und der Glaube hieran ist viel weniger utopisch, als es im 11. Jahrhundert die Prophezeihung des einigen Spanien gewesen wäre. Je treuer der Nationalstaat des Abendlandes seinem wahren Wesen bleibt, umso geradliniger wird er sich zu einem gewaltigen Kontinentalstaat entwickeln."

Ist dies ein Plädoyer für den von Nationalisten und Europaskeptikern aller Spielarten als Kinderschreck an die Wand gemalten Superstaat? Sind umgekehrt Katalanen und Schotten, die nach Eigenständigkeit streben, wie oft behauptet Nationalisten? Auch hier sollte man lernen, zwischen Äpfeln und Birnen zu unterscheiden. Der Katalane, der – wie die meisten von ihnen – ein begeisterter Europäer ist, darf nicht den Fehler machen, seinerseits einfach das sprachlich verwandte alte Königreich Valencia und andere frühere Einheiten des historischen Aragonien zentralistisch vereinnahmen zu wollen. Als Föderalist sollte er deren Traditionen ebenfalls respektieren und das Konzept eines mehrstufigen Aufbaus entwickeln helfen, in dem auch die Ebene eines föderativen Spanien zwischen der Region auf der einen und der EU auf der anderen Seite ihren Platz findet.

Robert Menasse hat mit Blick auf Großbritannien betont, dass dort nicht die Schotten, die nach Unabhängigkeit streben, um in der EU verbleiben zu können, die Nationalisten seien, sondern die anti-europäischen Anhänger eines souveränistischen Nationalstaats in London.

Rat und Kommission der EU sind von solchen föderalistischen Ansätzen, anders als ein großer Teil des Europaparlamentes, leider noch weit entfernt. Sie sehen die Gemeinschaft auch politisch ausschließlich als das, was sie rein rechtlich bis zur Schaffung einer echten Europäischen Verfassung nach wie vor ist, nämlich als Zusammenschluss von Staaten. Immerhin ist im Vertrag von Lissabon in ersten Ansätzen nicht nur von einem Europa der Bürger und der Minderheiten die Rede, sondern dezidiert auch von Regionen.

Dass sich in einem föderalistischen System auch historische Gegensätze und Definitionsunterschiede, die einstmals blutig umkämpft waren, auflösen lassen, beweist die Bundesrepublik Deutschland. So geht die bayerische Verfassung vom „bayerischen Volk" aus, das Grundgesetz vom deutschen, das es in seiner Präambel aber ausdrücklich den einzeln aufgezählten Bundesländern zuordnet. Schon die Ministerpräsidenten Alfons Goppel und Franz Josef Strauß pflegten darauf hinzuweisen, dass es ohne weiteres möglich sei, Bayer, Deutscher und Europäer zu sein, wie zuvor Bayer und Deutscher. Zu den beiden vorhandenen Ebenen müsse eben noch eine dritte hinzugesellt werden, genauso demokratisch legitimiert und genauso parlamentarisch organisiert.

Die europäische Einigung stellt den Staatscharakter der Mitgliedstaaten genauso wenig in Frage wie die Bundesrepublik Deutschland den Staatscharakter der deutschen Länder. Die Europäische Union könnte durch Relativierung des Monopolanspruchs der nationalstaatlichen Ebene und durch Weiterentwicklung des Europa der Regionen, gemeinsam mit einer deutschen Föderalismusreform, sogar maßgeblich dazu beitragen, dass die Bundesländer etwas von dem zurückbekommen, was sie an Eigenständigkeit in den letzten Jahrzehnten verloren haben. Symbol solcher Bestrebungen ist in Brüssel, wo der EU-Ausschuss der Regionen sitzt, die unmittelbar neben den Europäischen Institutionen angesiedelte Bayerische Vertretung, in deren Hof der damalige Europaminister Markus Söder, später Ministerpräsident des Freistaates, einen gewaltigen Maibaum aufstellte.

Die Mischung zwischen Selbstbewusstsein und der Bereitschaft, sich solidarisch in eine gemeinsame Rechtsordnung einzubringen, bezeichnete Ferdinand Kinsky als Grundlage des europäischen Einigungsprozesses. Vor diesem habe auf unserem Kontinent „Vielfalt ohne Einheit", also Anarchie geherrscht. Zentralismus wiederum sei „Einheit ohne Vielfalt". Dem Föderalismus jedoch gehe es darum, „so viel Einheit, wie zur Lösung gemeinsamer Probleme gebraucht wird, mit einem Maximum an garantierter Vielfalt zu vereinigen. Die föderalistische Methode ist nicht ‚entweder – oder', sondern ‚sowohl – als auch'. Nicht ‚Nation' oder ‚Europa', sondern beides."

Muss Demokratie national sein?

Für den Wiener Kardinal Christoph Schönborn ist „Nationalismus die Ursünde Europas." Dies empfanden schon die besten Schriftsteller des alten Österreich so. Der Galizier Joseph Roth ließ in seinem wohl wichtigsten Roman „Radetzkymarsch" den polnischen Grafen Chojnicki sagen: „Diese Zeit ... glaubt nicht mehr an Gott. Die neue Religion ist der Nationalismus. Die Völker gehen nicht mehr in die Kirchen. Sie gehen in nationale Vereine."

Franz Werfel beleuchtet dieses Phänomen in seinem „Vierzig Tage des Musa Dagh" mittels eines Streitgespräches muslimischer Würdenträger mit dem deutschen Pastor Johannes Lepsius, der sich über osmanische Misshandlungen der christlichen Armenier beschwert hatte. Ein junger Scheich kontert: „Du kannst es nicht leugnen, dass der Nationalismus, der heute bei uns herrscht, ein fremdes Gift ist, das aus Europa kam. Vor wenigen Jahrzehnten noch lebten unsere Völker treu unter der Fahne des Propheten: Türken, Araber, Kurden, Lasen und andere mehr. Der Geist des Korans glich die irdischen Unterschiede des Blutes aus. Heute sind auch schon die Araber, die sich wahrlich nicht zu beklagen haben, zu Nationalisten und unseren Feinden geworden." Der alte Scheich Achmed ergänzt: „Der Nationalismus füllt die brennend-leere Stelle, die Allah im menschlichen Herzen zurücklässt, wenn er daraus vertrieben wird."

Zwei böhmische Landsleute Werfels zeigten sich von der nationalen Ersatzreligion, die gerade auch in ihrer Heimat tobte, förmlich angeekelt: Johannes Urzidil seufzte „Ich bin hinternational", um zu betonen, dass er das deutsch-tschechische Gegeneinander zumindest für sich überwunden hatte. Und Rainer Maria Rilke reimte 1895: „Es dringt kein Laut bis her zu mir / von der Nationen wildem Streite / ich stehe ja auf keiner Seite / denn Recht ist weder dort noch hier."

Coudenhove-Kalergi setzte sich in „Pan-Europa" sehr offensiv mit den Mythen auseinander, die nationalistischen Konflikten meist zugrundeliegen. Er analysierte aber auch die Techniken, die zu solchen Auseinandersetzungen führen. Die Chauvinisten in den einzelnen Ländern seien zwar, oberflächlich betrachtet, verfeindet, spielten sich aber gegenseitig in die Hände. Er beschrieb dies am Beispiel der angeblichen Erbfeinde Deutschland und Frankreich: „Es besteht ein unausgesprochenes, aber intimes Bündnis zwischen den deutschen und französischen Chauvinisten. Sie zitieren einander täglich in ihren Blättern, treiben einander immer neue Anhänger in die Arme und machen füreinander in kollegialster Weise Propaganda. Der wahre Gegner dieses deutsch-französischen Chauvinismus ist nicht die Nation jenseits des Rheines – sondern Paneuropa. Gegen dieses Ziel richtet sich ihr gemeinsamer Hass und ihr Bündnis, denn sie wissen, dass sein Zustandekommen ihnen ihre Existenzberechtigung nimmt."

Die Nation sei im bunt vermischten Europa nicht eine „Blutsgemeinschaft", wie von solchen gefährlichen Propagandisten behauptet, sondern eine „Geistesgemeinschaft", also etwas kulturell und historisch durch Menschen Geschaffenes. Wie die Kirche müsse auch sie vom Staat getrennt werden. Als Reich des Geistes leiste sie einen wertvollen Beitrag zu einem Europa, das sich als „Nation der Nationen" verstehen könne, nicht zuletzt wegen der vielen kulturellen und historischen Gemeinsamkeiten seiner Völker. Franz Josef Strauß entwickelte diesen Gedanken in nahezu revolutionärer Weise weiter: Die Befreiung der Nation vom Nationalstaat gebe dieser erst die Kraft, ihrer historischen Rolle beim Aufbau eines föderalistischen Europa der Völker gerecht zu werden.

Für Coudenhove wie für zahlreiche andere große Europäer war das beste Modell dafür, dass Demokratie sehr wohl in einem multinationalen Staat funktionieren kann, die Schweiz. Dieser Meinung schloss sich auch Papst Pius XII. an, der in seiner Programmschrift „Von der Einheit der Welt" zu bedenken gab: „Heutzutage, da der Gedanke der Einheit von Staat und Nation, der oft bis zur Verwechslung der beiden Begriffe übertrieben wird, dogmatische Gültigkeit beansprucht, muss der Sonderfall der Schweiz in den Augen gewisser Leute geradezu als Paradox erscheinen. Er sollte jedoch eher nachdenklich machen. Die Schweiz befindet sich geographisch gesehen am Schnittpunkt dreier mächtiger nationaler Kulturen, und sie vereinigt alle diese drei in der Einheit eines einzigen Volkes. In einer Zeit, wo der Nationalismus überall zu herrschen scheint, genießt sie, die mehr eine übergreifende politische Gemeinschaft als ein nationaler Staat ist, die Früchte des Friedens und der Kraft, welche aus der Einigkeit der Bürger erwachsen. Es gibt vielleicht kein Volk, das größere Liebe zu Heimstätte und Vaterland hat als das schweizerische, und selten findet man anderswo ein lebendigeres und tieferes Bewusstsein von der Pflicht eines Bürgers. Die Kraft und die schöpferischen

Fähigkeiten, welche andere in der nationalen Idee zu finden glauben, findet die Schweiz mindestens ebenso sehr im herzlichen Wetteifer und in der Zusammenarbeit ihrer verschiedenen nationalen Bestandteile." Dem entsprechen in gewisser Weise auch die jahrzehntelangen positiven Erfahrungen, die die Europäer mit ihrer multinationalen Gemeinschaft, der heutigen EU, gesammelt haben. Die tödliche Gefahr für dieses Erfolgsmodell liegt im propagandistischen Trommelwirbel der schrecklichen Vereinfacher, die eine komplizierte, aber menschenwürdige Struktur der falschen, aber klaren Idee des Nationalismus opfern wollen. Sie bedienen sich dabei der verstaubten Dogmen jener, die sich Demokratie nur national denken können. Vor allem gewisse deutsche Verfassungsrichter und -rechtler mit ihrem politischen und publizistischen Anhang neigen zunehmend dazu, die plötzlich wieder gerne „Nationalstaat" genannte Bundesrepublik zur angeblich allein demokratisch legitimierten Festung gegen weitere substantielle Kompetenzübertragungen auf die europäische Ebene auszubauen. Dabei berufen sie sich auf das deutsche Grundgesetz, was sich weder aus dessen Inhalt noch aus aus dessen historischen Ursprüngen erschließt. Schon in der Präambel der bundesdeutschen Verfassung heißt es wörtlich: „... von dem Willen beseelt, als gleichberechtigtes Glied in einem vereinten Europa dem Frieden der Welt zu dienen, hat sich das Deutsche Volk kraft seiner verfassungsgebenden Gewalt dieses Grundgesetz gegeben." Man empfand sich weder bei der Schaffung der Bundesrepublik Deutschland 1949 noch nach der Wiedervereinigung von 1990, als der Text überarbeitet wurde, als völlig auf sich selbst bezogene Nation, die mit den anderen Europäern, wenn überhaupt, nur lose verbunden sei, sondern als „Glied" eines historisch gewachsenen Körpers namens Europa.

Interessant ist auch, dass der erste deutsche Bundestag, in dem viele Abgeordnete saßen, die unter der Leitung Konrad Adenauers das Grundgesetz formuliert und beschlossen hatten, Ende 1950 nicht nur 18 deutsche Delegierte für die Konsultativversammlung des Europarates wählte, sondern diesen in einer nur von den Kommunisten abgelehnten Entschließung einen inhaltlichen Auftrag mit auf den Weg gab: Dem Europarat solle eine Resolution vorgelegt werden, wonach eine „übernationale Bundesgewalt für Europa" zu schaffen sei, die sich auf allgemeine, freie Wahlen gründe und über gesetzgebende, ausübende und richterliche Kompetenzen verfüge. Diese solle die wirtschaftliche Einheit Europas auf der Grundlage sozialer Gerechtigkeit herbeiführen, eine gemeinsame, dem Frieden der Welt dienende europäische Außenpolitik ermöglichen, die Gleichheit der Rechte aller europäischen Völker herstellen und sichern sowie die Grundrechte und menschlichen Freiheiten der europäischen Bürger garantieren und unter Rechtsschutz stellen. Wenn man diese eindeutige Beschlusslage der politischen Gründergeneration unseres Staatswesens außerdem noch in Zusammenhang mit der Tatsache stellt, dass alle bundesdeutschen Parteien in den folgenden Jahrzehnten einen europäischen Bundesstaat mit gemeinsamem Parlament und einer von diesem gewählten Regierung forderten, wird der europapolitische Konsens spürbar, der bis in dieses Jahrtausend hinein noch bestand. In den ersten Jahrzehnten der Bundesrepublik Deutschland wäre kein Bundesverfassungsgericht auf die Idee gekommen, Demokratie primär oder gar ausschließlich nationalstaatlich zu definieren.

Heute ist es durchaus verdienstvoll, wenn sich Karlsruhe bemüht, innerstaatlich die Stellung des Bundestages gegenüber der Bundesregierung zu stärken und auch darauf hinzuweisen, dass es bei der Übertragung von Zuständigkeiten der Landes- oder Bundes- auf die EU-Ebene keine demokratie- und parlamentsfreien Räume geben darf. Inzwischen wuchs aber eine publizistische und politische Strömung heran, die es so in den meisten anderen EU-Mitgliedstaaten nicht gibt und die zwei neue Lehrsätze verkündet.

Der eine lautet, dass „Kernkompetenzen" der Staatlichkeit, wie immer man sie definieren mag, nicht an eine europäische Ebene übertragen werden dürfen, zumindest nicht ohne Referendum. Entspricht dies aber dem europäisch-föderalistischen Geist der Väter und Mütter des Grundgesetzes, der uns die längste Friedensperiode der Geschichte und die deutsche Wiedervereinigung beschert hat? Und warum sollte ein Bundestag nicht mit Zwei-Drittel-Mehrheit auch Kernkompetenzen etwa auf dem Gebiet der Außen- und Verteidigungspolitik an ein Europäisches Parlament übertragen können, wo doch die deutsche Verfassung selbst auch parlamentarischen Ursprungs ist und nicht einem Referendum entspringt?

Das zweite Dogma dieser Denkrichtung ist jenes von der mangelnden demokratischen Qualität des Europaparlamentes, das deshalb nicht zentrale Aufgaben des Bundestages übernehmen könne. Abgesehen davon, dass auch dieses Problem in vielen anderen EU-Mitgliedstaaten nicht so gesehen wird, hat es die Deutschen bisher nicht davon abgehalten, führend – und oftmals streitig mit Paris sowie erst recht mit London – für mehr Supranationalität, mehr EU-Kompetenzen sowie mehr Zuständigkeiten für das Europaparlament zu werben und dies bei zahlreichen Vertragsänderungen auch durchzusetzen. Auch hier gilt der schon zitierte europapolitische Grundsatz: „Mehr Europa im Großen und weniger Europa im Kleinen."

Wer Demokratie nicht in radikaljakobinischer Tradition als perfektionistische Ideologie, sondern als pragmatisches Prinzip freiheitlicher Politikgestaltung begreift, wird nicht nur akzeptieren, dass die verschiedenen regionalen und nationalen Demokratieformen extrem unterschiedlich sind. Er wird auch wissen, dass eine kontinentale Vielvölkerdemokratie anders funktioniert als ein zentralistischer Nationalstaat. Ganz in diesem Sinn fordert Robert Menasse in seinem „Europäischen Landboten" die „Erfindung einer neuen, einer nachnationalen Demokratie". Dem Einwand, solches sei völlig irreal, begegnet er mit einer zunächst verblüffenden Erwägung: „Und jetzt stellen Sie sich vor: Ein Franzose, ein Deutscher und ein Österreicher reden miteinander, und es fällt der Begriff ‚Nation': Alle nicken. Jeder glaubt augenblicklich zu wissen, was gemeint ist. Dabei versteht zweifellos jeder etwas ganz anderes darunter. Kommt das Gespräch aber auf die ‚EU', beginnt sofort eine Auseinandersetzung, ohne gemeinsames Nicken, jeder versteht, erwartet oder befürchtet etwas anderes. Ist es nicht grotesk? ‚Nation' ist ein Abstraktum, das jeder als etwas Konkretes zu verstehen glaubt, ‚EU' ist ein konkretes Projekt, das jeder als völlig abstrakt und abgehoben empfindet."

In dem von Prof. Henning Ottman herausgegebenen Sammelband „Kosmopolitische Demokratie" wirft der kroatische Staatstheoretiker Pavo Barišić – ehemals Wissenschaftsminister seines Landes und jetzt Generalsekretär der internationalen Paneuropa-Union – die Frage auf: „Wie kann sich ein Modell eines Gemeinwesens, das ursprünglich für eine kleine Bürgerstadt, die Polis, bestimmt war, effizient ‚globalisieren'? Schon der Übergang vermittels der repräsentativen Demokratie zum Nationalstaat hat sich als fragwürdig erwiesen. Daher haben sich die meisten modernen Demokratien auch föderaler und regionaler Strukturen bedient. Inzwischen werden transnationale politische und rechtliche Ordnungen, wie zum Beispiel in der Europäischen Union, entwickelt." Dies sei unvermeidlich: „Die Prozesse der Wirtschaft, der Sicherheit, der klimatischen Veränderungen, der Weltkommunikation und so weiter haben schon längst die Grenzen der Nationalstaaten überschritten. Die Ära des Transnationalen ist angebrochen." Nun brauche man „einen angemessenen und demokratischen Weg …, der die Vielfalt der Selbstbestimmung nicht vernichtet."

Doktrinäre Nationalstaats-Demokraten postulieren hingegen, der Demos könne nur ein fest abgegrenztes Volk sein. Dabei wurde kein Begriff in den letzten Jahrhunderten so schillernd vielfältig definiert wie Nation oder Volk. Ist Nation die Sprachgemeinschaft, die sich einen Staat schafft, wie dies dem Herderschen Nationsbegriff entspricht, oder schafft sich der Staat eine Nation, wie dies die absolutistischen französischen Könige sowie in deren Tradition die jakobinisch geprägte Republik taten? Waren meine altösterreichischen Großeltern, die einen deutschsprachige Böhmen, die anderen deutschsprachige Steirer mit slowenischen und mährischen Vorfahren, Angehörige des deutschen, des böhmischen, des steirischen oder des österreichischen Volkes – oder einfach nur vaterlandslose Gesellen? Die Habsburgermonarchie war in ihren letzten Jahrzehnten eine beginnende Vielvölkerdemokratie, deren Entwicklungschancen durch ihre Auflösung nach dem Ersten Weltkrieg zu Lasten aller Völker nicht entsprechend dem Mährischen Ausgleich von 1905 erprobt, sondern zerstört wurden. Meine väterliche Familie gehörte, ohne jemals gefragt zu werden und ohne ihren Wohnort Gablonz an der Neiße zu verlassen, zuerst zur deutschböhmischen Volksgruppe im alten Österreich, danach zum minderheitenblinden demokratischen Zentralstaat Tschechoslowakei und schließlich zum diktatorischen Deutschland, bis man das Problem dadurch „löste", dass die Volksgrenzen durch Vertreibung brutal den künstlichen Nationalstaatsgrenzen angepasst wurden.

Die Pariser Vorortverträge von 1919 hatten nach der Zerschlagung des alten Europa ein neues Europa der Demokratie und des Selbstbestimmungsrechtes der Völker verheißen. In der Konsequenz führten sie aber sowohl bei Revisionisten als auch bei Antirevisionisten zu einer Welle des Nationalismus. Über die damals geschaffenen politischen Gebilde Tschechoslowakei und Jugoslawien schreibt der polnische Staatsphilosoph Stanislaw Fracz in seinem Buch „Im Spannungsfeld von Nationalismus und Integration": „In beiden Mehrvölkerstaaten wurde die Rolle des ‚Staatsvolkes' jeweils von einem einzigen Volk übernommen (in der Tschechoslowakei von den Tschechen, in Jugoslawien von den Serben), das seinen eigenen Nationalismus mit der ‚nationalen Einheit' identifizierte." Daran musste die zumindest in der Tschechoslowakei – und auch dort nur theoretisch – mustergültige Demokratie scheitern, weil sie darauf verzichtete, sich transnational zu gestalten.

Über die Zeit nach dem Fall des Eisernen Vorhanges 1989, die die Chance auf die Korrektur von einigen dieser historischen Fehler geboten hätte, meint Fracz: „Den mehr oder minder stufenlosen Übergang vom Kommunismus zum Nationalismus erleichtert auch der Umstand, dass beide Ideologien kollektivistischer Art sind. Beide bestehen auf der zentralen Bedeutung des nationalen bzw. proletarischen Kollektivs und dessen absoluter Priorität vor dem Individuum und seinen Rechten."

Darin liegt auch eine Wurzel des heutigen Populismus im ehemaligen Ostblock. Laut Fracz ist er ein „Krisenphänomen der Modernisierung" und als solches „zum natürlichen Verbündeten des Nationalismus geworden. Denn er simplifiziert die gesellschaftlichen Probleme, stabilisiert das erschütterte Selbstwertgefühl der verunsicherten Menschen und stärkt die Identifikation des Individuums mit der jeweiligen Gemeinschaft, Ethnie beziehungsweise Nation ... er schafft eine enge emotionale Bindung zwischen dem Volk und seinen populistisch agierenden politischen Repräsentanten."

Der alte Westen sollte sich aber hüten, gegenüber solchen Erscheinungsformen der Demokratiekrise mit Arroganz zu reagieren, denn er hat den 1989 befreiten Völkern inhaltlich wenig zu bieten und ist selbst von ähnlichen Populismen erschüttert. Der US-amerikanische Antieuropäer Steve Bannon, der als Chefpropagandist Donald Trump 2017 ins Weiße Haus geführt hat, und sein Zwillingsbruder im Ungeist Alexander Dugin, der als Präsident der Eurasischen Bewegung der Lieblingsideologe von Wladimir Putin ist, haben ganz offen verkündet, dass es ihnen darum geht, die Weiterentwicklung der transnationalen Demokratie in Europa zu verhindern und das bisher Erreichte auf diesem Gebiet zurückzudrehen. Das Ziel solcher Kräfte ist ein antieuropäisches oder zumindest völlig instabiles Europaparlament und in letzter Konsequenz die Zerstörung der EU. Sie sprechen mit ihrer Agitation jedoch auch gutgläubige, aber orientierungslose Europäer an, die die bisherigen Erfolge des supranationalen Parlamentarismus, wie er in Straßburg praktiziert wird, nicht kennen.

Gegen das Europäische Parlament und gegen das Funktionieren einer europäischen Demokratie wird vielerlei vorgebracht, etwa die angeblich geringe Durchsichtigkeit europäischer Entscheidungsprozesse. Wer aber jemals im Straßburger Plenarsaal einer Parlamentssitzung beigewohnt hat, weiß, dass die dortige Struktur sich in Wirklichkeit kaum von jener in Berlin unterscheidet. Unter Leitung des Parlamentspräsidenten sitzen im Halbrund die verschiedenen übernationalen, nach weltanschaulichen Prinzipien gebildeten Fraktionen. Dort, wo in Berlin die Regierungsbank ist, sind die Plätze der EU-Kommission, und auf der Bundesrats-Bank sitzen in Straßburg die Vertreter des Ministerrates bzw. des halbjährlich rotierenden Vorsitzlandes. Im Verleich zu Deutschland sind die Gesetzgebungsprozesse im Europaparlament übrigens wesentlich transparenter, denn nicht nur das Plenum tagt öffentlich, sondern auch alle Ausschüsse. Die Entscheidungen der einzelnen Abgeordneten bei den häufigen namentlichen Abstimmungen lassen sich im Internet jederzeit kontrollieren, und für den früher hinter verschlossenen Türen konferierenden Ministerrat hat Jean-Claude Juncker durchgesetzt, dass nunmehr bekanntgegeben werden muss, welches Land bei legislativen Beschlüssen wie votiert hat.

Auch das von Jürgen Habermas bemängelte Fehlen einer europäischen Öffentlichkeit wurde durch die europaweite Diskussion brennender Themen in den letzten Jahren zunehmend behoben. Die Banken-, Euro- und Flüchtlingskrise sowie die großen Auseinandersetzungen mit Trump, Putin und Erdogan wurden in allen Mitgliedstaaten gleichermaßen wahrgenommen, wozu auch die grenzüberschreitenden neuen Medien, allen voran die Sozialen Netzwerke, beitrugen. Andre Wilkens stellte dementsprechend in seiner Streitschrift „Der diskrete Charme der Bürokratie – gute Nachrichten aus Europa" fest: „Die Krise Europas ist ein Katalysator für die Entwicklung einer europäischen Öffentlichkeit im Habermas'schen Sinn. Das ist nicht gemütlich, das sind echte Debatten mit kontroversen und starken Meinungen von echten Menschen, nicht nur Propaganda für oder gegen Europa. Ohne diese europäische Öffentlichkeit bleibt Europa ein Planspiel für Eliten."

Nationalstaatstheoretiker wollen die direkt gewählten Europaabgeordneten gerne zu bloßen Vertretern ihrer Staaten degradieren. Dies entspricht aber weder deren politischem Bewusstsein noch ihrem tatsächlichen Status. Die meisten Straßburger Parlamentarier setzen sich aktiv für die Interessen ihrer Völker und Volksgruppen, ihrer Regionen und ihrer Bürger ein, lassen sich aber nicht von Regierungsapparaten ans Gängelband nehmen. Letzteres würde auch ihrer in den Verträgen verankerten parlamentarischen Unabhängigkeit und der Verpflichtung widersprechen, stets nur nach bestem Wissen und Gewissen zu entscheiden, also von niemandem Anweisungen entgegenzunehmen.

Ingo Friedrich als langjähriger Vizepräsident des Europaparlamentes hat vor nicht allzu langer Zeit einen interessanten Beitrag zur Demokratiedebatte in der EU geleistet, indem er darauf hinwies, dass es sowohl ein regionales und nationales als auch ein europäisches Gemeinwohl gebe, die meistens übereinstimmten und im Konfliktfall entsprechend dem Gewissen des frei gewählten Abgeordneten gegeneinander abgewogen werden müssten. Als in Bayern gewählter Europaabgeordneter orientiere ich mich zuerst an den weltanschaulichen Prinzipien, für die ich angetreten bin, dann an regionalen und zuweilen auch nationalen Gesichtspunkten, nicht zuletzt aber an den gemeinsamen Interessen der Europäer.

Diese Haltung entspricht dem Patriotismusbegriff des Osnabrücker Staatsmannes Justus Möser, dessen Werk „Patriotische Phantasien" Johann Wolfgang von Goethe in „Dichtung und Wahrheit" lobt. Möser definierte Vaterlandsliebe nicht rein national, sondern in erster Linie als Verpflichtung, das Gemeinwohl über das Eigenwohl zu stellen. Goethe war wie sein Vater, der dem einzigen in der Krönungsstadt Frankfurt residierenden Kaiser, dem Wittelsbacher Karl VII., diente, ein Anhänger der alten übernationalen Ordnung. Als Minister des Großherzogtums Sachsen-Weimar lernte er zudem kleinräumige Herrschaften zu schätzen. Letztere nannte er mit Moser „höchst erwünscht zur Ausbreitung der Kultur im Einzelnen."

Nicht nur Patriotismus, sondern auch Demokratie müssen keinesfalls national sein und sind ohne weiteres mehrstufig zu gestalten. Wenn letzteres der Demokratie gelingt, wird sie sowohl die Krise des Nationalstaats überleben als auch den großräumigen Erfordernissen des 21. Jahrhunderts gerecht werden.

Wie macht man Staat?

Voraussetzung jeder demokratischen Staatlichkeit ist ein Gemeinschaftsgefühl. Schon deshalb gehörte die Erweckung eines europäischen Patriotismus, der die regionalen und nationalen Patriotismen „ergänzt und krönt", von Anfang an zu den Grundelementen der Paneuropa-Idee. Auch Emmanuel Macron hat diesen Zusammenhang in seiner Rede über die Zukunft Europas vor dem Straßburger Parlament am 17. April 2018 herausgestellt. Für ihn vollzieht sich der Aufbau unseres kontinentalen Gemeinwesens in drei Stufen: Identität, Demokratie, Souveränität.

Mit Europas Identität und deren Festigung hat sich dieses Buch in den bisherigen Kapiteln sehr intensiv befasst, ebenso mit der Entwicklung einer transnationalen Demokratie. Beide Forderungen gehören inzwischen zum Allgemeingut proeuropäischen Denkens. Die Umsetzung einer europäischen Souveränität hingegen stellen nicht nur aggressive Europagegner, sondern auch mutlose Verfechter des Status Quo gerne in Frage. Konrad Adenauer, der schon in den Anfangsjahren der europäischen Einigung wie auch des bundesdeutschen Föderalismus von einer zwischen Land, Bund und Europa geteilten Souveränität gesprochen hat, soll den besorgten Staatsrechtlern, die ihm in der Tradition eines Carl Schmitt vorhielten, dass es eine solche nicht gebe, knurrend geantwortet haben: „Dann schaffen Sie sie, meine Herren!"

Dieses Denken des ersten Bundeskanzlers entsprang nicht nur seinem berüchtigten Pragmatismus, sondern durchaus auch der Tradition des Heiligen Römischen Reiches, die in seiner rheinischen Heimat nach wie vor besonders lebendig ist. Das alte Reich war ein kompliziert austariertes Gebilde gestufter Souveränitäten, wie es nach Ansicht des italienischen Philosophen und Politikers Rocco Buttiglione auch die künftige europäische Föderation sein soll. Vor einigen Jahren bei einem Christlichen Europatag der Paneuropa-Union in Kloster Andechs mit der These konfrontiert, dass es bloß einen Souverän geben könne, rief er aus: „Dann ist dies nur Gott!"

Die Gegenposition verfocht schon im 16. Jahrhundert der Hofjurist der Bourbonenkönige, Jean Bodin, in seinen „Sechs Büchern über den Staat":

Dieser definiere sich durch seine „absolute und zeitlich unbegrenzte Gewalt", die Bodin Souveränität nannte. Aus seiner Sicht war das durchaus logisch, denn er versuchte das Monopol eines zentralistischen und rein innerweltlich legitimierten Gemeinwesens zu begründen. Hagen Schulze fasste die Gedankenwelt des bourbonischen Staatsphilosophen in seinem Standardwerk „Staat und Nation in der europäischen Geschichte" wie folgt zusammen: Der Begriff Souveränität bezeichne „den höchsten Ort der politischen Entscheidung, und da diese Gewalt ihrer Definition nach absolut und unbegrenzt ist, kann sie auch nur von einer Person ausgeübt werden, also vom Monarchen, dem einzigen Gesetzgeber. Wie Gott dem Weltall Gesetze gegeben hat, so muss der souveräne Herrscher dem Staat Gesetze geben. Alle weiteren politischen Befugnisse ... leiten sich von dem Gesetzgebungsmonopol des Herrschers ab."

Ähnlich dachte im 17. Jahrhundert der Engländer Thomas Hobbes. Für ihn war der Staat das biblische Ungeheuer Leviathan, also ein künstlicher Übermensch, der, so Hagen Schulze, „allein über Krieg und Frieden, Freund und Feind, Tod und Leben" bestimmt.

Als der absolute Monarch in der französischen Revolution durch das „souveräne Volk" in Gestalt der Nation als alleinige Quelle des Rechts ersetzt wurde, entwickelte sich daraus die Staatsvergötzung der Moderne, gegen die sich später aufgrund der Erfahrungen mit Nationalsozialismus und Kommunismus die christliche Naturrechtsbewegung der Nachkriegszeit und der europäische Föderalismus wandten.

Auch die Lehre von der Universalität der Menschenrechte sowie die systematische Stärkung des Völker- und des Europarechts haben entscheidend dazu beigetragen, den nationalen Unilateralismus zu überwinden. Letzterer hat sich im 19. Jahrhundert in dem britischen Chauvinistenspruch „Right or wrong – my country!", „Ob richtig oder falsch, was zählt, ist nur mein Land" ausgedrückt. Der Höhepunkt solcher egozentrischer Ideologien war einige Jahrzehnte später die Parole der NS-Verbrecher „Recht ist, was dem deutschen Volk nützt."

Wenn heute so genannte Souveränisten den Vorrang unserer mittlerweile erarbeiteten völkerüberwölbenden Rechtsordnung vor nationaler Willkür wieder in Frage stellen, wollen sie die europäische Staatenwelt zurück zur alten Anarchie führen. Heinrich Aigner verglich die vor Beginn der europäischen Einigung auf unserem Kontinent bestehende Völker-Unordnung stets mit dem Faustrecht der Steinzeit.

Jenseits aller theoretischen und moralischen Überlegungen ist Souveränität in der Praxis aber zunächst einmal auch die Antwort auf die Frage nach der Handlungsfähigkeit und Durchsetzungskraft des jeweiligen staatlichen Gebildes. Nach dem Ersten Weltkrieg hatten die Länder innerhalb der sehr zentralistischen Weimarer Republik nicht wie die heutigen Bundesländer Staatscharakter, sondern waren lediglich bessere Verwaltungskörperschaften. Dennoch verfügten einige von ihnen nach wie vor über Außenministerien und Botschaften. So konnte es geschehen, dass Anfang der zwanziger Jahre das rote Sachsen und das schwarze Bayern aus ideologischen Gründen die diplomatischen Beziehungen zueinander abbrachen, obwohl die beiden Freistaaten kaum über tatsächliche Kompetenzen verfügten. Dies belegt, dass äußere Formen staatlicher Hoheit zuweilen mittels Scheinsouveränität das Verschwinden ihrer Substanz überleben.

Nach dem Zweiten Weltkrieg erlangten die restaurierten Nationalstaaten Europas zwar zumindest formell wieder ihre Unabhängigkeit, die sie je nachdem an Hitler oder an Stalin verloren hatten – sogar das besiegte und geteilte Deutschland wurde in Gestalt der Bundesrepublik und der DDR schrittweise wieder völkerrechtlich souverän –, doch faktisch wanderte alle Macht im Gefolge des Systems von Jalta aus den europäischen Regierungsmetropolen nach Moskau und nach Washington. Die bipolare Welt nach 1945 hatte dementsprechend nur zwei wirkliche Hauptstädte, sieht man einmal vom verblassenden Glanz von London und Paris als den Machtzentren untergehender Kolonialreiche ab. Erst der Aufstieg Chinas, die Entfremdung zwischen Peking und Moskau in den sechziger Jahren, die Blockfreien-Bewegung und die europäische Einigung gaben der internationalen Ordnung eine gewisse Multipolarität zurück.

Deshalb ist es irreführend, wenn im Zusammenhang mit der EU ständig von der Abgabe von Souveränitätsrechten die Rede ist, vor allem wenn es die Außen- und Sicherheitspolitik betrifft. Der europäische Zusammenschluss ist im Gegenteil der Versuch der Europäer, gemeinsam die auf andere Kontinente abgewanderte weltpolitische Handlungsfähigkeit wieder auf den eigenen Erdteil und in die eigenen Hände zurückzuholen. Schon in den siebziger Jahren bemerkte der belgische Premierminister Leo Tindemans in seiner Dankesrede für den Aachener Karlspreis kritisch: „Nachdem Europa vier Jahrhunderte im Namen der ganzen Welt gesprochen hat, schweigt es jetzt." In seinem Buch „Unterwegs mit den Menschen" stellt dazu der verstorbene Wiener Kardinal Franz König die nüchterne Nachfrage: „Wollte er damit sagen, dass Europa nun am Ende seiner Geschichte angelangt sei?" Viel zitiert wird auch das Bonmot Henry Kissingers, wonach es keine Telefonnummer gebe, die er anrufen könne, um mit Europa zu reden.

Inzwischen ist auf institutionellem Sektor einiges geschehen. Die Funktion des Hohen Beauftragten für Außen- und Sicherheitspolitik beim Rat, die des EU-Außenkommissars und die des Vorsitzenden des EU-Außenministerrates – die früher halbjährlich zwischen den Mitgliedstaaten rotierte – hat man zusammengelegt und damit viele Reibungsverluste beendet. Ein Europäischer Auswärtiger Dienst mit zum Teil sehr qualifizierten Mitarbeitern wurde aufgebaut und in fast jeder wichtigen Hauptstadt eines Drittlandes ein EU-Botschafter installiert, der die zur Rechtspersönlichkeit weiterentwickelte Gemeinschaft dort, mit allen völkerrechtlichen Möglichkeiten ausgestattet, vertritt. Er ruft einmal in der Woche die mit ihm im jeweiligen Drittland akkreditierten Botschafter der EU-Mitgliedstaaten zu einer strategischen Koordinierungskonferenz zusammen, wobei deren Vorsitz ihm großen Einfluss sichert.

Auch die weltpolitische Stellung des Europaparlamentes wird in den Augen der Partnerländer auf anderen Kontinenten schon viel stärker wahrgenommen als in der Öffentlichkeit der Mitgliedstaaten. In jeder Sitzungswoche gehen Regierungs- und Oppositionsvertreter aus aller Herren Länder bei der europäischen Volksvertretung aus und ein, treffen dort vielfach auch europäische Politiker der nationalen Ebene, ohne in die einzelnen Hauptstädte reisen zu müssen, und begegnen sogar einander im diskreten Rahmen von Straßburg und Brüssel. Darüber hinaus unterhält das Europaparlament sehr effiziente interparlamentarische Delegationen und Gemischte Ausschüsse mit fast allen Staaten, die nicht der EU angehören. Gezielt setzen die EU-Institutionen zudem die Möglichkeiten ein, die sich aus ihrer Alleinzuständigkeit für Handelsverträge sowie für Zahlungen aus dem Haushalt der Europäischen Union ergeben.

Dennoch kann dies erst der Anfang einer zunächst gemeinsamen und später gemeinschaftlichen EU-Außenpolitik sein. Die Kontroll- und Mitwirkungsrechte des Europaparlamentes auf Ratsbeschlüsse und den Europäischen Auswärtigen Dienst sind massiv zu erweitern, vor allem auch was Personalentscheidungen betrifft – bei denen sich Straßburg durch interinstitutionelle Vereinbarungen immerhin einen Einfluss durch die Hintertür gesichert hat.

Zentrale Forderung bleibt die Abschaffung des Einstimmigkeitsprinzips im Außenministerrat, was in einem ersten Schritt schon innerhalb des gültigen Lissabon-Vertrages möglich wäre und in einem zweiten zum Kern der nächsten großen Vertragsänderung gemacht werden muss. Dasselbe gilt für die Verteidigungspolitik, deren Europäisierung – angeschoben vom Europäischen Parlament insbesondere in Gestalt der Paneuropäer Arnaud Danjean und Michael Gahler – große Fortschritte gemacht hat.

Gegen eine Europäische Armee, für die schon Winston Churchill und Franz Josef Strauß plädiert hatten, wird immer wieder eingewandt, diese widerspreche dem Parlamentsvorbehalt des deutschen Grundgesetzes. Tatsächlich ist die Bundeswehr eine Parlamentsarmee und kann daher nicht einfach Strukturen unterstellt werden, auf die die Berliner Abgeordneten keinen Einfluss haben. Aus diesem Dilemma gibt es nur einen Ausweg: Die nationalen Armeen behalten ihre Rolle in der Territorialverteidigung wie in den sich immer enger gestaltenden europäischen Militärkooperationen, zusätzlich wird aber eine EU-Truppe eingerichtet, in die jeder EU-Bürger eintreten kann wie in die Beamtenschaft der Europäischen Institutionen. Aufgabe dieser Formation wäre es, an Krisenherden gemeinschaftliche europäische Interessen zu vertreten, weshalb sie auch unmittelbar einem europäischen Oberbefehl unterstehen kann.

Ein vieldiskutiertes Thema ist die Reform des Europäischen Rates und der Kommission. Um die Übersichtlichkeit der EU-Struktur zu erhöhen und mögliche Dissonanzen zu vermeiden – Jean-Claude Juncker und Donald Tusk ist dies aufgrund ihrer kooperativen Persönlichkeitsstruktur in eindrucksvoller Weise gelungen –, sollten die Vorsitze beider Organe möglichst bald in einer Hand zusammengeführt werden. Dazu bedürfte es ebenfalls keiner Vertragsänderung, was nicht heißen soll, dass man nicht eines Tages auch formell daraus so etwas wie einen Europäischen Präsidenten machen könnte.

Dessen Direktwahl wird von überzeugten Europäern immer wieder gerne angeregt, es stellt sich aber die Frage, ob ein solches Präsidialsystem für eine komplizierte Vielvölkerstruktur wie die EU geeignet wäre. Außerdem zöge es eine Entmachtung des Europaparlamentes nach sich, dessen Kontrollfunktion eher gestärkt werden müsste und das in seiner Zusammensetzung der europäischen Vielfalt besser gerecht wird als ein bloßer Urnengang für einen einzelnen Kandidaten.

Der richtige Weg ist die Parlamentarisierung der EU durch Schaffung eines formellen Initiativrechts bei der Gesetzgebung und eine volle Mitentscheidung auf allen Gebieten für Europas Volksvertretung. Die Wahl des Kommissions- und eines Tages vielleicht auch des Ratspräsidenten sollte aus der Mitte des Straßburger Hauses erfolgen können. Zumindest gilt es aber, an der Nominierung von europaweiten Spitzenkandidaten der verschiedenen Parteienfamilien festzuhalten mit dem Ziel, dass diese dann auch die Leitung der EU-Exekutive übernehmen. Dagegen wehren sich zwar die nationalen Regierungen, doch auf Dauer wird die EU parlamentarisch sein, oder sie wird nicht sein.

Auch wenn das Europaparlament heute schon das mit Abstand dynamischste unter den EU-Organen ist, bedarf es doch einer besseren Verwurzelung in der

Bevölkerung. Entscheidend dafür wäre zweierlei. Zum einen muss es dringend lokale Direktwahlkreise geben und keine starren Listen mehr. Zum anderen brauchen die Abgeordneten Zeit, um zuhause wirklich präsent zu sein und intensiv den Kontakt zu ihren Wählern zu halten. Im Bundestag folgen auf zwei Sitzungs- zwei Wahlkreiswochen. Dies bräuchte man erst recht für eine europäische Volksvertretung, die weniger Abgeordnete pro Einwohner sowie einen viel höheren Diskussions- und Erklärungsbedarf gegenüber den Bürgern hat.

Kritik wird immer an der angeblich mangelnden Proportionalität des Europaparlamentes geübt. Diese betrifft aber nur kleine Länder, die über einen Grundstock von sechs Mandaten verfügen, um ihre parteipolitische Pluralität widerspiegeln zu können, und die ganz großen, die sich an der für Deutschland gezogenen Obergrenze von 96 Mandaten orientieren müssen, damit die Zahl ihrer Vertreter nicht ins Unpraktikable anschwillt. Immerhin ist der Lissabon-Vertrag so flexibel konstruiert, dass es möglich war, zu einem gerechteren Stimmenverhältnis zwischen den Mitgliedstaaten zu gelangen. Dies gilt es Schritt für Schritt auf dem Verhandlungsweg fortzusetzen.

Kaum beachtet wird, dass die Bevölkerungszahl der einzelnen Länder sich ganz exakt im Ministerrat wiederspiegelt, der über eine doppelte Mehrheit verfügt. Bei jeder legislativen Abstimmung dort wird zweimal gezählt: Einmal hat jeder Minister eine Stimme, und Beschlüsse können nur unter Einbeziehung der Kleineren zustandekommen; und einmal wird sein Votum entsprechend der Bevölkerungsstärke gewichtet, was dafür sorgt, dass die Großen nicht einfach untergebuttert werden. Rat und Parlament sind bei der Gesetzgebung gleichberechtigt, sodass das legislative System der EU zwar kompliziert, aber ausgewogen ist, wie dies in einer Vielvölkergemeinschaft sein muss.

Insgesamt ist die Struktur des staatsähnlich organisierten Europa nicht so undurchschaubar wie gerne behauptet. Der Europäische Rat ist so etwas wie ein kollektives Staatsoberhaupt, die Kommission die Exekutive, Parlament und Ministerrat sind die Legislative, und der Europäische Gerichtshof in Luxemburg fungiert als oberste Judikative. Dennoch ist die Gewaltenteilung stark verbesserungsbedürftig, weshalb zum Beispiel die beim Ministerrat verbliebenen exekutiven Restfunktionen an die Kommission gehen sollten.

Eine echte Innovation wäre die Schaffung eines Europäischen Senats, der wie einst der Immerwährende Reichstag des Heiligen Römischen Reiches in Regensburg aus mehreren Kurien bestehen sollte: Eine wäre der heutige Ministerrat als Vertretung der Nationen, andere könnten aus Repräsentanten der Regionen und der nationalen Minderheiten, also der Volksgruppen, gebildet werden.

Einer der bedeutendsten Schritte hin zur Staatswerdung Europas war die Einführung des Euro, dessen Vater, Theo Waigel, sich nicht nur große Verdienste um die Europäische Währungsunion erworben hat, sondern überhaupt zu den überragenden Gründerpersönlichkeiten der jetzigen EU gehört. Es ist eine üble Legende, dass die „Preisgabe der D-Mark" von den Franzosen als Gegengeschäft für ihr Ja zur deutschen Wiedervereinigung erzwungen worden sei. Schon die europäischen Einigungsbewegungen der Zwischenkriegszeit, allen voran die Paneuropa-Union, hatten sich für ein gemeinsames europäisches Geld eingesetzt. Theo Waigel weist zudem immer wieder mit Recht darauf hin, dass seine Partei, die CSU, schon unmittelbar nach dem Zweiten Weltkrieg ein Grundsatzprogramm verabschiedet habe, in dem eine Europäische Währung gefordert wurde. Diese Idee ging auf den von den Nationalsozialisten mehrfach im KZ Flossenbürg inhaftierten und dort brutal gequälten CSU-Gründer Josef Müller, nach dem väterlichen Gasthaus „Ochsensepp" genannt, zurück. Er war der Auffassung, dass eine gemeinsame Währung die europäischen Völker davon abhalten werde, jemals wieder Krieg gegeneinander zu führen.

Dies meinte Helmut Kohl, als er Jahrzehnte später bei der Ratifizierung des Maastricht-Vertrages unterstrich, der Euro sei eine Frage von Krieg und Frieden. Selbstverständlich war und ist das gemeinsame Geld ein politisches Projekt, und Kohl hatte recht, als er dazu aufrief, die Währungsunion möglichst rasch durch eine ebenso standfeste politische Union zu ergänzen. Diese gibt es bis heute nicht, sie muss aber schleunigst geschaffen werden, statt den Euro, der uns massive wirtschaftliche Vorteile gebracht hat, wieder rückabzuwickeln. Die Gründung eines Stabilitätsmechanismus und die Nervenstärke der deutschen Bundeskanzlerin haben immerhin erreicht, dass von den Ländern, die während der Währungskrise unter einen so genannten Rettungsschirm flüchten mussten, fast alle wieder stabilisiert aus diesem entlassen werden konnten.

Dennoch gibt es eine Reihe von Aufgaben zur weiteren Festigung dieses Systems zu bewältigen, so etwa den Aufbau eines Europäischen Währungsfonds, der die EU unabhängiger von einem Internationalen Währungsfonds machen soll, dessen Zukunft bei der zumindest zeitweisen Zerrüttung des transatlantischen Verhältnisses mehr als ungewiss ist.

Selbstverständlich benötigt eine völkerüberwölbende Gemeinschaft auch gemeinsame Symbole, wie sie Martin Kamp im vorläufig leider gescheiterten Entwurf eines EU-Verfassungsvertrages verankerte. Der Kranz der zwölf Sterne auf blauem Grund orientiert sich an der Darstellung der Muttergottes in der Apsis des Straßburger Münsters und ist dabei keinesfalls konfessionell einseitig. Die Idee hatte der belgische Jude Paul Lévy vom Europarat. Für die Übernahme dieses schönen Zeichens durch die EU setzte sich der evangelische Christ Ingo Friedrich ein. Zwölf war schon in vorchristlicher Zeit die Zahl der Vollkommenheit, weshalb wir das Jahr in zwölf Monate und den Tag in zweimal zwölf Stunden einteilen. In der Heiligen Schrift ist die Rede von den zwölf Stämmen Israels, von den zwölf Aposteln und von den zwölf Toren des himmlischen Jerusalem. Zwölf heißt schlichtweg „alle" und ist so etwas wie die Übersetzung des „Pan" von Paneuropa in eine Zahlensprache. Kein europäisches Volk soll von dem Recht ausgeschlossen sein, zur Gemeinschaft der freien Europäer zu gehören.

Paneuropäischen Ursprungs ist auch die Europahymne, die aus dem letzten Satz der 9. Symphonie von Ludwig van Beethoven besteht. Schon der erste Paneuropa-Kongress 1926 in Wien hatte sie als musikalisches Sinnbild des europäischen Zusammenschlusses vorgeschlagen und 1955 erneuerte Coudenhove-Kalergi gegenüber dem Straßburger Europarat diese Idee. Ein anderer Paneuropäer, der dalmatinische Kroate Lujo Tončić-Sorinj, als österreichischer Außenminister von den Wienern mit freundlichem Spott „Minister des schönen Äußeren" genannt, nutzte seine spätere Amtszeit als Generalsekretär des Europarates, um die „Ode an die Freude" offiziell durchzusetzen, allerdings in einer von Herbert von Karajan bearbeiteten rein instrumentalen Fassung. Die EU übernahm sie dann in den achtziger Jahren von der älteren europäischen Institution, ebenso wie die Fahne mit dem Sternenkranz.

Wenn auch solche Hoheitszeichen noch lange keinen Staat machen, sind sie mitsamt den Institutionen und der dort inzwischen angesammelten politischen Substanz unverzichtbar für das Zusammenwachsen Europas. Umstritten ist allerdings, ob dieses in mehreren Geschwindigkeiten erfolgen soll, in einem langsamen Geleitzug aller oder mit einem großen Schlag. Sowohl das Schengener Abkommen als auch die Gründung der Eurozone waren vernünftige Schritte hin zu mehr Gemeinsamkeit, die mit allen Mitgliedstaaten nicht möglich gewesen wären. Jean-Claude Juncker hatte bei seiner Straßburger Rede zur Lage der Union vom 6. September 2017 aber mit der Ansicht recht, dass letztlich jedes EU-Land, das die entsprechenden Kriterien erfüllt, sowohl an Schengen als auch am Euro gleichberechtigt teilhaben soll. Der Euro ist laut Vertrag die Währung der EU und nicht die einer speziellen Eurozone.

Der Lissabon-Vertrag hat vernünftigerweise die Möglichkeit geschaffen, dass eine Staatengruppe in einem bestimmten Integrationsbereich voranschreitet. Endziel muss aber stets sein, dass die anderen Mitgliedsländer letztlich nachziehen, damit es nicht zu einem Europa à la carte oder gar zu einer dauerhaften Spaltung der EU in Europäer erster und Europäer zweiter Klasse kommt.

Deshalb sind Gedankenspiele wie das aus Paris mit einem eigenständigen Eurozonen-Parlament und das aus Berlin mit einer Versammlung von nationalen Abgeordneten für Außen- und Sicherheitspolitik der falsche Weg. Die institutionelle Erfolgsgeschichte der heutigen EU begann damit, dass man unter Walter Hallstein, dem Vertrauten Konrad Adenauers, die drei Kommissionen von Montanunion, EWG und Euratom zusammenlegte, ebenso wie die drei Parlamentarischen Versammlungen dieser drei Gemeinschaften, aus denen das Europaparlament entstand.

Wenn sich Europa auch eher das flexible Gefüge des Heiligen Römischen Reiches zum Vorbild nehmen sollte, als zu einem einheitlichen kontinentalen Nationalstaat zu werden, so bedarf es doch einer gewissen Übersichtlichkeit. Klare Rechtsprinzipien, eine verständliche Verfassung und transparente Institutionen, deren Kompetenzen sauber voneinander abgegrenzt sind, gelten zu Recht als Voraussetzung für ein Europa, das bei seinen Bürgern Vertrauen genießt.

Die EU verträgt weder bis zur Unkenntlichkeit zersplitterte Strukturen noch eine aus Abkürzungen und fremdartigen Begriffen bestehende Bürokratensprache, die immer mehr auch in die Wahlkreisreden europäischer Volksvertreter einsickert. Siegbert Alber erzählte einmal selbstkritisch, dass er bei einer Versammlung daheim in Württemberg den Europäischen Gerichtshof mit dem üblichen Kürzel stets „EuGH" genannt habe. Nach längerer Zeit habe sich endlich ein alter Bauer ermannt und gefragt: „Wer ist denn eigentlich dieser Eugen H., von dem Sie da reden?"

Im geeinten Europa der Zukunft sollen dereinst Kommissare ruhig auch, wie auf regionaler und nationaler Ebene, „Minister" heißen und Richtlinien „Gesetze". Dennoch wäre es falsch, in einer Übergangszeit wie unserer auf substanzielle Fortschritte zu verzichten, die sich erreichen lassen, wenn man bei der Titulatur Kompromisse macht. Der seinerzeitige Vorschlag eines EU-Verfassungsvertrages hätte es leichter gehabt, akzeptiert zu werden, wenn man ihn zunächst nüchtern bloß als „Grundvertrag" bezeichnet hätte. Doch unabhängig vom Namen des künftigen Europavertrages: Die EU braucht auf ihrem weiteren Weg ins 21. Jahrhundert eine solide, von ihren Bürgern durchgesetzte und deshalb auch akzeptierte demokratische Verfassung.

Der österreichische Schriftsteller Gerd-Klaus Kaltenbrunner hat 1978 dem Band 25 der „Herder-Initiative" – dem ersten Buch, an dem ich mitwirken durfte – den Titel „Europa – Weltmacht oder Kolonie?" gegeben. Darin spricht er im Vorgriff auf heutige Notwendigkeiten vom „weltgeschichtlichen Lebensrecht eines starken, freien und selbstbewussten europäischen Gemeinwesens neben den Weltmächten Amerika, China und Russland." Die Lage Europas verglich er hingegen mit „jener, in der Jeanne d'Arc einem König gegenübertrat, der zögerte, sein Königtum auf sich zu nehmen. Als das erleuchtete Bauernmädchen ihn aufforderte, nun endlich seine ihm gebührende Rolle zu spielen, gestand Karl VII., dass er Angst habe: ‚Ich will, dass man mich in Ruhe lässt. Ich habe nicht darum gebeten, König zu sein.' Doch Jeanne d'Arc antwortete darauf: ‚Es hilft nichts, du musst tragen, was Gott dir auferlegt hat. Wenn es dir nicht gelingt, ein König zu werden, dann bist du ein Bettler.' Das ist es, worum es heute geht. Wenn Europa politisch nicht König sein will, wird es auch wirtschaftlich ein Bettler. Entweder vierte Weltmacht oder Kolonie!"

Manchem mag Kaltenbrunners romantische Diktion etwas überspannt erscheinen. Europa soll die Welt nicht beherrschen, sondern nur in der Lage sein, sich selbst zu schützen und mit den anderen Kontinenten eine vernünftige Partnerschaft einzugehen. Aber ohne die Bereitschaft, unsere Pflichten als Europäer wirklich anzunehmen, werden wir scheitern.

Civis Europaeus sum

Es gibt ein großes und herrliches Land, das sich selbst nicht kennt. ... Es „heißt Europa", schrieb Richard Coudenhove-Kalergi unmittelbar vor der Katastrophe des Zweiten Weltkrieges in seiner Mahnschrift „Kommen die Vereinigten Staaten von Europa?" In diesem aufrüttelnden Satz, der heute wieder brennend aktuell klingt, liegt ein klarer Auftrag: Wir Europäer müssen uns endlich selbst kennenlernen und unser Europa neu entdecken. Dann muss uns als Bürgern dieser alten Kulturgemeinschaft klar werden, dass dieses Europa weder Konzernen noch Lobbies oder Bürokraten gehört, aber auch nicht so genannten Nationalstaaten, die gnädig darüber entscheiden, wieviel Europa sie uns gönnen und wieviel nicht.

Ulrike Guérot hat in ihrer faszinierenden und provozierenden politischen Utopie klargestellt, dass Träger der Souveränität jeder einzelne Bürger ist. Für den Christen wurzelt diese irdische Souveränität in der Gottesebenbildlichkeit des Menschen, die dabei die Zugehörigkeit zu natürlichen Gemeinschaften nicht verneint, sondern ausdrücklich einschließt. Ein bunt gegliedertes und vielfältiges Europa braucht den selbstbewussten Bürger, gewachsene kleine Einheiten, in denen er beheimatet ist, und den großen grenzüberschreitenden Zusammenhang. Diesen zu schaffen ist es höchste Zeit.

Der österreichisch-jüdische Schriftsteller William S. Schlamm, ein begnadeter konservativer Polemiker, pflegte aufgrund der marxistisch-leninistischen Prägung seiner Jugend das „Prinzip der offenen Verschwörung" zu predigen. Damit meinte er eine nicht heimliche, sondern weithin sichtbare und wirkungsvolle Vernetzung von Aktiven quer durch alle gesellschaftlichen Schichten zur Erreichung eines großen gemeinsamen Zieles.

So wie das Römische Reich bereits im Altertum den Römischen Bürger, den „civis romanus" kannte, der den verschiedensten Volksgruppen angehören konnte, kennt die Rechtsgemeinschaft EU in ihrem grundlegenden Vertrag, also in ihrer Verfassung, den sehr spröde so titulierten „Unionsbürger". Mehr Begeisterung löste Otto von Habsburg aus, als er schon vor Jahrzehnten während der Plenardebatte über den auf seinen Antrag eingeführten bordeauxroten

Europapass im Halbrund des Straßburger Vielvölkerparlamentes ausrief: „Civis europaeus sum – ich bin europäischer Bürger!"

Diese Bürgerschaft beruht auf der Würde des Einzelnen sowie auf regionalen und nationalen Fundamenten. Sie darf nicht länger vergessen oder verdrängt, sondern muss vielmehr ins allgemeine Bewusstsein gerufen und politisch umgesetzt werden. Wir haben ein Recht auf Europa, da dessen Verwirklichung eine Existenzfrage ist. Angesichts der zerstörerischen Politik eines Trump und eines Putin sagte Angela Merkel im Festzelt von München-Trudering: „Wir müssen unser Schicksal endlich in die eigenen Hände nehmen." Dieser Satz ist selbstverständlich und alt. Der donnernde Beifall, der ihm an diesem Tag folgte, zeigt aber, wie sehr die Europäer nunmehr spüren, dass das wahr ist.

Applaudieren genügt aber nicht. In der entstehenden europäischen Demokratie sind wir nicht Zuschauer, sondern die eigentlichen Verantwortlichen.

Dank

Im Jahr 2015 erschien im Münchner Merkur ein Artikel von Christian Deutschländer, der schilderte, wie ich trotz meines zumindest vorübergehenden Ausscheidens aus dem Europaparlament dort weiterhin voll für die europäische Einigung arbeitete, jetzt aber ehrenamtlich und auf eigene Kosten. Weltweit griffen zahlreiche Medien dieses Thema auf – so in den USA, in Japan und in mehreren europäischen Ländern. In Deutschland waren es vor allem Daniel Brössler von der Süddeutschen Zeitung und Stefan Willeke von der „Zeit" – letzterer mit einer elfseitigen Reportage im Zeit-Magazin, die unter dem Titel „Bernd bleibt" stand. Darin erwähnte er einen ehrenvollen Spitznamen, den mir zwei Parlamentskollegen, Othmar Karas aus Niederösterreich und Rainer Wieland aus Württemberg, verliehen hatten: „Das Gedächtnis"; denn sie meinten, dass ich Vieles aus der Geschichte Europas und seiner Volksvertretung erzählen könnte, was ansonst verloren gehe.

Dies gab den Anstoß für dieses Buch, das allerdings, gerade weil es ein sehr persönliches Narrativ beinhaltet, in erster Linie einer paneuropäischen Zukunft Europas dienen soll, die Nationalismus und Renationalisierung überwindet.

Dass Idee, Inhalt und Manuskript überhaupt zustande kamen, ist das Verdienst von Stephanie Waldburg-Zeil, die mich gemeinsam mit Hans Kijas seit Jahrzehnten politisch und persönlich unterstützt, in den letzten Jahren unter erschwerten Bedingungen. Diesen beiden sowie der verstorbenen Isabel von Kuehnelt-Leddihn und Alessandro Graf Spreti vom Münchner Paneuropa-Büro verdanke ich, dass ich weiterhin für ein geeintes Europa kämpfen kann. Isabel diente der Paneuropa-Idee mit unerschöpflicher Geduld von der ersten Europawahl 1979 bis zu ihrem letzten Lebenstag im November 2015.

Getragen wird unser Einsatz, der mir viel Freude macht, nicht zuletzt von der Paneuropa-Union um Alain Terrenoire und Dirk Voß, von der Paneuropa-Jugend um Franziskus Posselt und Christian Hoferer, von meiner Sudetendeutschen Volksgruppe, von den Freunden in der CSU sowie von vielen Mitstreitern anderer Landsmannschaften und Nationalitäten aus Bayern und Europa, die an den demokratischen Zusammenschluss unseres Erdteiles glauben und dafür unerschrocken eintreten.

Letztere habe ich in den unterschiedlichsten politischen und weltanschaulichen Lagern gefunden, und sie werden trotz nationalistischer Gegenkräfte immer mehr. Ihnen allen widme ich dieses Buch. In meinem Dank schließe ich besonders Michael Fuchs, Stephan Baier und den Verlag Pustet im herrlichen Regensburg ein, die das Erscheinen dieser politisch-kulturellen Erzählung ermöglicht haben.

Personenregister

234